Horst Ansorge

Raumkundschafter Katman

UTOPIA

Horst Ansorge

Raumkundschafter Katman

Utopischer Roman

Verlag Das Neue Berlin

ISBN 3-360-00086-2

1. Auflage

Lizenz-Nr. 409-160/237/87 · LSV 7004
Umschlagentwurf: Schulz/Labowski
Printed in the German Democratic Republic
Gesamtherstellung: Grafischer Großbetrieb
Völkerfreundschaft Dresden
622 779 6

00600

Meiner Mutter
in dankbarer Verehrung

Wer kämpft, kann verlieren.
Wer nicht kämpft – hat schon verloren.

Inschrift auf einer Metalltafel
in einer Bremer Straße
zum Gedenken an den Werftarbeiterstreik
zur Erhaltung der Arbeitsplätze
im letzten Viertel des 20. Jahrhunderts

I Der Auftrag

1.

Er stach das Paddel in die glatte Strömung. Das Floß schoß um die Waldspitze. Schnurgeradeaus strömte jetzt der Fluß, das tosende Rauschen blieb mit dem felsigen Ufer zurück, es wurde fast still. Da hörte er das Geräusch. Ein Sirren wie von einer großen Libelle. Aber über dem Wasser schwirrten keine Libellen. Vielleicht Motorengeräusch? Hier galt Flugverbot, auch Motorbootsperre. An die tausend Kilometer ringsum erstreckte sich das Naturschutzgebiet Mittelsibiriens.

Er schaute in den sonnigen Nachmittagshimmel. Keine Wolke. Auch sonst – nichts. Aber das Geräusch blieb im Ohr.

Das Floß schien schneller zu werden. Er warf einen Blick zurück. Vom zweiten Floß war nichts zu sehen. Er runzelte die Augenbrauen. Weshalb nur hatte er Sibylls Forderung stattgegeben, daß jeder diese Abenteuerreise Oka abwärts auf eigenem Floß absolvieren sollte? Gewiß, das Mädchen war trainiert. Vielleicht brauchte sie das für ihr Selbstvertrauen. Dennoch, der Fluß hatte es in sich. Nur wenige buchten diese Route, das hatte er in der Rezeption des Reisecenters gesehen. Zwar wurden die Schaumstoffflöße als unsinkbar und unfallsicher gepriesen – aber keiner war gefeit gegen eine Verletzung. Wie wollte er dann Hilfe leisten, gegen die Strömung flußaufwärts gelangen? Da würde wohl nur der Notruf bleiben mit dem plombierten Minisender.

Die Strömung zog ihn in die dritte Rechtskrümmung. Der Fluß wurde hier noch schneller. Die Strommitte wölbte sich nach oben. Zögernd hob er das Paddel, sollte er rechts ... oder besser links? Da war schon alles vorbei. Seufzend schoß der Fluß aus der Enge. Breit dehnte sich das Wasser. Die Geschwindigkeit sank rapide. Rechts bremsend und links durchziehend trieb er das Schaumstofffloß einer schmalen Sandbank am Ufer entgegen. Hier würden sie rasten. Hinter dem Sandstreifen wuchs saftiges Gras, etwa fünfzig Meter weit bis zum Wald. Buchen und Zirbelkiefern.

Er wuchtete das Floß mit dem angeschnallten Gepäck ans Ufer, zog sich den Detronanzug vom Körper und warf sich in das glasklare Wasser. Verdammt, das stach wie mit tausend Nadeln! Eiskalt, obwohl Hochsommer im Kalender stand. Schnell watete er uferwärts.

Da war es wieder, das sirrende Geräusch. Er schaute zum Wald. Lauter und näher kam es. Jetzt erblickte er ihn: Hellblau glänzend mit schwirrenden Tragflügeln hing über den Bäumen ein Copter. Das mußte eines der neuen Dinger sein, flog in den unteren Regionen als Tragflügler und in den höheren mit Gravitationsantrieb. Katman ging zum Gepäck, suchte den Wärmeföhn und begann sich abzutrocknen.

Der Copter senkte sich tiefer, setzte metergerecht auf die winzige Lichtung.

Die Tragflügel flimmerten langsamer, standen still. Wohltuende Ruhe. Aus dem Glasbug schwang sich der Pilot, federte auf den Boden. Hinter dem Helmvisier blickten dunkle Augen, musterten den nackten Floßfahrer.

»Hallo!« Er winkte und ging dem Ankömmling entgegen.

»Sind Sie Salek Katman?«

Er verhielt verblüfft. Der Pilot war eine Frau!

Sie hob mit leisem Lachen den Helm ab, schüttelte ihr rotblondes Haar. Er überspielte seine Verlegenheit, trat auf sie zu: »Ich bin Katman.« Er reichte ihr die Hand.

»Soll Sie abholen, Commander.« Sie gab sich burschikos. »Hier, die Order.«

Er nahm die Silikonscheibe, drückte seinen Daumen darauf. Seine Kennummer erschien und das rote Rufsignal. Demnach war es dringend. Er nickte. »Wann und wohin?«

»Sofort, zur Leitzentrale Ihrer Behörde.«

Leitzentrale war gut. Jedenfalls besser als das Kontrollamt

für Raumfahrt. Seit der Verhandlung wegen der Ereignisse auf Yoga Neun hatte er das Vertrauen zu dieser Einrichtung verloren. Vielleicht rief ihn die Raumfahrtbehörde zu einem neuen Einsatz? Er wollte die Pilotin fragen, unterließ es aber. Sie würde nichts darüber wissen. Ob ihr bekannt war, daß er nicht allein reiste? Er schaute den Fluß hinauf, während er sich zum Floß begab. Nun mußte Sibyll bald kommen, falls sie nicht irgendwo hängengeblieben war. Aber sie hatte es so gewollt. »...getrennt marschieren, vereint schlafen.«

Jetzt stand da der Copter zwischen den Kiefern. Damit konnte man schnell flußauf. Beruhigt wandte er sich der Pilotin zu. »Wie haben Sie mich denn so schnell gefunden?«

»Keine Kunst – bei dem Signalgeber. Die Automation der Maschine steuerte schon seit einer Stunde auf Sie zu.«

Natürlich. Den Impulser hatten sie ihm nach der letzten Reise implantiert. »Der neueste Schrei der interplanetaren Signalgebung«, behauptete der Chefmediziner, »damit Sie uns nicht in fernen Galaxien verloren gehen. Der Sucher fängt Sie auf Hunderte von Parsec ein.« Offenbar reichte er auch unter erdatmosphärischen Bedingungen weit genug. Es gab keinen Winkel mehr, wo er sich verkriechen könnte. Falls er das jemals wollte ...

Die Frau im Pilotendreß lachte plötzlich, warf mit einer schwingenden, mädchenhaft wirkenden Kopfbewegung ihr Haar zurück. »Mit einem Bild von Ihnen hätte ich Sie auch ohne das Dingsda gefunden.«

Er musterte den Copter. Was für Ortungsgeräte barg der denn noch in seinem Inneren?

»So wie Sie aussehen.« Sie musterte ihn ungeniert.

»Danke«, bemerkte er und bückte sich zu seiner Kleidung auf dem Floß.

In diesem Augenblick schoß aus der Flußenge das zweite Fahrzeug. Endlich! Er winkte mit seinem Freizeitumhang.

Ein blondes Mädchen im schwarzen Detronanzug erwiderte den Gruß mit ihrem Paddel und schaufelte das Floß mit hastigen Zügen ans Ufer.

Sibyll, naß und durchgefroren, wirkte abgekämpft. Kein Wunder, nach dieser Strapaze. Die Pilotin ging langsam ans Wasser, nicht überrascht, eher neugierig. Sie half der Flößerin an Land. Gemeinsam zogen sie das Flußfahrzeug auf die Grasnarbe.

»Cindy Frosker.« Sie zeigte zum Copter. »Ich bin trocken hier angelangt. Leider mit unangenehmer Nachricht.«

»Ich heiße Sibyll Kelton.« Mit einer knappen Kopfbewegung zu Katman: »Sie holen ihn?«

Die Pilotin nickte.

»Wohin?« Das kam hastig, klang besorgt. Oder war es nur Enttäuschung?

»Zur Leitzentrale.«

Sibyll atmete auf.

Katman erstaunte. Er hatte sich, jetzt angezogen, den Frauen genähert und das Gespräch verfolgt. Daß Sibyll sich grämte, erschien ihm normal. Es war der ihm zustehende weibliche Tribut, der bei einer Trennung von ihm eben fällig war.

Aber weshalb, zum Teufel, beruhigte sie sich so schnell? Das kränkte ihn in seinem männlichen Selbstbewußtsein.

Er bemühte sich um Sibyll. Sie schlüpfte aus dem engen Anzug. Baden im eiskalten Strom wollte sie nicht. Sie fror.

Auch gut, dachte er und wickelte sie in den Flauschumhang. Die autoenergetischen Kleidungsstücke heizten sich augenblicklich auf. Er spürte die Wärme auf den Handflächen, strich sanft über den hüllenden Flausch. Ihm wurde plötzlich deutlich, wie wenig sie voneinander wußten – obwohl sie bereits so vertraut miteinander umgingen.

Begegnet waren sie sich während seiner Kur in Karlovy Vary. Sie, die junge Med-Psychologin, die gerade ihren ersten Außendienst hinter sich hatte, und er, der zweiundvierzig Jahre ältere Raumkundschafter. Sechs Wochen lang lebten sie miteinander, und jetzt ging diese schöne Zeit zu Ende. Fini …

Bisher endeten seine Liebschaften mit der Urlaubsperiode. Ohne irdische Bindung an eine Partnerin wollte er sein, wollte sich ungestört auf den Kundschafterauftrag konzentrieren.

Zum ersten Male war er seiner nicht sicher, ob er das Ende ihrer Zweisamkeit wünschte. Vielleicht, weil dieser Urlaubsabbruch so überraschend kam?

Sie lächelte ihm zu.

Jedesmal, wenn sie ihn mit ihren tiefbraunen Augen unter den langen Wimpern anstrahlte, ging ihr Blick ihm durch und durch, löste ein fast schmerzhaftes Begehren in ihm aus.

Er zog das schmiegsame Mädchen fester an sich, bis er ihre warme Weiblichkeit spürte.

Sibyll war schön. Jederzeit und überall. Aber nicht nur das. Junge begehrenswerte Frauen begegneten ihm oft, und manch eine vermochte ihn zu reizen. Aber keine hatte ihm Erfüllung geschenkt wie Sibyll. Das beglückte ihn. Und zugleich erschreckte es ihn. Er wehrte sich, wollte nicht Wachs werden in ihren Händen. Anfangs, da hatte sie ihm gefallen, wie ihm manche Frau gefiel. Jugendlich schlank und zugleich fraulich geformt. Das genügte ihm, um ihre Bekanntschaft zu suchen.

Sie erwies sich als unkomplizierte, wenn auch zurückhaltende Gesprächspartnerin. Und klüger, als er vermutet hatte. Ihre Fröhlichkeit und Unbeschwertheit ermunterten ihn.

Dann erlebte er ihr Lächeln. Und später ihre Sinnlichkeit.

»Du weißt es?« erkundigte er sich mit leiser Stimme.

»Sie hat es mir gesagt.«

Er wandte sich an die Pilotin. »Nehmen Sie uns beide mit – oder wie lautet Ihre Instruktion?«

»Das sollen Sie selber entscheiden.«

Sibyll deutete auf die Flöße »... und die da?«

»Werden abgeholt. Ich hab die Koordinaten schon vor der Landung durchgegeben. Morgen oder übermorgen sind die Routenbetreuer hier«, erklärte Cindy Frosker.

Katman überlegte. Die Copterführerin war im Dreß geblieben, hatte nur den Helm abgenommen. Also wollte sie keine

Rast. »Wir sind in fünfzehn Minuten reisebereit. Haben Sie Druckanzüge für uns?«

»Brauchen Sie nicht. Sie fliegen in einer Druckkabine.«

Er schaute Sibyll fragend an, war sich plötzlich sicher: Er wollte nicht, daß es zu Ende ging. Dabei wußte er nicht, was ihn in der Leitzentrale der Weltraumbehörde erwartete. Vielleicht hatten sie es satt, ihm zusätzlich ein Urlaubsjahr zu finanzieren? Gaben ihm irgendeine Beschäftigung, die ein Lehrling oder ein Computer genauso gut bewältigen würde? Vielleicht im Centerservice oder im Analyselabor oder bei einer Routinepatrouille im inneren Ring?

»Ich hab noch zwei Monate Urlaub«, sagte sie. »Wenn du willst …«

Er küßte sie.

»Na schön«, murmelte Cindy und setzte den Helm auf. »Frühstück in Forida. Abendbrot in der Kabine.«

2.

Seitdem er den Copter verlassen hatte, grübelte Katman. Weshalb hatten sie ihn herbeizitiert? Es ließ ihn nicht los.

Vor dem gläsernen Eingang stand ein Doppelposten, der verlangte seine Zutrittsgenehmigung. Das war neu. Er zeigte die Rufscheibe. Lässig tippte der Kontrolleur an den Mützenschirm. Der andere öffnete die gläserne Wand und gab einen schmalen Spalt frei. Endlich befand er sich im Saal. Die übermannshohen Zwischenwände waren auf Durchsicht geschaltet. In jeder Kabine hantierten ein bis zwei Akteure an Steuerpulten, Bildschirmen, Mikrophonen, Tastaturen. Mehr als tausend Kabinen sollten es sein. Dazwischen breite Gänge. Alles überschaubar wegen der durchsichtigen Innenwände. Nur die Kabinen am Hallenrand waren auf Milchglas fixiert. Dort residierten die Chefs der unteren Ebene.

An der Stirnwand des Saales flimmerte, hundert Meter breit, die galaktische Karte, darauf die Sternensysteme, raumgegliedert, mit ihren Kennzeichen und Farben, jede Außenstation und Nachrichtenboje. Auch die auf Tournee befindlichen Schiffe, die innerhalb des Sonnensystems verkehrenden und die außerhalb operierenden. Am weitesten entfernt die Sibir im Yogasystem.

Das Ganze war eine Sehenswürdigkeit. Täglich strömten Tausende von Besuchern durch diesen Saal, zuvorkommend geführt und instruiert. Sie bestaunten das elektronische Wunderwerk mit dem dreidimensionalen Effekt. Die Leute wollten und sollten sehen, wo ihr Geld blieb. Denn die Weltraumforschung war aufwendig. Und die öffentliche Kontrolle funktionierte, legte den Finger auf jeden Posten. Gemessen am Produktionsniveau blieben die Ausgaben für die Raumerforschung akzeptabel. Aber nicht alle Bürger bewerteten das so. Also mußte man schon einiges an Öffentlichkeitsarbeit leisten.

Auf den Gängen bewegten sich nur wenige Menschen. Eher hastig als beschaulich. Ein schlanker Mann mit üppigem Bart schlenkerte Katman entgegen. Der Gang erinnerte ihn ... tatsächlich, es war Bernard! Mit Urlaubsvollbart. Was machte der denn hier?

Erfreut streckte er beide Hände aus. Aber Bernard schien ihn nicht zu bemerken. Da erinnerte sich Katman des Kontaktverbotes des Kontrollamtes: »Für die Dauer Ihrer Beurlaubung vom Dienst der Weltraumbehörde ist es Ihnen nicht gestattet, mit Angehörigen der Mannschaft der Yogaexpedition des Jahres 2438/39 zusammenzutreffen oder anderweitig Verbindung aufzunehmen.«

Wußte Paul Bernard davon? Selbstverständlich! Aber wenn sie sich begegneten, konnten sie doch nicht wie Fremde aneinander vorübergehen. Immerhin war Bernard der dritte im Bunde gewesen, damals auf Yoga Neun, hatte ihn nach Sierpens Tode mit dem Gleiter abgeholt.

Mit seinen vierundvierzig Jahren war Paul Bernard erheblich jünger als er, doch sein vertrautester Freund.

Vielleicht sollte er die unerwartete Abberufung von seiner Ferienreise einfach als das Ende seines Zwangsurlaubs ansehen? Katman ging auf den Freund zu. Ihn erkennend, lächelte Bernard. Sie umarmten sich, musterten einander.

»Gut schaust du aus«, stellte Bernard fest.

»Danke. Unu wie geht es dir?«

Bernard machte eine ärgerliche Bewegung. »Die reinsten Umstandskrämer da oben ...«

»Hast du Besucher geführt und Ärger bekommen?«

Bernard stutzte. »Besucher? Seit zwei Tagen gibt es schon keine mehr. Du weißt es nicht? Weshalb bist du überhaupt hier?«

»Weil ich den Alarmruf erhalten habe.«

»Den haben alle erreichbaren Raumexperten bekommen. Astroalarm. Bestellen uns hierher – und hüllen sich in Schweigen. Das muß ein dicker Brocken sein.«

Katman überlegte. Bedeutete das nun Gutes oder Schlechtes für ihn? Nach neuen Vernehmungen und Befragungen sah es nicht aus. Das war schon mal positiv. Wahrscheinlich sollte er an der Alarmaufgabe mitarbeiten. Worum mochte es wohl dabei gehen?

Bernard stieß ihn an. »Schau mal da hinten. Die beiden sind auch dabei.«

Katman erblickte Pierre Dutch und Larissa Furaschowa. »Pierre ist auch nicht jünger geworden.« Es klang gleichgültig.

»Dafür wirkt Larissa neben ihm um so frischer.« Bernard blinzelte ihm zu. »Vielleicht bekommt Pierre Dutch die junge Gespielin nicht? Du hast ja damals auch mit ihr Schluß gemacht.«

»Aber doch nicht ihrer Jugend wegen! Kennst du meine Maxime nicht mehr? Erstens: Sie kann nicht jung genug sein. Und zweitens: Jede Liebe endet, wenn ich wieder in den Raum steige!«

Katman sah den beiden nach. Eigentlich gaben sie kein schlechtes Paar ab. »Sie wird ihn unterm Pantoffel haben.«

»Von so einer Frau würde ich's gern erdulden«, seufzte Bernard. Es klang sehnsüchtig. »Eine begehrenswerte Frau. Die Figur, das Blondhaar ...«

»Gib dir keine Mühe. Larissa zieht es zu den höheren

Dienstgraden. Da haben wir beide keine Chancen.«

»Du und keine Chancen?«

»In diesem Fall: kein Interesse. Übrigens – wer hat denn oben Dienst?«

»Der Stellvertreter vom Chefdispatcher. Maulfaul wie immer.«

Das war gut. Serp Ianow hatte sich bei den Auseinandersetzungen um die Ereignisse auf Yoga Neun betont sachlich verhalten. Im Gegensatz zu Jock Shayle, dem Chefdispatcher.

Früher hatten Katman die Engagiertheit und die Entscheidungsfreudigkeit des Chefdispatchers imponiert, während ihm der ruhige Ianow immer irgendwie lahm vorgekommen war. Bis zu der Verhandlung vor dem Kontrollamt für Raumfahrt vor einem Jahr. Da war Shayle gegen ihn aufgetreten und hatte ihn zornbebend für schuldig erklärt. Serp Ianows sachliche Fragen hatte er dagegen als wohltuend empfunden.

Er hatte es plötzlich eilig. »Wo liegst du im Quartier?«

»Im Saturn-Hotel, drüben an der Küste.«

Das kannte er. Guter Service und ein schöner Strand. »Ich melde mich. Ist da noch etwas frei?«

»Für einen Einzelgänger findet sich immer Platz.«

Er zögerte. »Ich brauch zwei Betten.«

Bernard riß die Augen auf. »Oh là là, dein Urlaub ist doch vorüber.«

»Ich erklär dir's später.« Er lief bereits zur Rolltreppe.

Hier oben herrschte Ruhe. Beim Einlaß Nummer Eins zwängte Katman seine Rufkarte in den Kontrollschlitz. Die Türhälften schoben sich auseinander.

Im Raum des Chefdispatchers, auf dem erhöhten Schwenksitz vor der Front der Monitoren, saß Serp Ianow. Er schwang sich mit dem beweglichen Hochsitz dem Eintretenden entgegen.

Katman sprach die Meldeformel.

Ianow dankte, bat um die Rufkarte und händigte ihm eine

neue, bereits vorbereitete Identitätskarte aus. »Morgen, acht Uhr dreißig im Stabsraum, ist die Einweisung für alle, die alarmiert wurden.«

»Und weshalb der Alarm?«

»Sie erfahren es morgen mit den anderen.«

Serp Ianow spürte die Unzufriedenheit des Raumkundschafters und wollte die Knappheit der Einladung etwas mildern. »Der Chef hat sich die Information vorbehalten ...« Es klang entschuldigend, beinahe verlegen. »Auch der Oberste Rat wird vertreten sein.«

Donnerwetter, das hatte es noch nie gegeben! Zumindest konnte sich Katman an keine Einsatzberatung erinnern, an der ein Angehöriger des Obersten Rates teilgenommen hätte.

Er verabschiedete sich und ging.

Der Diensthabende schwenkte seinen Sitz wieder vor die Monitore.

3.

Sibyll Kelton sah sich im Raum um. In dieser Hochetage war sie noch nie gewesen. Ihr Mentor und Vorgesetzter Morenow hatte sie immer unten empfangen, in einem wesentlich kleineren Zimmer. Weshalb diesmal der Treff in der Chefetage? Weil die anderen Räume besetzt waren?

Endlich surrte die Öffnungsmechanik. Aber anstelle des erwarteten Pjotr Morenow erschien ein wesentlich älterer, ihr fremder Mann. Obwohl sie ihm noch nie begegnet war, erschien er ihr vertraut. Im nächsten Moment erkannte sie ihn. Er sah besser aus als auf dem Bild über dem Klubtisch. Und jünger, das kam selten vor.

»Genossin Kelton? Bitte entschuldigen Sie, daß wir Sie warten ließen.« Ray Harper, der Vorsitzende der Weltsicherheitsbehörde, ging lächelnd auf sie zu.

Sie musterte ihren höchsten Vorgesetzten. Die fast hundert Jahre sah man dem gebräunten, drahtigen Mann nicht an.

Weshalb war er selber hier erschienen? Man sagte von ihm, daß er gern mit jungen Leuten arbeitete, am liebsten mit tüchtigen, charmanten Frauen. Und daß manche von ihnen ihm nicht nur dienstlich nahe gekommen war …

Harper ließ der jungen Frau Zeit, sich auf den nicht erwarteten Gesprächspartner einzustellen. Vielleicht genoß er auch nur die jugendliche Anmut der neuen Mitarbeiterin. Oder er überdachte, ob es richtig wäre, die jüngste Mitarbeiterin mit der schwierigsten Aufgabe zu betrauen. Immerhin ein Einsatz, der einen erfahrenen Fachmann verlangte. Aber dieses Mädchen war mit Katman verbunden, und das hatte den Ausschlag gegeben.

»Waren Sie mit Ihrem Urlaub zufrieden?«

»Danke, sehr.« Und nach einer kleinen Pause: »Wenn er nur nicht so kurz gewesen wäre.«

»Tut mir leid. Die Lage hat sich verändert, kann sein, es braut sich was zusammen. Der Kundschafter sollte jetzt besser dabei sein.«

Um Katman handelte es sich also. »Und weshalb gaben mir meine Vorgesetzten die Einsatzstufe Null, als ich um die Genehmigung bat, meinen Urlaub mit dem Raumkundschafter zu verbringen?«

Stufe Null bedeutete, daß ihr Kontakt mit Katman zwar im Interesse der Behörde lag, aber keine Spesen gezahlt wurden.

Harper lächelte. »Ich nehme an, daß Sie dennoch Ihre Sibirienreise nicht selber finanzieren mußten?«

Leise lachend schüttelte sie den Kopf. »Katman ist Kavalier der alten Schule … und sehr liebenswert.«

Er nickte, wurde ernst. »Für die Raumbehörde war Katman durch die Yoga-Neun-Ereignisse zur Problemperson geworden, für uns jedoch relativ uninteressant geblieben.«

Sie schaute ihn fragend an.

»Er hat es Ihnen nicht erzählt?«

»Nein. Nur angedeutet, daß er in Schwierigkeiten steckte und vom aktiven Dienst beurlaubt sei.«

Also hatte Katman das Schweigegebot eingehalten. »Das

Kontrollamt für Raumfahrt verlangte eine genaue Aufklärung des Todes von Ter Sierpen, Katmans Assistent auf Yoga Neun. Sierpen kam dort ums Leben. Es gibt den nicht unberechtigten Verdacht, daß Katman am rätselhaften Tode seines Gefährten Schuld oder doch Mitschuld tragen könnte.«

Sie blickte ungläubig.

»Immerhin war Katman Augenzeuge. Der einzige, außerdem der Vorgesetzte des Verunglückten.«

Sibyll schwieg.

»Die Raumfahrtbehörde entsandte die Sibir ins Yogasystem, um die Ereignisse auf Yoga Neun aufzuklären. Meine erste Frage an Sie: Halten Sie Katman für glaubwürdig?«

Sie zog die Augenbrauen zusammen. Eine brutale Frage. Vielleicht notwendig. Sie musterte ihren obersten Chef. Von der Beantwortung der Frage mochte viel abhängen. Von der richtigen Beantwortung. »Ich kenne Salek nur aus unserer kurzen Urlaubszeit.«

Harper nickte. »Falls Sie sich nicht äußern wollen – ich respektiere das.«

»Weshalb sollte ich nicht? Er hat nichts zu verbergen. Ich begehe also keinen Vertrauensbruch.« Außer dem, daß sie ihm ihre Tätigkeit für diese Behörde bisher verschwiegen hatte. »Ein wertvoller Mensch. Allerdings widersprüchlich. Er strebt nach Ungebundenheit und zugleich nach Verwurzlung, verlangt Spielraum, ist aber bereit, eigene Irrtümer zuzugeben. Er möchte möglichst selbständig leben und arbeiten – akzeptiert gleichzeitig seine Einordnung in die Hierarchie seiner Dienststelle. Er kann ungebärdig sein, aber billigt auch Gehorsam, der seiner Tätigkeit entsprechend von ihm gefordert wird.«

Sie hat ihn analysiert, dachte Harper. Doch sie ist in ihn verliebt, bis über beide Ohren. Von einem objektiven Urteil kann keine Rede sein. Aber ich muß es genau wissen, wie glaubhaft der Mann ist.

»Ist er ehrgeizig?«

»O ja.«

»Würde er um seines Rufes willen eigene Fehler vertuschen?«

Sie sah Harper unschlüssig an. »Rein gefühlsmäßig würde ich sagen: Nein. Aber ich weiß es nicht.«

»Hat er beim persönlichen Zusammensein mit Ihnen, um irgendetwas zu begründen oder zu erreichen ...«, er zögerte, »... gelogen?«

»Hat er nicht.«

»Beklagte er seine Suspendierung vom Dienst?«

Sibyll überlegte. »Sie bedrückt ihn. Aber er jammerte nicht.«

»Bitte überlegen Sie Ihre Antwort genau. Würden Sie sich bei einem riskanten Vorhaben bedenkenlos seiner Führung anvertrauen?«

Sie blickte Harper herausfordernd in die Augen. »Jederzeit.«

Er begann gemessenen Schrittes auf und ab zu gehen. Eine klare Antwort. Nur etwas übereilt. Sie kennt ihn ja nicht, wie er im Einsatz ist. Der Mann übt einen anspruchsvollen Beruf aus. Einen Traumberuf. Jährlich bewerben sich Zehntausende, wenige kommen in die engere Auswahl, und nur zwei, höchstens drei werden ausgebildet. Und Katman brachte es zum Kundschafter der höchsten Qualifikation.

Der weißhaarige Sicherheitschef setzte sich wieder. »Ich sagte Ihnen bereits, daß die Raumfahrtbehörde ein gut ausgerüstetes Schiff entsandte. Wir schleusten einen Beauftragten als Bordmechaniker mit ein. Die Sibir sollte das Yogasystem und die Ereignisse auf Yoga Neun aufklären. Die Lage hat sich seit einigen Tagen verändert. Nein, nicht was Sie befürchten. Katmans Position hat sich ... verbessert. Und gerade das ruft unser Interesse wach.«

»Aber weshalb ...«

»Ich werde es ihnen erklären, denn daraus erwächst Ihr Auftrag. Die Sibir ist verschollen, spurlos verschwunden. Oder doch so gut wie spurlos ...«

4.

»... die letzte Routinemeldung der Sibir vor einem Monat fiel aus. Alle Versuche, Kontakt herzustellen, mißlangen. Nur eine verstümmelte Nachricht erreichte uns.«

Der Chefdispatcher suchte auf dem Schaltpult, drückte eine Taste. Auf dem stirnseitigen Breitwandmonitor erschien ein Schriftband »... in unserer Gewalt ... in Funkblockade ... vernichtet. ... Schiff, geht unter ...(oder: geht in).«

Jock Shayle, der Chefdispatcher, strich sich über die Stirnglatze, sah in den Saal. Kostete er die Situation aus – oder fühlte er sich unsicher? Alle Raumexperten, die sich zur Zeit auf der Erde befanden, saßen im Stabssaal: Raumschiffkommandanten, Chefpiloten, Chefingenieure, Raumkundschafter der ersten und ein paar der zweiten Qualifikationsstufe, hundertundzwei Spitzenfachleute.

»Woher das Band stammt, soll Pierre Dutch erläutern. Er hat es gefunden. Bitte, Commander.«

Pierre Dutch, untersetzt, silberhaarig, knapp achtzig Jahre alt, erhob sich. Es war ihm nicht angenehm, hier reden zu müssen. Weiß der Teufel, was Shayle damit bezweckte. Er wußte, daß der Chefdispatcher nie etwas ohne Hintergedanken tat. Wollte er die Bedeutung der Meldung herunterspielen oder zumindest sich selber davon distanzieren?

»Wir absolvierten unsere Außenpatrouille und erhielten den Sonderauftrag, nach gespeicherten Meldungen von der Sibir zu forschen. Fünf Bojen prüften wir. Im äußeren Ring fanden wir in einem der ganz alten Apparate diese verstümmelte Nachricht im Code der Sibir. Der Bojencomputer hatte den Text nicht weitergegeben, da er keinen Informationsgehalt zu besitzen schien. Die Löschung im Speicher war aber unterblieben, offenbar wegen Ermüdungserscheinungen im Bordsystem.

Wir vermuten, daß diese Meldung auch die anderen Bojen im äußeren Ring erreicht hat, dort aber gelöscht wurde.« Er kratzte sich am Kopf. »Manchmal haben Alterserscheinungen auch ihre Vorzüge. Es machte viel Mühe, überhaupt diese paar Worte«, er wies auf den Monitor, »herauszufiltern.«

Katman wußte, daß die Ausrüstung der Bojen mit selbstentscheidenden Computern die vielen undefinierbaren Funkstörungen, Echowellen und das kosmische Rauschen aus dem inneren Ring heraushalten sollten. Das ersparte Energie und Arbeitsaufwand. Aber in dieser – im Programm nicht vorgesehenen Situation – hatten die Computer falsch entschieden.

»Daraus sollten Schlußfolgerungen gezogen werden«, murmelte er.

Jedoch weder Dutch noch Jock Shayle wiesen auf dieses Problem hin. Hatte das Mitglied des Obersten Rates sich vorbehalten, darauf zurückzukommen?

Der Chefdispatcher löschte den Text, begrüßte Per Grubkow vom Obersten Rat und erteilte ihm das Wort.

Am Ende des stirnseitigen Pultes erhob sich ein unscheinbarer, grauhaariger, graugekleideter Herr mit goldgefaßter Brille, verbeugte sich kurz und begann sofort zu sprechen. »Der Oberste Rat ordnete die Alarmierung der Weltraumspezialisten und das heutige Informationsmeeting an und beauftragte mich, die Ergebnisse der Computeranalysen bekanntzugeben.

Die Sibir ist in ernsthafte Schwierigkeiten geraten. Welcher Art sie sind, wodurch sie verursacht wurden – das ist uns nicht bekannt. Die Computeranalysen besagen mit Sicherheit nur eines: Daß es sich nicht oder nicht nur um Störungen des Informationskontaktes handelt, sondern daß das gesamte Raumschiff in eine Notlage geraten ist. Und es wird mit mehr als fünfzigprozentiger Wahrscheinlichkeit angenommen, daß die verursachenden Faktoren innerhalb des Schiffes liegen. Alle anderen Analyseaussagen werden mit relativ geringem Wahrscheinlichkeitsgrad getroffen. Zwei Varianten, die der Computer herausfilterte, nenne ich: Erste Variante: Epidemisch auftretende Halluzinationen veranlaßten die Besatzung, das Schiff in eine selbstzerstörende Havariesituation zu steuern.

Zweite Variante: Havarie im Antriebsystem und Lahmlegung der Primärenergieversorgung.«

Per Grubkow unterbrach sich, nahm die Brille ab, rieb sie am Ärmel, blinzelte in den Saal.

Hinten erhob sich Oleg Gladyschew, einer der Raumschiffkommandanten der unfallfreien Soliditätsgarde der Leitzentrale. »Weshalb nur diese beiden Varianten?«

»Die Computeranalyse nennt auch andere Ursachen. Sogar relativ viele. Aber die von mir erwähnten sind mit Abstand, mit relativ weitem Abstand, die Vorzugsvarianten. Dabei möchte ich betonen, daß es sich um erste Analysen handelt, die uns helfen sollen, zu Entscheidungen über Art, Umfang und Tempo eventuell einzuleitender Hilfsmaßnahmen zu kommen.«

Gladyschew neigte zögernd den Kopf.

Dann bekamen die Spezialisten das Wort. Als erster sprach Goa Sung. Weltraumpsychologe, Biologe und Mediziner. »Ich gehe sofort in medias res. Die erste Variante hängt mit der harten Ypsilonstrahlung im Yogabereich zusammen. Und mit der neuen Isolationsmasse Tabrall. Bei mehrfacher Bestrahlung setzt Tabrall ein schleichendes Nervengift frei.« Er sprach über mögliche Wirkungen des Giftes und darüber, welche Fehlhandlungen der Besatzung zu erwarten wären. »... und alle Schiffe der Länderklasse sind im Steuer- und Antriebsystem tabrallisoliert.«

»Weshalb ging dann so ein Schiff ins Yogasystem?« Oleg Gladyschew stellte spontan die Frage, die wohl alle bewegte.

»Errare humanum est. Als die Sibir startete, kannte diese Erscheinung noch keiner.«

»Aber es gab doch schon vorher eine Yogaexpedition?«

»Die Wirkung der harten Ypsilonstrahlung auf Tabrall tritt erst nach mehrfacher Bestrahlung und bei bestimmter Dosis auf. Sie wurde bei Laborversuchen festgestellt, als die Sibir schon Monate unterwegs war. Außerdem liegen die Tabrallisolierungen im Bunkerteil des Schiffes – also besonders geschützt. Aber es wurde sofort veranlaßt, daß das Schwesternschiff der Sibir, die California, bei der Rekonstruktion eine andere Isolationsmasse erhält.«

Als der Name Tabrall fiel, schaute sich Katman unwillkürlich nach Larissa Furaschowa um. Sie saß neben Dutch, einige Reihen hinter ihm, wirkte mit ihrem blondgewellten, nach oben gesteckten Haar jünger, als sie tatsächlich war. Nur der harte Zug zwischen Nase und Mundwinkel störte. Den gab es damals noch nicht …

Auch andere blickten zu ihr hin. Zumindest kam es Katman so vor. Denn die Verwendung von Tabrall zur Isolierung der Blöcke und Schaltungen im Antrieb ging auf Larissas Promotion vor sechs Jahren zurück. Damit begann ihre steile Karriere vom unbedeutenden Ingenieur der dritten zum beachteten Ingenieuroffizier der ersten Stufe.

Sie flog damals bei Dutch und rettete ihm während einer Havarie im Antriebsystem das Leben. Außerdem entdeckte sie die Ursachen einer dem Schiff drohenden Katastrophe. Das heißt – eigentlich führte der Tod des Kanarienvogels des Commander Dutch zur Aufklärung.

»Pierre Dutch und sein Vogel« – wie hatte Katman dem fast gleichaltrigen Dutch diesen weltweit bekannten Slogan mißgönnt. Dutch schleppte seit Jahrzehnten einen Kanarienvogel auf jeder Reise mit. Das war zwar nicht gestattet, aber auch nicht ausdrücklich untersagt, und so entstand diese zu einer Legende gewordene Gewohnheit.

Die Untersuchung des verstorbenen Vogels offenbarte, daß die alten Isolierungen in bestimmten Belastungssituationen Strahlen freisetzten, die zu einer tödlichen Gefahr für Mensch und Tier wurden.

Mit Dutchs Protektion entwickelte Larissa das Tabrall, ein neues Isoliermittel auf Silikat-Polymer-Basis, das beim Bau der Raumschiffe die alten Isolierstoffe ablöste. Niemand konnte voraussehen, was die harten Ypsilonstrahlen im Yogasystem bewirken würden.

Zur zweiten Variante sprach Pjotr Morenow. Mit zweiundvierzig Jahren einer der jüngsten im Saal, aber schon Leiter der Abteilung Raumsicherheit bei der Weltsicherheitsbehörde. Er wirkte sympathisch, unauffällig.

Mit leiser, aber deutlicher Stimme berichtete er von einer eigenartigen Androhung eines terroristischen Anschlags. »Auf einem dem Obersten Rat übersandten Videoband wurden neuartige Viren vorgeführt, die ein mikroelektronisches Minichip ‚auffressen'. Ein Band, das mit opto-elektronischer Aufnahmetechnik in einem Speziallabor hergestellt wurde. Dahinter montiert das Teilbild eines Aggregates. Der Videotext lautete: ›Wenn Sie unsere Forderungen nicht erfüllen, werden diese Tierchen an diesem Antrieb wirksam. Unsere Forderungen erfahren Sie am dreizehnten November vierundzwanzighundertvierzig.‹ Aber weder am dreizehnten November noch irgendwann später trafen die angekündigten Forderungen ein.«

Sie suchten nach der Einrichtung, wo solche oder ähnliche Viren kultiviert werden könnten, und nach dem Aggregat.

Das Institut konnten sie relativ schnell finden. Allerdings war die betreffende Abteilung mit den genetischen Versuchen an Viren durch eine Explosion zerstört worden. Unter den drei tödlich verunglückten Mitarbeitern befand sich einer, der früher mit der militanten Drogenszene in Verbindung gestanden hatte.

»Wir nehmen an, daß das unser Mann war. Den Standort der Antriebsanlage jedoch konnten wir lange nicht lokalisieren. Bis wir uns das Datum dreizehnter November vierundzwanzighundertvierzig nochmals vornahmen. Da stießen wir darauf, daß das genau drei Wochen vor dem Start der Sibir lag. Kurzum – das von uns gesuchte Aggregat gehört zum Steuermechanismus der Raumschiffe der Länderklasse. Zur Zeit werden alle diese Schiffe überprüft, auch die im Liniendienst. Bisher wurde nichts gefunden. Wir wissen nicht, ob die Terroristen ihren Anschlag noch vorbereiten konnten. Aber wenn – dann müßte es mit hoher Wahrscheinlichkeit die Sibir getroffen haben.«

Morenow hob, wie um Entschuldigung bittend, die Schultern und setzte sich.

Dann wurden Fragen gestellt, manche sachlich, andere polemisch – endlich, von Katman längst ersehnt, auch solche zu Yoga Neun.

»Berücksichtigen die Analyseergebnisse auch die Yoga-Neun-Ereignisse?«

»Teils, teils«, antwortete Per Grubkow.

»Und was heißt das konkret?«

»Die Lage auf Yoga Neun vor zwei Jahren war überschaubarer.«

»Bitte genauer. Waren beispielsweise die Aggregate des Raumgleiters auf Yoga Neun auch tabrallisoliert?«

»Ja.«

»Das würde also für diese Variante sprechen?«

»Wir wissen es nicht. Der Gleiter war nur noch ein Wrack, die eigne Fusionsanlage zerstörte die Rakete.«

Katman sprang auf. »Der Raumgleiter wurde durch Fremde zerstört! Wenn Sie von einem Angriff fremder Raumfahrer ausgehen, dann erhalten Sie eine logische Erklärung sowohl für die Yoga-Neun-Ereignisse als auch für das Verschwinden der Sibir.«

»Setz dich hin.« Bernard versuchte vergeblich, Katman auf den Sessel zurückzuziehen. »Mach hier keinen Ärger, ist doch sinnlos.«

Der Chefdispatcher übernahm wieder die Versammlungsleitung. »Commander Katman, bitte wahren Sie Disziplin. Wir kennen Ihre Darstellung des Geschehens auf Yoga Neun. Wir kennen auch die Entscheidung des Kontrollamtes. Das war keine übereilte, sondern eine sorgfältig erarbeitete Entscheidung, die Ihre Version nicht bestätigen konnte.«

»Und weshalb bin ich dann hier? Ich nahm an, das Verschwinden der Sibir habe meine Variante der Yoga-Neun-Ereignisse bestätigt.«

»Keinesfalls«, entgegnete Shayle betont ruhig, »Ihre Beurlaubung ist aufgehoben worden, weil man glaubt, auf Ihre Mitwirkung nicht verzichten zu können.«

Bernards Bemühen erwies sich endlich als erfolgreich. Er fürchtete, daß Katman, wenn er sich weiter ereiferte, die Spezialisten gegen sich aufbringen würde. Das Kontrollamt, die

Raumfahrtbehörde und speziell die Leute der Leitzentrale waren ohnehin nicht gut auf ihn zu sprechen. Lief doch seine Yoga-Neun-Darstellung auf eine Kritik an der Behörde hinaus: Ungenügende Ausrüstung der Kundschafter und unzureichende Sicherungstechnik der Raumgleiter.

Shayles letzter Satz hatte Katman aufhorchen lassen. Er setzte sich. Also hatte ihn die Leitzentrale nicht aus eigenem Antrieb zu dieser Runde eingeladen. Woher kam dann der Anstoß? Wer interessierte sich außerdem für Yoga Neun und wer besaß so viel Macht, um sich gegen Shayle durchzusetzen?

Von jetzt an verhielt er sich ruhig und aufmerksam.

Per Grubkow übernahm das Schlußwort. »Der Oberste Rat hat zu entscheiden:

Erstens: Soll die Erde auf weitere Signale der Sibir warten – oder sind sofort Hilfsmaßnahmen einzuleiten?«

Unter den Anwesenden entstand Unruhe. Offenbar erwarteten die meisten schnelle Hilfe für die Verschollenen.

»Zweitens: Wenn Rettungsmaßnahmen – dann ist festzulegen, welcher Art, in welchem Tempo und mit welchem Aufwand.«

Im Saal herrschte gespannte Erwartung.

»Dokumentationen mit Entscheidungsvarianten sind vorbereitet.

Sie erhalten sie gegen Quittung beim Verlassen des Raumes. Ihre Vorschläge erwarten wir in der Leitzentrale beim Chefdispatcher innerhalb von zweiundsiebzig Stunden. In fünf Tagen zur gleichen Zeit in diesem Saal treffen wir uns wieder. Ihnen wird dann der Entscheidungsvorschlag, der beim Obersten Rat unterbreitet werden soll, bekanntgegeben und begründet. Wir werden Ihre Ergänzungen hören, auf Einwände antworten, eventuell Korrekturen vollziehen. Dafür haben wir acht Stunden eingeplant. In einer Woche trifft der Oberste Rat seine Entscheidung.«

Per Grubkow machte eine kurze Pause, ehe er leise seine Rede beendete: »Falls wir einen praktizierbaren Entscheidungsvorschlag zustande gebracht haben.«

5.

Katman war als einer der ersten draußen. Er wollte jetzt mit keinem sprechen. Auch nicht mit Bernard. Hastig wechselte er, die Transportbänder überquerend, die Platzseite. Im Park vor der Leitzentrale wollte Sibyll auf ihn warten.

Sie war nirgends zu entdecken.

Er setzte sich auf die Mauer der Wasserspiele. Was war bloß mit Sibyll geschehen? Sie war ihm nicht ins Saturnhotel gefolgt, die Nachricht habe sie zu spät erreicht. Aber er hatte die Mitteilung doch schon gegen einundzwanzig Uhr abgesetzt, gleich nachdem er ihre Anschrift erfahren hatte. Demnach war sie unterwegs gewesen, obwohl sie gewußt hatte, daß er sich melden würde. Und jetzt versetzte sie ihn wieder. War es ein Fehler, daß er sie mitgenommen hatte? Ihr Verhalten schmerzte ihn. Und er erschrak – hatte er sich bereits so sehr auf sie eingestellt?

Neben ihm knirschte der Sand. Eine der Außenkabinen setzte behutsam auf. Die durchsichtige Seitenwand öffnete sich, eine ihm unbekannte Frauenstimme fragte: »Commander Katman?«

Er stand auf. »Ja?«

»Ich soll Sie abholen. Bitte.«

»Und wohin?«

»Zur Sicherheitsbehörde.«

»Aber ich bin hier verabredet ...«

»Entschuldigen Sie, ich vergaß – Sibyll Kelton ist informiert. Sie erwartet Ihre Nachricht nach Beendigung der Konsultation.«

Überrumpelt stieg er ein. Die Kabine hob sofort ab. Auf dem Bildschirm des automatischen Steuerpultes erschien die Frau, deren Stimme er gehört hatte. Sie begrüßte ihn und lächelte freundlich. Er fand, daß sie Sibyll ähnlich sah. Dann erlosch das Bild.

Was wollten die Sicherheitsleute von ihm? Sollte alles wieder von vorne beginnen, was vor einem Jahr das Kontrollamt mit ihm durchexerziert hatte? Befragungen, Teste, Verhöre, Gegenüberstellungen?

Er fluchte leise. So zerrann eine Hoffnung nach der anderen. Erst die kalte Dusche durch Jock Shayle und jetzt die Vorladung zur Sicherheitsbehörde.

Sogar von seiner Verabredung mit Sybill wußten sie. Die »Allgegenwärtigen ...« So nannte man sie früher. Sie schienen es noch zu sein.

Die Entwicklung paßte ihm immer weniger. Fast wünschte er sich zurück an die Oka. Mit Sibyll.

Ray Harper hatte seinem Besucher den Rücken zugekehrt und hantierte am Servoelement mit den Flaschen und Gläsern.

Das war also der berühmte und seit Jahresfrist »in Ungnade« gefallene Weltraumerkunder, Liebhaber seiner charmantesten Mitarbeiterin. Auf einen Meter achtzig schätzte er dessen Größe, schlank war er und durchtrainiert sah er aus, kurzstoppliges silbergraues Haar. Natur oder raffiniert getönt? Er tippte auf Natur. Dazu die wasserhellen, fast farblosen Augen. Ein interessanter Mann, der sicherlich mancher Frau gefiel. Obwohl die ihm nachgerühmte Wirkung auf Frauen mehr auf seiner Gesamtpersönlichkeit basieren mochte, seinem Beruf, dem Auftreten, Verhalten, seinem Ansehen. (Vierzig Jahre arbeitest du an deinem Ruf – dann arbeitet dein Ansehen achtzig Jahre für dich.)

Harper war neugierig auf Katman. Zumal da er von diesem Gespräch einiges erwartete. An Erkenntnissen, an Sicherheit für seine Entscheidungen. Er hätte den Kundschafter auch nach Moskau beordern können. Aber das wäre zu auffällig gewesen. Und Öffentlichkeit konnte er zum gegenwärtigen Zeitpunkt überhaupt nicht brauchen. »Commander, Sie kennen die Aufgaben unserer Behörde?«

»Im großen und ganzen – ja.«

»Aber zu tun hatten Sie noch nie mit uns?«

»So direkt nicht.«

»Wir betätigen uns ja auch in der Regel in anderen Kreisen. Wir sind jedoch verantwortlich für die Sicherheit der Erde – auch ihrer Raumfahrt.«

Katman nickte.

»Worum ich Sie als erstes bitte: Schildern Sie mir die Ereignisse, die sich auf Yoga Neun abspielten.«

Behutsam goß Harper goldbraunen Kognak in die Schwenker.

Also doch Yoga Neun, dachte Katman. »Aber das ist alles bereits mehr als einmal, jederzeit für Sie abrufbar, gespeichert.«

»Gewiß. Aber das Gespräch mit einem Augenzeugen bringt neue Eindrücke. Außerdem sind die Bänder ein halbes Jahr alt und älter. Wenn Sie heute berichten, so schildern Sie das Geschehen mit Ihrem Wissen von heute. Immerhin ist inzwischen die Sibir verschollen. Sie verstehen?«

»Ich glaub schon.« Katman verhielt kurz. »Sie nannten mich einen Augenzeugen. Heißt das, Sie akzeptieren meine Darstellung der Yoga-Neun-Ereignisse?«

Harper blickte ihn nachdenklich an »Wenn Sie wissen wollen, ob ich Sie für einen Lügner halte, so sage ich Ihnen: nein! Sie sind für mich eine achtenswerte, lebens- und weltraumerfahrene Persönlichkeit im Range eines Commanders.« Er beobachtete ihn aufmerksam. »Genügt Ihnen das?«

Katman nickte. Zumindest subjektive Korrektheit wurden ihm damit, und zwar sehr eindeutig, zugestanden. Das war weit mehr als das, was Shayle am Nachmittag geäußert hatte.

Harper ergänzte: »Wir haben auch Ihre Einladung zum heutigen Meeting ... angeregt.«

»Danke«, bemerkte Katman lakonisch. »Und dennoch muß ich Sie fragen: Weshalb interessiert sich Ihre Behörde erst jetzt dafür? Muß erst ein ganzes Raumschiff verschwinden?«

Ray Harper verbarg seine Zufriedenheit. Katmans Sarkasmus sprach für seine Ehrlichkeit. Jetzt durfte er keinen Fehler machen. Wie weit sollte er mit seiner Erklärung ausholen? »Die offizielle Kosmoswissenschaft«, sagte er in sachlichem Ton, »lehrt seit Jahrhunderten, daß es keine Bedrohung aus dem All gibt. Die ersten wenigen Kontakte mit außerirdischen Zivilisationen bestätigten das auch. Die entdeckten Frühformen kosmischer Zivilisation blieben mit äußerster Vorsicht behandelte Forschungsobjekte. Und die einzige bisher kontaktierte Formation, mit einer biologisch zwar gänzlich anderen, technisch aber sehr hoch entwickelten Zivilisation, befand sich tatsächlich in einem zutiefst humanistischen Sozialzustand. Die These, daß technisch hochstehende Zivilisationen nur in hochentwickelten sozialen Ordnungen existieren könnten, wurde zu einer Raumwahrheit ersten Grades erhoben. Seitdem orientierte der Oberste Rat die Aktivitäten der Weltsicherheitsbehörde auf die Aufklärung und Beherrschung des kriminellen und sozialen Untergrundes, auf die Erscheinungen im Grenzgebiet zwischen psychischen Defekten und sozialen Entartungen und ähnlichem. Da gab es genug zu tun. Immer wieder wurden wir überrascht durch neue, weder von den Klassikern noch von der modernen Forschung vorausgeahnte abartige Erscheinungen.«

Katmans Skepsis wandelte sich in Aufmerksamkeit.

»Die Ereignisse auf Yoga Neun erweckten noch nicht das direkte Interesse meiner Behörde. Die damaligen Recherchen ergaben zwei uns interessierende Varianten: Erstens die Möglichkeit des Handelns durch alternative Gruppen des Untergrundes, und zweitens die Aktivitäten einer außerirdischen Zivilisation. Sie wissen, was die Analyse ergab?«

»Man hat sie mir verschwiegen, aber ich kann es mir denken.«

»Ich verrate Ihnen die genauen Ergebnisse aller Gutachten der Wissenschaftler und des Zentralcomputers: Zehn Komma drei Prozent Wahrscheinlichkeit für Sabotage, null Komma null Prozent für außerirdische Einwirkungsursachen. Damit drehte sich alles um Sie. Ihre Aussage über die Yoga-Neun-Ereignisse wurde von den Computern für falsch erklärt.«

»Nicht nur von den Computern.« Es klang verbittert.

»Wir schickten dennoch einen unserer Männer als Monteur mit der Sibir mit. Vor allem wegen der zehn Komma drei Prozent. Die machten es uns möglich. Aber die zehn Komma drei Prozent waren nur unsere offizielle Begründung. Zum internen Gebrauch hatte ich eine eigene Computeranalyse anfertigen lassen. Nach unseren speziellen Sicherheitsprogrammen. Denn ...«, er zögerte, »die offiziellen Computerprogramme gingen ja alle von der These aus, daß sich keine technisch hochstehende außerirdische Zivilisation aggressiv verhalten würde.«

Katman sprang auf. »Damit waren ja die null Komma null Prozent vorprogrammiert, und meine Darstellung hatte nie eine Chance!«

Harper nickte. »Unsere Analyse ergab neunzehn Komma acht Prozent Wahrscheinlichkeit für die Einwirkung einer außerirdischen Zivilisation.«

Katman setzte sich enttäuscht. Neunzehn Komma acht Prozent – was für ein kümmerliches Ergebnis.

Harper deutete ein Lächeln an. »Zu wenig, meinen Sie? Bedenken Sie, daß wir nur die uns zugänglichen Daten zugrunde legen konnten. Deshalb wiederhole ich meine Bitte: Schildern Sie mir die Vorgänge auf Yoga Neun.«

Katman trank, er wollte sich beruhigen. Dann berichtete er. Wie er und Sierpen mit dem Raumgleiter vom Mutterschiff auf jenen in manchen Parametern erdähnlichen Planeten entsandt wurden. Es ging um eine erste, nur oberflächliche Erfassung des Yogasystems. Und die »Neun« war der letzte Planet. Ein mit blaugrünem Bewuchs und bizarren Felsen bedeckter Planet. Sonderbarerweise keine Tiere. Nur Mikroorganismen. Und wenig Wasser, und das nur in den tiefen Schluchten als dünne Rinnsale. Dafür ausgedehnte wüstenähnliche Regionen auf der planetaren Oberfläche. Unbekannt, weshalb die Luft atembar war.

»Sierpen befand sich oben in den Felsen bei der Funkanlage. Ich holte die Meßergebnisse der Sonden in den Schluchten. Als ich zurückkehrte, war Sierpen schon vor mir am Gleiter. Und da kamen sie.«

»Wer?«

»Raumfahrer, wie wir. Im ersten Moment dachte ich, eine andere Expedition auf neuen Schiffen hätte uns eingeholt. Aber das war unmöglich. Das Mutterschiff hätte uns darüber informiert.«

»Gab es keine Unterschiede?«

»Doch. Die Größe und wie sie sich bewegten – das stimmte überein. Aber die Raumanzüge waren anders konstruiert und gefärbt.«

»Wie?«

»Graubraun. Und die Tönung wechselte, paßte sich farblich der Umgebung an.«

»Ach ... Wieviel waren es?«

»Etwa zehn. Sie bewegten sich auf unseren Gleiter zu, im Halbkreis, von drei Seiten. Sierpen hatte die Fremden nicht entdeckt. Ich wollte ihn rufen, er sollte die Kontaktformel senden ...« Katman zögerte.

»Und?«

»Hinterher war ich mir nicht sicher, ob ich die Sendetaste gedrückt hatte. Jedenfalls drehte sich Sierpen um. Er bemerkte die Fremden und lief auf den Gleiter zu.«

Wieder schwieg Katman.

»Und weiter?«

»Die Fremden hoben ihre Geräte in halbe Höhe ...«

»Was für Geräte?«

»Wie kleine Videokameras sahen sie aus. Genaues konnte ich nicht erkennen. Es spielte sich ja ziemlich weit entfernt von mir ab. Sierpen schlug die Hände vor das Gesicht. Dann verschwand er vor meinen Augen.«

»Im Gleiter?«

»Nein. Er verdampfte ... Dort, wo er sich zuletzt befunden hatte, fanden wir später auf dem felsigen Grund nur ein Häufchen Asche. Sonst nichts.« Katman starrte auf die Wand.

Harper schob ihm das Glas zu. »Trinken Sie.«

Er kippte den Kognak hinunter.

»Sagen Sie, gab es von Seiten jener ... Fremden keinen

Kontaktversuch?«

»Das habe ich mich später selber gefragt, strapazierte mein Gedächtnis und prüfte die wenigen gespeicherten Unterlagen. Ich gelangte immer wieder zum gleichen Schluß: Sie versuchten keine Kontaktaufnahme, sondern setzten sofort ihre Waffen ein, als Sierpen sie bemerkte und flüchtete. Sie waren auf Angriff trainiert.«

»Oder programmiert?«

»Sie meinen – Roboter?« Katman bewegte unschlüssig den Kopf. »Ich weiß es nicht. Sie bewegten sich mehr wie … Lebewesen, Menschen.«

Harper notierte sich etwas in einem winzigen Büchlein.

»Was geschah dann?«

»Die Fremden sammelten sich vor unserem Gleiter, brachten eine Art Werfer in Stellung und zerschmolzen ihn – als wäre er aus Schokolade.«

»Ihr Fahrzeug besaß keinen Strahlenschild?«

»Selbstverständlich. Und er war auch aktiviert.«

»Könnte Sierpen nicht die Aktivierung gelöscht haben? Er wollte doch in den Gleiter?«

Katman verneinte das. »Wir haben es später ausgemessen. Dazu war er noch zu weit entfernt.«

Nachdenklich sah Harper den Berichterstatter an. »Wie reagierten Sie?«

»Ich? Ich zweifelte an dem, was sich da vor meinen Augen abgespielt hatte. Dann überlegte ich, wie ich dort rauskommen könnte. Sollte ich mit meinem Geostrahler auf sie losgehen?«

»Und sind Sie …?«

»Ich flüchtete. Aber sie hatten mich bemerkt. Auf einmal zerschmolz mir der Strahler in der Hand. Hätte ich ihn nicht sofort weggeworfen – ich wäre zu Asche geworden, wie Sierpen.« Er unterbrach sich. »Wissen Sie, das ist antrainiert bei eventuellen Selbstreaktionen des Gerätes.«

»Weshalb reagierte Sierpen nicht ebenso?«

»Er war ahnungslos. Ich dagegen hatte mich bereits auf Gegenwehr eingestellt.«

Harper notierte wieder etwas.

Katman schilderte seine Flucht – anfangs von einer Gruppe der Fremden verfolgt. »Ich war schneller als sie. Und ihre Handwaffen erwischten mich nicht.« Später tauchte er in einer der Schluchten unter, gab Notsignale und wartete auf das Suchschiff. »Ich fürchtete, dort sterben zu müssen, mußte ich doch annehmen, daß die Angreifer auch das Mutterschiff vernichtet oder zumindest beschädigt hatten.«

Aber eigenartiger Weise blieb das Raumschiff unbehelligt. Bernard landete ahnungslos mit dem Gleiter bei voller Signalgebung und nahm Katman an Bord.

»Das andere wissen Sie. Die Untersuchungen durch Leute des Mutterschiffes erbrachten so gut wie keine Spuren der fremden Raumfahrer. Nur Sierpens Asche und das Wrack unseres Gleiters. Es sollte ja auch alles sehr schnell gehen. Ich mußte in Quarantäne, weil man annahm, ich litte unter Halluzinationen. Später dann die Untersuchungen durch das Kontrollamt, als Befragungen kaschierte Verhöre, keiner glaubte mir ...«

Harper blickte auf seine Notizen. »Beschreiben Sie bitte die Waffen jener Wesen.«

»Schwer zu sagen. Die Entfernung war erheblich.«

»Sahen Sie Geschosse, Flugbahnen, Mündungsfeuer, Einschläge?«

»Nichts. Alles vollzog sich unsichtbar und unhörbar. Nur am Zielort zeigten sich die Auswirkungen. Vermutlich Elementarteilchenbeschleuniger. Oder Röntgenlaser. Oder etwas anderes, was wir noch gar nicht kennen.«

»Haben Sie darüber vor dem Raumfahrtamt berichtet?«

»Selbstverständlich. Auch über meine Vermutung, daß jene Fremden im Yogasystem noch gefährlichere Zerstörungssysteme besitzen könnten. Stationär, auf Raumschiffen und auf ihrem Heimatplaneten. Und daß unsere eigene Ausrüstung dagegen völlig unzureichend sei.«

»Und?«

Katman lächelte bitter. »Sie sind, bildlich gesprochen, an die Decke gegangen. Abwechselnd bezeichneten sie mich als einen Irren, der seine Traumgebilde als Realität verkaufen möchte. Und als Ketzer, der die Grundfesten der humanistischen Raumwissenschaft erschüttern will. Wie ich mich erdreisten könnte, nach einer neuen Waffengeneration zu verlangen, wo doch die Menschheit seit Jahrhunderten in Frieden lebe und ihr oberstes Moralgebot verlange, jedes vernunftbegabte Leben zu achten und nicht zu zerstören. Sie behandelten mich, als wäre ich von einem ideologischen Virus befallen.«

Harper räusperte sich umständlich. »Ich möchte Sie jetzt fragen, nachdem Sie Abstand haben zu jenen Vorfällen und vom Verschwinden der Sibir wissen. Ganz ehrlich: Wäre es nicht doch möglich, daß Sie damals auf Yoga Neun einer Täuschung verfallen sind?«

Katman ließ sich mit der Antwort Zeit.

»Wissen Sie, damals die wochenlangen Verhandlungen vor dem Kontrollamt, die Untersuchungen durch die Psychotherapeuten – das grenzte an Gehirnwäsche, was die mit mir angestellt haben –, da zweifelte ich manchmal an meinen eigenen Wahrnehmungen. Wenn ich aber wieder raus war aus der Mühle, mich auf mich selber besinnen konnte, da wußte ich, es mußte alles so passiert sein, wie ich es Ihnen heute geschildert habe.

»Und keiner Ihrer Gefährten hat zu Ihnen gehalten?«

»Doch – Paul Bernard, weil er mich kennt wie keiner sonst. Und Ter Wißmann«

Harper merkte auf. Dieser Name stand nicht in seinen Unterlagen. »Wer ist das?«

»Ein alter Psychologe aus dem vorigen Jahrhundert – und Hobbyhistoriker.«

Harper schaute ihn fragend an.

»Er war mein Trainer vor fast fünfzig Jahren im Kundschaftercamp. Ter Wißman ist lange pensioniert. Ich besuchte ihn während der Verhandlungen in Hamburg. Seit mehr als hundert Jahren wohnt er dort. Er und sein Elefant.«

»Sein – was?«

»Ein alter Universitätscomputer. Er beansprucht die halbe Wohnung. Daher der Scherzname. Das Monstrum ist unbezahlbar. Er hat die tollsten Sachen gespeichert. Und auch ein paar illegale Anschlüsse zu Spezialcomputern. Was der alte Wißman damit aus der Maschine herausholt, ist manchmal verblüffend.«

Ray Harper stand auf, zog einen schwarzen Flachschlüssel aus der Brusttasche und vollzog am Informationsteil ein Schließmanöver. Es war der dritte, der hinterste Schrank. Und die schwarze Farbe bedeutete die oberste Befehlsgewalt.

Er löscht ein Stück der Aufzeichnung, dachte Katman erschrocken. Das mit den illegalen Computeranschlüssen. Verdammt, mit meinem Gerede bringe ich meinen alten Mentor noch in Schwierigkeiten.

Ray Harper setzte sich wieder. »Und was sagte Wißman zu Ihrer Darstellung?«

Katman sprach jetzt überlegter. »Er zeigte mir seine Computeranalysen. Im Gegensatz zu den offiziellen Aussagen enthielten sie auch die Möglichkeit der Existenz einer nicht humanistischen, aber technisch hochstehenden Zivilisation im Weltall. Und sehr überzeugend begründet.«

Harper murmelte: »Es gibt immer eine Alternative. Trotz aller Gesetzmäßigkeiten. Oder sogar als Bestandteil der Gesetzmäßigkeit ...«

»Bitte?«

»Entschuldigen Sie, ich wollte Sie nicht unterbrechen.«

»Also – Ter Wißman testete mich mit den alten Psychomethoden. Er schloß mit neunzigprozentiger Sicherheit eine Sinnestäuschung auf Yoga Neun aus. Eigentlich waren es neunundneunzig Prozent. Aber er rechnete etwa zehn Prozent Unsicherheit durch unbekannte Raumfaktoren ein. Aber mehr als zehn Prozent war er nicht bereit, abzustreichen. Das half mir, die Geschichte durchzustehen.«

Harper begann nachdenkend hin und her zu gehen. Der alte Lehrer-Freund wollte Katman helfen. Vielleicht durch ein positives Ergebnis, das aus der Luft gegriffen war? »Dieser Ter Wißman arbeitete als Psychologe?«

»Jahrzehntelang als Psychotrainer auf Außenstationen.«

»Vertrauten Sie ihm?«

»Er hatte ein Herz für seine Zöglinge. Vielleicht ist das für Sie schwer erfaßbar. Er war einer der wenigen, der zwar die Technik exzellent beherrschte, aber mit uns immer von Mann zu Mann kommunizierte. Andere dagegen erweckten den Anschein, als versteckten sie sich hinter Computeranalysen und Psychodetektoren.«

Harper nickte, fragte dann leise: »Sie hatten nicht das Gefühl, auch später nicht, daß er, um Sie zu trösten, seine Expertisen manipuliert haben könnte?«

Katman erstarrte. Das war die Frage, die er sich selber zu stellen nie gewagt hatte.

Ein langes Schweigen breitete sich aus, bis Katman schließlich leise sagte: »Und selbst wenn – ich bin mir meiner Erlebnisse absolut sicher.«

Harper senkte den Kopf, um sein Lächeln zu verbergen. Also hat er selber schon an diese Möglichkeit gedacht, beharrt aber auf seiner Darstellung. Das tun Leute mit solchen Defekten immer. Und wenn die Deformierungen nur zeitweise auftreten, ausgelöst durch Strahlen, Drogen, Gase oder ähnliche äußere Faktoren, finden die Medleute und Neuropsychologen auch keinerlei Spuren mehr. Gefährlich, wenn hochintelligente, erfahrene Verantwortungsträger in so eine Lage kommen. Kein Wunder, daß das Kontrollamt den Mann sofort beurlaubte. Aber inzwischen verschwand die Sibir. Und niemand weiß weshalb, wohin. Alles ist denkbar, befürchtbar.

»Worauf führen Sie es zurück, daß Sie der Verfolgung durch die Yogaleute entkommen konnten?«

Katman krauste die Stirn. »Ich weiß es nicht. Oft habe ich mir darüber den Kopf zerbrochen, ohne jedoch eine Antwort zu finden.«

»Vielleicht resultierte der Angriff auf Sierpen nur aus einem Notwehrreflex der Fremden? Und sie begnügten sich bei Ihnen damit, Sie zur Flucht zu veranlassen?«

Auch das hatte sich Katman schon gefragt. Das wäre entsetzlich. Sierpen – einem Mißverständnis zum Opfer gefallen. Vielleicht deshalb hatte er diese Vermutung ausgeschlossen. Zu recht? Oder fälschlicher Weise?

»Und welche Erklärung haben Sie dafür, daß die fremden Raumfahrer das Expeditionsschiff und den mit Gleiter landenden Bernard unbehelligt ließen?«

»Auch hierzu kann ich nur Vermutungen äußern. Entweder zogen sie sich zurück, weil sie sich zu schwach fühlten. Oder sie wollten das große irdische Raumschiff in eine Falle locken. Vielleicht, weil sie einige von uns lebend brauchten? Und nur der überstürzte Abbruch der Expedition durchkreuzte ihre Pläne?«

Sinnend ergänzte Harper: »Das würde auch erklären, weshalb man Sie entkommen und den Notruf senden ließ.«

Katman schränkte sofort ein: »Das ist alles Spekulation. Es kann auch ganz anders zusammenhängen. Ich weiß es nicht.«

Niemand auf der Erde wußte es. Auch nicht, ob das, was dieser Mann erzählte, sich tatsächlich so vollzogen hatte. Vielleicht gab es eine – möglicherweise unbeabsichtigte – Provokation durch den Kundschafter oder seinen Assistenten? Oder die fremden Raumfahrer existierten überhaupt nicht real, sondern nur in Katmans Einbildung?

»Arbeiteten Sie auf Yoga Neun mit Atemgeräten?«

»Nur in leichter Detronschutzkleidung. Die Luft war atembar.«

Harper nickte. Das ließ manche Möglichkeit offen. Halluzinationen, resultierend aus den Eigenarten der Atmosphäre. Oder durch Mikroorganismen. Katman führte mit Sierpen die Ersterkundung durch. Manches, vieles, fast alles ist dort noch unerforscht. Und jetzt war die Sibir verschollen.

»Es wird eine Rettungsexpedition für die Sibir geben. Ich werde dafür plädieren, daß keine Schwesternschiffe der Sibir, sondern zwei der neuen Großraumschiffe entsendet werden.«

Katman blickte Harper fragend an.

»Das wird allerdings den Start um mehr als ein halbes Jahr verzögern, denn selbst bei beschleunigtem Bautempo kann das erste Schiff nicht vor sechs Monaten vom Stapel laufen.«

Jetzt nickte Katman. »Das halbe Jahr wird nicht reichen.«

»Weshalb nicht?«

»Es müssen Verteidigungs- und Gegenschlagmittel installiert werden. Die Besatzung muß deren Beherrschung und Anwendung trainieren. Dazu Informationssysteme, die auch unter gegnerischer Störung funktionieren, verstärkte energetische Abwehrfelder, Skaphander, die als Kampfanzüge nutzbar sind, und anderes. Das kostet Zeit.«

»Verstehe ich Sie richtig, Sie meinen Waffen?«

Katman nickte. »Das Wort ist verpönt, ich weiß. Sagen wir lieber eine militärische Kampfausrüstung.«

Harper wandte sich dem Servoelement zu, goß Kognak in die Gläser. »Und an was für Waffen dachten Sie?«

»Ich weiß nicht, was die irdische Wissenschaft zu bieten hat. Ich kenne nur unsere energetischen Schutzfelder und die Handstrahler. Die gibt es in drei Größen, abgeleitet von Bergbaugeräten, mehr zur Gesteinserkundung, eben Geostrahler.«

»Und die Skaphander? Wogegen sollen sie Schutz bieten? Gegen welche Strahlung in welcher Dosierung? Was für Energiefelder müssen Ihrer Meinung nach die Raumschiffe sichern? Was müssen sie abwehren?«

Katman hob die Hände. »Woher soll ich das wissen?«

»Sie sahen die Yogatechnik in Aktion. Als einziger.«

»Aber doch nur ihre Anwendung. Nichts weiß ich von ihren Wirkungsprinzipien.«

»Und von mir und meinen Experten verlangen Sie, daß wir die richtigen Auskünfte parat haben?«

»Es gibt doch Wissenschaftler, ganze Institute, die nach Aufgaben suchen!«

Harper lachte kurz und hart. »Commander, was erwarten Sie eigentlich? Alle Welt ist der Auffassung, daß Ihre Darstellung sachlich falsch ist. Jedermann auf der Erde geht davon aus, daß es keine technisch hochentwickelte Zivilisation geben kann, die sich irdischen Raumschiffen gegenüber feindlich oder gar aggressiv verhalten könnte. Welches Institut und welcher Wissenschaftler, welcher Verantwortungsträger unserer irdischen Verwaltung würde sich für Verteidigungs- und Gegenschlagmittel, also für Waffen, engagieren?«

Schweigend starrte Katman in sein Kognakglas.

Fast tat er Harper leid. Aber der Kundschafter mußte die reale Lage begreifen. Sicher konnte er, Harper, einiges ermöglichen. Zum Beispiel die Verstärkung der energetischen Schutzschilde, für besondere Belastungssituationen umgerüstete Raumerkundungsfahrzeuge und -gleiter. Aus eigenen Mitteln konnte er auch ein paar Strahlenwaffen einbringen.

Er wandte sich Katman zu. »Auch wenn die Raumschiffe ohne Kampfausrüstung starten – würden Sie dennoch mit ins Yogasystem gehen?«

»Bisher habe ich jeden befohlenen Auftrag ausgeführt. Und dieses Mal geht es um Kameraden in Raumnot, keiner von uns würde ablehnen, falls er in die Expedition berufen würde. Außerdem – ins Yogasystem würde ich sogar auf einem Besenstiel reiten.«

Harper neigte den Kopf. »Ein achtenswerter Standpunkt.«

Katman lächelte spöttisch. Also wird es keine den Yogawaffen ebenbürtige Ausrüstung geben. Harper glaubte ihm nicht. Denn wenn er wollte, dann könnte er schon ... Oder er scheut die Auseinandersetzung im Rat, will nicht gegen den Stachel löcken, nichts riskieren, wodurch er seinen Sessel verlieren könnte. Leise sagte er: »Wer kämpft, kann verlieren. Wer nicht kämpft – hat schon verloren.«

Jetzt war es Harper, der ironisierte. »Akzeptiert, Commander, vorausgesetzt, die Fronten sind klar. Doch ich fürchte, Ihr Kampf ist nicht mein Kampf.« Es klang schärfer, als er beabsichtigt hatte.

Die Atmosphäre hatte sich abgekühlt, das spürten sie beide.

Harper bedauerte es. Zumal da er die letzte Gelegenheit verpaßt hatte, Katman über Sibyll Keltons Funktion im Sicherheitsdienst zu informieren.

Sollte sie es ihm selber mitteilen, zu einer Zeit, die ihr passend erschien. Dafür wollte er ihr grünes Licht geben. Das entsprach zwar nicht der Dienstvorschrift, doch er glaubte, es verantworten zu können.

Aber ganz wohl fühlte er sich nicht dabei.

Er versuchte, zu seinem gewinnenden Ton zurückzufinden. »Ich danke Ihnen für Ihren Besuch und das Gespräch. Auch wenn wir nicht in allem übereinstimmen, verbinden uns doch die gleichen Grundpositionen: Wir dienen der Erde mit allem, was wir besitzen und einsetzen können.

Bedenken Sie, daß wir in unsere Zeit hineingeboren sind, wir konnten sie uns nicht aussuchen. Auch nicht unsere Mitmenschen und die Vorgesetzten. Wir müssen die Erde so nehmen, wie sie ist. Im Guten wie im weniger Guten. Eines kann ich Ihnen verbindlich zusagen: Sie werden Teilnehmer der Expedition im Yogasystem sein. Arbeiten und nicht verzweifeln.«

»Danke«, erwiderte Katman. Das war wenigstens etwas, oder eigentlich eine ganze Menge.

6.

Per Grubkow nahm die Brille ab, sank in den Sessel und streckte sich. Er wurde alt, und sein Rückgrat schmerzte immer häufiger. Bald konnte er ohne ständige Einnahme von Leistungssteigerern nicht mehr arbeiten. Die Augen fielen ihm zu.

Aus dem Halbschlaf auffahrend, blinzelte er zur Zeitinformation. Fünfzehn Minuten schon? Die mußten reichen. Er fühlte sich besser.

»Schaltpult, Verbindung Moskau 0011 00«, befahl er.

Surrend glitt die kleine Plattform heran. Er tippte die Aufnahme- und die Sendetaste, sprach die Anredekurzformel:

»An G-V.

Bericht des ersten Tages. Fortsetzung. Vollständiges Protokoll des Kadergesprächs mit Pierre Dutch, Larissa Furaschowa, Oleg Gladyschew.«

Dann ließ er das Band über den Sender laufen. Hin und wieder verfolgte er die halblaute Kontrollwiedergabe.

»... zu diesem Gespräch, um Ihr Einverständnis zu erbitten, die kommende Rettungsexpedition zu leiten.«

»Wieso, die Beschlußfassung steht doch noch aus?«

Das war Oleg Gladyschew. Ein Genauigkeitsfanatiker. Sah aus wie ein Gastwirt der dritten Klasse.

»Ich muß eine Besetzungsliste vorlegen. Ihre Zustimmung brauche ich vorher. Ich möchte mir – und Ihnen – die Peinlichkeit einer Ablehnung vor dem Obersten Rat ersparen.«

Sie hatten es akzeptiert.

»Zwei Schiffe werden voraussichtlich entsendet werden. Entweder der Länderklasse – die sind so gut wie fertig rekonstruiert. Oder der Kundschafterklasse.

Hören sie meinen Vorschlag: Sie, Commander Dutch, leiten die Expedition und kommandieren das erste Schiff. Ihr erster Stellvertreter ist Larissa Furaschowa. Oleg Gladyschew befehligt das zweite Schiff.«

Er stellte den Kontrollton leiser. Mehr als zwei Stunden hatte die Unterhaltung gedauert. Gladyschew wollte alles genau erfahren. Das entsprach seinem Stil. Deshalb sollte er auch die Relaisposition befehligen, zwischen dem ersten Schiff und der Erde.

Pierre Dutch dagegen wollte seine Berufung ablehnen. Das sagte er nicht direkt, aber er wich anfangs jeder Zusage aus, sprach dafür vom Heiraten.

»... deshalb kann ich nicht Kommandant sein und Larissa nicht mein Stellvertreter.«

Grubkow schüttelte den Kopf. Unvorstellbar, da setzt ein erfahrener Mann diesen sensationellen Auftrag aufs Spiel – nur wegen der offiziellen Bindung an ein Weib.

Sicher, Larissa Furaschowa war eine faszinierende Frau.

Klug. Energisch. Höchster Leistungs- und höchster Ehrgeizquotient. Und von charmanter Weiblichkeit. Das sah sogar er als Halbblinder.

»... werden wir eben später heiraten.« Das war die Furaschowa! Wie sicher das kam. Ohne Zögern und sehr sachlich.

Zart berührte sie Dutch am Arm. Der Commander blickte sie erstaunt an und lächelte verlegen, als sie seine Hand streichelte. Damit war das Problem erledigt. Vielleicht zu schnell? Aber ihm sollte es in diesem Falle nur recht sein.

»Also sind wir uns einig? Dann bitte ich Sie, über unser Gespräch zu schweigen, bis die öffentliche Berufung ... Ihre Mission dient der Hilfe für die Sibir. Nehmen Sie Ihre Aufgaben so wahr, wie es die irdische Weltallverantwortung verlangt. Sie handeln als friedliche Abgesandte der Erde nach der Grundregel irdischer und kosmischer Kommunikation: Wer Aggressivität provoziert, hat vor der Menschheit versagt. Arbeiten Sie mit umsichtiger Zielstrebigkeit im Sinne Ihres Auftrages und zum Wohle Ihrer Besatzungen.«

Mit schneller Bewegung drückte er die Sendetaste auf »Aus«. Mehr brauchte der Rat nicht zu erfahren.

Das Band jedoch ließ er weiterlaufen. Auch der Ton blieb im Zimmer. Unter einem Vorwand hatte er die Furaschowa gebeten, noch zu bleiben.

»... wegen einer Konsultation zum Tabrallproblem.«

Kaum waren sie beide allein, überfiel sie ihn mit der Frage: »Wird der Raumkundschafter Katman an der Expedition teilnehmen?«

Er hatte sich entgegenkommend gestellt. »Gewiß, wenn Sie seine Teilnahme wünschen, kann ich mich für seine Berufung einsetzen.«

Eilig hatte sie abgewehrt, so wollte sie nicht verstanden werden, im Gegenteil, für sie war Katman ein überflüssiger Mensch.

Er hatte sie erstaunt angesehen. »Haben Sie an ihm etwas auszusetzen? Er ist ein bewährter und anerkannter Raumkundschafter. Vielleicht der beste, den wir haben.«

Grubkow drehte den Ton auf.

Leise sagte sie etwas von psychisch defekt und zweifelhaftem Verhalten auf Yoga Neun.

Und jetzt kam es – explosiv: »Er ist alt geworden!«

Es war ihr peinlich, kaum daß sie es herausgestoßen hatte.

Immerhin war er selber fast vierzig Jahre älter als der Kundschafter.

Sie schwächte auch sofort ab. »Ich meine verbraucht. Seine Tätigkeit hat ihn ausgebrannt.«

»Aber er ist einer der wenigen, die schon im Yogasystem arbeiteten.« Das war seine Erwiderung. »Eine reale Schuld am Tode jenes Sierpen konnte nicht ermittelt werden. Eher das Gegenteil. Fakten und Gutachten schlossen diese Möglichkeit fast aus.«

Was sie nicht wußte und was er ihr auch nicht sagen durfte: Die Sicherheitsbehörde wollte den Kundschafter unbedingt dabei haben. Harpers Leute mußten alle Eventualitäten, die denkbar waren, prüfen, in Rechnung stellen. Das konnten sie nur im Kontakt mit Katman. Und nur mit einem Katman in voller beruflicher Aktion. Zumindest hatte es Harper in der Kommision sehr überzeugend begründet. Bei einer Ablehnung hätte Harper sich wahrscheinlich an G. V. gewandt. Und der hätte es vor dem Obersten Rat zur Entscheidung gestellt. Aber das wünschte Grubkow nicht.

Er seufzte.

Dabei wollten sie beide das gleiche: Die Gesellschaft schützen vor verderblichen Einflüssen, Praktiken, Entscheidungen.

Und dem offenbar ausgebrannten Katman helfen. Schon seiner Verdienste wegen. Nur die Wege unterschieden sich.

»So ein Mann an Bord kann die ganze Expedition durcheinander bringen ...« Ihre Stimme vibrierte.

Er lächelte sie an. „Weshalb wohl, Frau Vicecommander, haben wir Sie in die Leitung des Kommandos delegiert?«

Ihr Gesicht hellte sich auf, sie gab ihm sein Lächeln zurück.

Er erklärte ihr, daß faktisch sie das erste Raumschiff kommandieren würde, damit der Commander Dutch, »der Admiral der Flotte«, für die Expeditionsstrategie genügend Spielraum erhielt.

»So ähnlich habe ich Sie verstanden.«

»Das wird nicht immer einfach für Sie sein. Denn wir können das Reglement in bezug auf die Rechte und Pflichten des Kommandanten nicht ändern. Glauben Sie, daß Sie sich mit dem Commander verständigen werden?«

Wieder lächelte sie, diesmal beinahe nachsichtig.

»Das erste Schiff kann in heikle Situationen geraten. Bitte lassen Sie zu keiner Zeit interpretative und psychische Aufweichungen zu! Sie stützen sich dabei auf Goa Sung. Er ist der führende Experte für psycho-biologische und -elektronische Prozesse. Medizinisch beschlagen und technisch versiert.

Alles, was innerhalb Ihres Schiffes passiert, halten Sie unter Kontrolle. Alles. Bitte denken Sie immer daran, daß die Sibir in eine ernste Lage geraten ist und daß Ihrem Schiff auf keinen Fall Gleiches oder Ähnliches zustoßen darf.«

Er überlegte.

Nein, Katmans Name war in diesem Dialog nicht mehr gefallen. Es war nicht mehr nötig. Die Furaschowa hatte ihn verstanden.

Er beglückwünschte sich zu seinem Entschluß, gerade sie tiefer ins Vertrauen zu ziehen. Sie war nicht nur die jüngste und charmanteste des eingeladenen Trios – sie war zugleich auch die klügste, konnte komplex denken und das Wesentliche rechtzeitig erkennen. Oder erahnen. Weibliche Intuition? Selbst wenn Harper den Kundschafter in die Expedition brachte, die Furaschowa würde ihn nicht aus den Augen lassen.

Katman war psychisch defekt. Schade um ihn. Andererseits – was konnte solch ein Mann für Schaden anrichten! Vor einigen Jahrhunderten hätten sie ihn isoliert. Psychiatrische Klinik. Oder anders ... Das gab's nicht mehr. Hier ging es um Interpretationsprobleme, es betraf mehr den geistig-analytischen Bereich.

Er überlegte. Sollte er nochmals ...? Es lockte ihn, diesen Katman herbeizuzaubern. Ein wütender Mann, nicht schlecht aussehend.

Er stand auf, holte aus dem kleineren Raum seines Appartements ein ovales Koffergerät. Schwer hing es an seinem Arm. Vier Zimmer hatten sie ihm zugewiesen – laut Protokoll. Dabei hätten zwei genügt.

Er hob das grauweiß schimmernde Gerät, seine Form erinnerte an ein flachgedrücktes Ei, auf den Tisch, drehte die Stellknöpfe, setzte sich in den Sessel davor.

Das neueste Modell der Spielzeugbranche. Arbeitete mit Hirnimpulsen und stellte die Abbilder der eigenen Vorstellung in den Raum. Aber nur Personen oder einzelne Gegenstände.

Das Gerät wurde als Gedächtnistrainer angepriesen. Aber es hatte Bedenken gegeben. Deshalb testeten einige maßgebliche Persönlichkeiten das Versuchsmuster. Er vermochte sich vorzustellen, daß damit kriminelle Aktionen unterstützt werden konnten. »Zumindest ein Alibi könnte ich anderen vorgaukeln.«

Aber kriminell konnte man mit jedem Knüppel werden. Auch mit den Händen, mit einem Fußtritt.

Nicht alles ließ sich aus der Welt schaffen, womit Charakterschwache Mißbrauch treiben konnten. Nein, er würde für die Produktion stimmen. Ein Verbot löste gar nichts. Das Gerät käme, vielleicht etwas später, illegal auf den grauen Markt, in Handanfertigung. Dann wäre es sehr teuer und erst recht zu mißbrauchen. Die Massenproduktion würde dem Ding alles Sensationelle nehmen, es bliebe ein Spielzeug. Die Menschen brauchten solche Dinge, wo es kaum noch Arbeit gab und man manchmal nicht wußte, womit man die Leute beschäftigen sollte.

Er wartete, daß das Gerät in Gang kam, aber nichts geschah. Bis ihm die Querantenne einfiel. Er ließ sie bis in die Zimmermitte ausfahren. Dann wartete er auf Katman.

Es begann an der Spitze des Stabes zu flimmern, ein Schemen in Mannesgröße glitzerte, plastischer hoben sich die Konturen ab. Grubkow beugte sich vor. Das war doch nicht der Kundschafter, hatte das Gerät einen Defekt?

Da stand sie fast leibhaftig vor ihm, lächelte und bewegte sacht die Hände, streckte sie ihm entgegen: Larissa Furaschowa!

Als er sich bewußt wurde, daß er der verblüffend echt wirkenden dreidimensionalen Erscheinung zuwinkte, fuhr er mit einem Griff die Antenne ein und schlug den Deckel zu.

II Das Überlebenssystem

1.

Informationsoffizier Kerper betrat die Zentrale.

Pierre Dutch runzelte die Stirn, nahm das Papierband, las. »Empfange undefinierbares Signal der Meßboje dreiundzwanzig. Erbitte Genehmigung zur Kursänderung, um Speicher der Boje dreiundzwanzig zu überprüfen.«

Schon wieder Katman! »Was soll das sein: ›undefinierbares Signal‹?«

»Eine Unregelmäßigkeit im Meßton. Könnte ein Ausweichmanöver gewesen sein. Vielleicht Meteoriten?«

Der Kommandant ging zur Sternenkarte, suchte den Standort der Boje dreiundzwanzig, tippte auf das Glas. »Wo sollen denn hier Meteoriten herkommen?«

»Ich dachte nur, wir sollten jeder Spur nachgehen.«

Der Kommandant nickte. Gerade wollte er Katmans Bitte entsprechen, da mischte sich seine Stellvertreterin ein.

»Aber nicht Katman!« Sie zeigte auf die Karte. »Raumgleiter zwei steht günstiger. Soll der die Boje dreiundzwanzig überprüfen.«

Der Informationsoffizier schaute sie skeptisch an. Der Raumerkunder zwei schien ihm keineswegs näher an der Boje zu sein. Und wie er Katman kannte, hatte der seinen Kurs schon geändert.

Er blickte gespannt zu Dutch. Wie würde der Kommandant entscheiden? Die Furaschowa war ihm in die Parade gefahren. Nur sie konnte sich das erlauben. Zwar stand ihr das Recht zu, den Kommandanten zu beraten, aber es gehörte sich einfach nicht, ihm die Entscheidung vom Munde wegzunehmen.

Dutch starrte auf die Karte, zählte in Gedanken langsam bis zehn. Die beiden Raumerkunder standen etwa gleichweit von der Boje entfernt. Sollte er sich mit seiner Stellvertreterin streiten? »Die zwei soll überprüfen.«

»Zu Befehl.« Der Informationsoffizier deutete ein Salutieren an, das einem Achselzucken ähnelte, und verschwand.

Der Kommandant blickte ihm nach, fuhr sich mit der Hand über die Stirn. Was war bloß mit Larissa los? Sie brauchte nur Katmans Namen zu hören – schon opponierte sie. Und dann die Sache mit der Heirat. Larissa hatte immer auf eine legitime Partnerschaft gedrängt, und er hatte gezögert. Im letzten Urlaub bot er ihr die Hochzeit an, da fiel sie ihm um den Hals. Die folgenden Wochen verlebten sie in beglückender Harmonie. Und später beim Einsatzgespräch mit Per Grubkow – ihr überraschender Verzicht, der ihm die Sprache verschlug.

Er schickte ihr aus den Augenwinkeln einen kurzen Blick zu. Ach Larissa, Larissa ... Fast hätte er geseufzt. Sie blieb für ihn die liebenswerte, begehrenswerte Frau, und er respektierte ihre Führungsqualitäten. Aber manchmal konnte sie es einem schon schwermachen. Vor allem, wenn es um Katman ging. Denn der Vorfall heute war ja nicht der erste dieser Art.

Vor vier Wochen, als es um die Bemannung der Raumgleiter gegangen war, hatte er auch schon nachgegeben. Sie wollte plötzlich Goa Sung als dritten Mann bei Katman einsetzen, den Wissenschaftler, der an Bord der Serdjuk den medizinisch-biologisch-psychologischen Komplex leitete.

»Das wird die Wirksamkeit der Erkundung vor Ort erhöhen«, erklärte sie.

Er aber hatte sie durchschaut. Sie wollte Katman nur unter direkte Kontrolle nehmen. Goa Sung – das war »ihr Mann«. Scherzhaft schlug er vor, an Goa Sungs Stelle lieber die Bordpsychologin Sibyll Kelton zu delegieren.

Larissa hatte es ernst genommen. »Er wäre dann mit seiner Gespielin beschäftigt, könnte weniger Unfug stiften.«

Aber dann kamen ihr Bedenken. »Ein Pärchen in den Flitterwochen? Daraus wird nichts!« Am Ende beharrte sie jedenfalls auf Goa Sung.

Großmütig hatte er damals nachgegeben, zumal da sie sich allein in der Kabine befanden. Die heutige Entscheidung dagegen schmälerte seine Autorität. Das hatte er Kerper direkt angesehen.

Pierre Dutch nahm sich vor, daß es das letzte Mal gewesen sein sollte. Immerhin handelte es sich ja bei Katman nicht um einen Anlernling, sondern um einen der angesehensten Weltraumforscher im Range eines Commanders.

Seit fünf Wochen operierte jetzt die Serdjuk im Yogasystem; er hatte ihre Ankunft im Operationsgebiet zur Erde gemeldet und die Raumerkunder nach Plan eingesetzt.

In sechs Wochen würde die Poolman folgen und Relaisposition beziehen. Das hieß, sie verblieb auf halbem Wege zwischen der Serdjuk und dem toten Fenster, dem Einstieg in die zeitlosen Galaxiszwischenräume.

Zweimal gab es bisher Alarm. »Annäherung fremder Objekte.« Aber es waren jedesmal nur Materieschleier gewesen, die offenbar von Yoga Sieben durch energetische Entladungen als Staubsturm auf eine komplizierte Bahn innerhalb des Yogasystems geraten waren. Auch die Überprüfung der Sonde dreiundzwanzig würde kaum etwas Neues bringen.

Ungeduldig schaute Katman immer wieder zum Funkpult.

Endlich zirpte der Signalgeber, und die Empfangsdiode blinkte.

Wortlos reichte ihm Goa Sung den Meldestreifen.

Katman überflog ihn, zischte einen Fluch.

Der Pilot drehte sich erstaunt um. »Was ist?«

»Kursänderung abgelehnt. Die zwei wäre näher dran.«

»Aber jetzt doch nicht mehr.« Sredny wies auf die automatische Standortangabe. Sie flogen ja schon seit der Anfrage auf dem neuen Kurs. »Decken wir unsere Karten auf, teilen der Serdjuk die neuen Koordinaten mit, und sie werden ihre Entscheidung revidieren.«

»Werden sie nicht.« Katman wandte sich plötzlich an Goa Sung. »Was machen Sie denn?«

»Ich bestätige den Empfang.«

Katman drückte die Blockadetaste. »Bitte warten Sie noch damit.«

Goa Sung runzelte die Stirn. »Die Informationsordnung besagt, daß jede Anweisung sofort zu bestätigen ist.«

»Das ist richtig«, erwiderte Katman und fragte leise: »Sie kennen die Dienstordnung?«

Natürlich kannte sie Goa Sung. Und er wußte auch, auf welchen Paragraphen Katman anspielte. »Der Bordkommandant übt absolute Befehlsgewalt aus. Seinen Weisungen ist unbedingt Folge zu leisten.«

Goa Sung kannte auch den Beschwerdeparagraphen. »Bei Verstößen oder vermuteten Verstößen gegen Reglement und Dienstordnung ist Beschwerde beim Dienstvorgesetzten möglich. Einspruch oder Beschwerde entbinden jedoch nicht von der angeordneten Befehlsausführung.«

Damit war die Lage klar. Er mußte Katman gehorchen. Auch wenn dessen Anweisung gegen die Kontaktordnung verstieß. Schweigend fügte sich der Professor. Aber seine Finger zitterten, und auf seiner Stirn perlte Schweiß. Er schaute zum Piloten hinüber.

Der beugte sich über seine Tastatur, wollte sich aus der Sache heraushalten.

Katman starrte wütend auf den Meldestreifen. War der alte Dutch also auch umgefallen, machte sich zum Handlanger der Voreingenommenen. Als Kommandant der Expedition sollte er lieber seinen Blick für alle Eventualitäten offenhalten.

An Sredny gewandt, stellte er fest: »Es geht gar nicht darum, wer näher an der Boje ist. Sie wollen nicht, daß ich an die Speicher gehe.«

Ungläubig schüttelte Sredny den Kopf, während Goa Sung – wenn auch innerlich betroffen – unwillkürlich nickte. Sie hatten ihn ja an Bord des Raumerkunders geschickt, um eine Wiederholung der Yoga-Neun-Ereignisse zu verhindern. Zwar traute er Katman keine bewußte Irreführung der Behörden zu, aber irgendetwas hatte damals den Raumkundschafter durcheinander gebracht. Und das wollte er, Goa Sung, erkunden.

Weshalb behielt Katman völlig unmotiviert, so schien es ihm, den nicht genehmigten Kurs bei? Unauffällig musterte er die Skalen mit den Körperdaten. Eigentlich nichts Auffälliges, nur etwas erhöhter Blutdruck und gesteigerte Hirnimpulse. Aber bei seinem Ärger war das kein Wunder.

Ich müßte ihn an die Sensoren für die Neuroanalye anschließen, dachte der Professor, hütete sich aber, den Wunsch laut zu äußern. Offenbar ist er psychisch gestört. Krankhafter Ehrgeiz oder sogar Paranoia. Das hätten sie beim Med-Test in Vorbereitung der Expedition aber bemerken müssen. Auf keinen Fall sind Nervengase oder Halluzinationen im Spiele.

Goa Sung nahm sich vor, den Kundschafter auf dem Mutterschiff unter einem Vorwand durchzuchecken. Vielleicht bedurfte es auch gar keines Vorwandes bei der Kritik, die der unerlaubte Kurswechsel auslösen mußte.

Er behielt ihn im Auge. Katman gab sich betont ruhig, schien sich seiner Entschlüsse völlig sicher zu sein. Allerdings signalisierten die Psychodaten einen höheren Erregungszustand, als er zu zeigen sich bemühte.

Katman wußte selber nicht genau, warum er auf dem Kurs beharrte. War es Trotz? Protest? Oder folgte er einfach seiner »Nase«? Am liebsten hätte er mit Sibyll gesprochen. Aber jeder Informationskontakt mit dem Raumschiff käme früher oder später Pierre Dutch zur Kenntnis und damit auch Larissa Furaschowa. Außerdem würde Goa Sung mithören. Da verzichtete er lieber.

Sibyll an Bord der Serdjuk – wie hatte er gestaunt, als er von ihrer Berufung in die Expedition erfuhr. Harper mußte dabei seine Hand im Spiele gehabt haben. Dazu kannte er die Regeln der Raumfahrtbehörde zu genau. Er fragte sich, weshalb die Sicherheitsleute diesen Entschluß getrofen hatten. Etwa um ihm, Katman, einen Gefallen zu tun? Nein, so von sich eingenommen war er nicht, daß er das ernsthaft annehmen würde.

Aber gefreut hatte er sich, sie in der Nähe zu wissen. Zugleich sorgte er sich, weil der ihm liebste Mensch in die Gefahren der Yogawelt geraten würde.

Eigenartig, daß ihm die Gesprächsthemen meist dann einfielen, wenn er von ihr getrennt war. Damals, an der Oka, nahm er sich schon zuwenig Zeit, um mit ihr zu reden. Sie fuhren auf zwei Flößen und rasteten gemeinsam. Wald, Wiesen, ringsum Natur, und nur sie beide am Fluß. Aus dem eiskalten Wasser in ein zärtliches Miteinander. Wie oft erlebte und gestaltete er dieses Spiel ... Jedesmal – schon, wenn er es sich vorstellte – zwang es ihn aufs neue in den Bann. Die Vollendung der Lust erlebte er mit keiner Frau so wie mit Sibyll. Immer begann es mit ihrem Lächeln, das ihr Gesicht so unwahrscheinlich verschönte. Wenn dann die weiblichen Details auf ihn wirkten, beschenkte er sie mit Liebkosungen, bis er im Strudel der Lust untertauchte ... und wünschte, daß es ewig so dauern möge.

»Objekt in sechsunddreißig Grad auf Fernsichtscheibe«, meldete Sredny.

»Die Boje?«

»Möglich.« Es klang zweifelnd.

Sie konnte es auch gar nicht sein. Katman überrechnete die Daten. Waren denn die Meßwerte falsch?

»Peilen Sie!« befahl er dem Piloten.

Der hatte schon die Fern- und Nahsichtsensoren übereinander geschaltet. Auf dem Monitor flimmerten Zahlen, Werte.

»Das Ding ist verdammt nah. Oder groß, größer als die Boje«, stieß Sredny hervor und fuhr sich mit der Hand durch sein helles Wuschelhaar.

Katman forderte die Berechnungen vom Bordcomputer. Er schnaufte leise. »Meldung an Serdjuk: Fremdes Objekt, Größe etwa fünf mal fünf mal fünfzehn Meter in hundertachtzig Millionen Kilometer Entfernung, auf sechsunddreißig Grad von Eigenposition aus in Richtung Quiriusnebel. Erbitte Genehmigung zur Kursänderung, um das Objekt anzusteuern.«

»Wie kommt Katman auf diese Position?« fauchte Larissa.

Niemand antwortete. Kerper schmunzelte verstohlen. Er tippte die Standorte des RE sieben und des gemeldeten Objektes von Hand auf die Sternenkarte.

Sieben Leute befanden sich im Kommandoraum, mit der Abfassung des Tagesrapports beschäftigt. Jetzt drängten sie sich vor der elektronischen Karte.

Larissa Furaschowa wollte etwas sagen, aber Pierre Dutch faßte sie am Oberarm. Als sie ihn erstaunt anschaute, schüttelte er den Kopf. »Contenance, ma chère!«* Sie biß sich auf die Lippen.

Alle blickten Dutch an. Der verkündete: »An Raumerkunder sieben: Genehmigung erteilt.«

Er streifte die Sternenkarte mit kurzem Blick. Vielleicht würde er später einmal auf die sonderbaren Koordinaten der Katmanschen Position zurückkommen.

»Also haben sie den alten Dutch doch noch nicht eingewickelt«, murmelte Katman, als er die Bestätigung erhielt. Es gab eben nicht viel solche Persönlichkeiten innerhalb der gegenwärtigen Raumfahrergilde wie Pierre Dutch: Solide Bildung und Ausbildung, jahrzehntelange Erfahrung, Gerechtigkeitssinn und Ausstrahlungskraft.

»Ich hab das Ding im Leitstrahl«, teilte Sredny mit.

»Abbremsen, Kurs und Beschleunigung neu berechnen.«

Katman sah zu, wie Sredny tippte und das Ergebnis abrief. »Die Werte, bitte.«

Der Pilot zögerte.

»Was ist?«

»Das Ergebnis stimmt nicht.«

»Zeigen Sie her.« Katman überflog den Streifen. Nein, hier paßte einiges nicht zueinander. »Neu eingeben.«

Sredny nickte, bediente die Tastatur, zog das Resultat,

* frz., »Haltung, meine Liebe!«

reichte es verstört dem Kommandanten.

Der las, schüttelte den Kopf. »Ich versuche es von Hand.«

Er quetschte sich in den Heckraum.

Völlig ratlos – der Rechner hatte ihn noch nie im Stich gelassen – gab Sredny nochmals die Daten ein.

»Commander«, rief er, »jetzt ist alles okay!«

Mißtrauisch las Katman, musterte den fußballgroßen Rechner unterm Schaltpult, streifte Sredny mit einem Blick, befahl: »Objekt ansteuern.«

»Si, si, Señor«, murmelte der Pilot.

Die Automatik steuerte den Gleiter. Die drei Insassen warteten.

Endlich verkündete Sredny: »Ich schalte auf Nahsicht.«

Auf dem Bildschirm erschien eine Walze, nein, ein riesiges Faß, an den Kanten ausgefranst, wie aus zerschmolzenem Erz. Graubraun mit silbrigen Flecken schwamm es durch die Schwärze des Weltalls.

Goa Sung starrte auf den Schirm. Nein, das war keine Boje. Vielleicht ein Trümmerstück der Sibir? Entsetzlich! Angestrengt musterte er das Objekt. Seine Gedanken irrten ab. Die Farbe erinnerte ihn an den bemoosten Hecht, den er vor Jahren in einem der nördlichen Seen des westlichen Kontinents geangelt hatte.

»Von einem der Yogaplaneten, was?« fragte Sredny und ließ die Bremstriebwerke laufen. Der Gleiter schwenkte auf eine Bahn ein, die ihn um das Objekt herumführte. Er kreiste immer langsamer, ohne jedoch zum Stillstand zu kommen.

2.

Im Kommandoraum waren nur der Kommandant und seine Stellvertreterin zurückgeblieben.

»Du wolltest Katman die Erlaubnis verweigern?« fragte Pierre Dutch wie beiläufig und musterte die Sternenkarte.

Larissa preßte die Lippen zusammen und schwieg.

»Du brachtest mich seinetwegen mehr als einmal in eine ... sonderbare Lage hier an Bord. Wolltest du mich lächerlich machen? Bitte verrate mir, was du gegen ihn hast.«

»Es unterliegt keinem Zweifel«, sagte sie mit eisiger Stimme, »daß er über Leichen geht, nur um seinen Ehrgeiz zu befriedigen.«

»Woher ...«

»Komandir, ich weiß es, denn ich habe mich deshalb vor zehn Jahren von ihm getrennt.«

Er wußte, daß Larissa damals mit Katman verbunden war. Über die Ursachen der Trennung hatte sie nie gesprochen.

»Auf Yoga Neun ist sein Gefährte zu Tode gekommen, und er ist zu feige, die eigene Schuld an dem Unglück offen zuzugeben. Während wir dabei sind, das Fenster von Yoga aufzustoßen, versucht er, der Erde eine Bedrohung aus dem All aufzuschwatzen. Eine Bedrohung, die es nicht gibt und auch nicht geben kann.«

Er blickte sie betroffen an. Mit welcher Härte sie das sagte. »Sicher, seine Erzählungen von den mordenden Weltraummonstern – das scheint eine fixe Idee von ihm zu sein. Aber du weißt, es gab eine strenge Untersuchung mit dem Ergebnis, daß er seinen Platz in dieser Expedition erhielt.«

»Aber doch nicht als Chefkundschafter, wie es seinem Range entsprochen hätte.«

»De jure ist er es nicht, de facto doch.«

»Weil du ihm zuviel Spielraum gibst! Dabei wollten ihn nicht einmal alle Verantwortlichen dabei haben. Glaub mir, ich kenne Katman. Gut, er kann nützlich sein – vor allem aber kann er gefährlich werden für unsere Expedition.«

»Nun gibst du selber zu, daß er Bedeutung für unser Unternehmen hat. Er ist der einzige, der Erfahrungen mit dem Yogasystem besitzt, wenn wir von seinem jungen Assistenten, dem Paul Bernard, absehen.«

»Pierre – bitte triff in bezug auf Katman deine eigne Entscheidung, hör auf mit dieser Nachtrabpolitik!«

Er schüttelte energisch den Kopf. »Er bekommt bei uns seine Chance. Immerhin ist er ein verdienter Mann. Ritter ohne Furcht – wenn auch nicht ganz ohne Tadel. Und im Range eines Commanders, wie ich selber.«

Ihre blauen Augen waren dunkel geworden. Mit bebender Stimme wiederholte sie: »Ich kenne Katman.«

»Das ist zehn Jahre her.«

»Und wozu benutzt er seine Yogaerfahrung? Sieh dir doch seine Koordinaten an. Eine Position, weit entfernt vom befohlenen Kurs.«

Dutch machte eine abweisende Handbewegung.

Plötzlich füllte Kerpers Stimme den Raum: »Sie sind an dem Ding dran.«

Die Empfangsdiode blinkte. Katman ahnte, was kommen würde. »Bauen Sie eine Sprechverbindung mit Hilfe der Relaisbojen.« Er zeigte sie auf der Karte.

Goa Sung schaltete.

»Erkunder sieben. Bitte melden Sie.« Die Stimme des Kommandanten.

»Hier Erkunder sieben, Katman. Objekt erreicht.«

Er ließ eine kurze Beschreibung folgen und gab den genauen Standort durch. Dann unterbrach er die Verbindung und fragte den Piloten: »Können wir die Sichtkanzel freigeben?«

»Wir können.«

Er schaltete den Monitor ab. Vor ihnen, im Schein der Doppelsonne des Yogasystems, glänzte matt das Objekt.

Er ging wieder auf Sprechverbindung. »Ich schalte die Sensoren auf das Objekt und gebe die Daten durch.

Die Ergebnisse der Strahlenanalyse speisten den Computer des Mutterschiffes. Nach kurzer Pause meldete sich Pierre Dutch mit kratziger Stimme. »Hallo, Erkunder sieben ...« Der Ton schwand, kam wieder. »Mensch, Katman, es ist ein künstliches Objekt, wahrscheinlich irdischen Ursprungs, das heißt ...«

Dutch schwieg, und Katman vollendete: »Es kann nur von der Sibir sein.« Er blieb völlig gelassen. Aber nur nach außen. Innerlich stand er unter Hochspannung.

»Versuchen Sie Kopplung mit Magnetsystem.«

Sie probierten es mehrmals. Bisher vergeblich.

Sredny meldete: »Reststrahlung, harte, dazu einige Werte, die mir unbekannt sind.«

»Wie hoch?«

»Noch im grünen Bereich.«

Also nicht lebensbedrohend. Aber Katman wollte sichergehen.

»Alle Belastungswerte durch den Rechner jagen. Und sofort mitteilen, falls die Gefährdung zunimmt.«

Ungeduldig wartete er, versuchte die Ergebnisse vom Monitor abzulesen.

»Da... danach, m... müßten wir alle schon hinüber sein«, stotterte Sredny erschrocken.

»Wir leben aber noch«, stellte Katman fest.

Mit einem spöttischen Blick auf den Rechner und den Piloten verließ er den Führungsstand und stellte sich neben Goa Sung. Der drückte sich fast die Nase platt an der Scheibe.

»Jetzt stimmt das Resultat des Rechners mit den Grobaussagen der Sensoren überein.« Sredny blinzelte Katman zu und klopfte auf den Rechner.

»Commander, gestatten Sie eine Bitte?«

Katman wandte sich Sredny zu.

»Bitte stellen Sie sich nochmals zu mir, neben den Rechner.«

Sie trieben gefährlich nahe an das Objekt heran.

»Daß es bloß keine Kollision gibt«, warnte Katman.

Sredny schüttelte den Kopf, wartete auf den Kommandanten, forderte nach der Dateneingabe noch einmal das Resultat vom Computer und erhielt wiederum ein verwirrtes Datenbild. Er zeigte es Katman, bat ihn, aus dem Pilotenstand herauszutreten, wiederholte den Versuch und fand seine Vermutung bestätigt: Der Computer irrte immer dann, wenn Katman neben ihm stand.

»Commander, Sie haben etwas, was den Rechner durcheinander bringt.«

»Wie meinen Sie das?« fragte Katman. »Das Ding ist doch keine Jungfer.«

»Commander, befinden sich in Ihrer Kleidung besondere elektronische Anlagen?«

»Besondere?« Katman überlegte. »Nur die, die alle besitzen: Temperaturregler, Feuchtigkeitsausgleicher, Notfallautomatik ...«

»Die können es nicht sein.«

Da erinnerte sich Katmann. »Der Impulser!«

Er erklärte den Sachverhalt.

Sredny fiel ein Stein vom Herzen. »Vielleicht weiß Kerper ein Mittel dagegen.«

Goa Sung hatte kein Auge vom Objekt gelassen. Ungeduldig bat er Sredny um eine bestimmte Sichtstellung. Der Pilot sah Katman fragend an. Als der nickte, versuchte er, seitlich an das Objekt heranzumanövrieren.

Auch Katman musterte den bizarren Brocken, verfolgte die Meßdaten. Die brachten jedoch keine Neuigkeiten, zeigten nur Metallwerte und die Reststrahlung. Um welches Teil der Sibir könnte es sich handeln? Stammte es vom Antrieb? Kaum, dazu war es zu kompakt. Jedenfalls mußte es unter Strahlung gestanden haben. Bizarre Bruch- und Schmelzstellen deformierten die Oberfläche.

Plötzlich äußerte Goa Sung leise: »Das könnte eins der autonomen Überlebenssysteme sein.« Nach kurzer Pause: »Wir haben sie vor fünf Jahren getestet. Die Größe, die Abmessungen könnten stimmen.«

Der Computer der Serdjuk prüfte diese Vermutung. Er hatte alle Daten über die Sibir gespeichert. Die Antwort kam schnell: »Vermutung zutreffend. Leben nicht mehr zu erwarten.«

Katman nickte. Da hatten sie ja die klassische Form der guten und der schlechten Nachricht.

Es gab einen sanften Stoß.

»Gekoppelt«, stellte Sredny aufatmend fest.

»Von der Sibir? Unfaßbar«, murmelte Larissa. Sie überlegte fieberhaft. Von diesem Fund und seiner Untersuchung konnte viel abhängen. Wenn auch niemand mehr lebte im Innern, so waren doch Informationen zu erwarten. Wichtige Informationen. Vielleicht entscheidende.

»Soll Katman das Wrackteil zur Serdjuk schleppen? Was meinst du?« Pierre Dutch schaute sie fragend an.

Warum betonte er ihr Mitspracherecht bei der Entscheidung? Empfand er etwa Schadenfreude? Sie ahnte den Spott in seinem Augenblinzeln. Fast war sie versucht, ihr »aber nicht Katman« zu wiederholen. Diesmal wäre es töricht, denn nur der RE sieben lag am Objekt. Also blieb nur Katman. Er würde im Triumph seine Beute angeschleppt bringen und mit dieser Jungen ins Bett gehen. Oder? Sie überlegte. Sollten die Männer vom RE sieben das Wrack dort draußen untersuchen? Zumindest blieb Katman dann der Serdjuk fern. Doch halt – er könnte sonst was mit dem Ding anstellen, Informationen verschwinden lassen. Oder manipulieren. Das wäre noch schlimmer. Zwar würde Goa Sung ihm auf die Finger sehen, aber riskant blieb es. Außerdem bot die technische Ausrüstung des Mutterschiffes bessere Möglichkeiten.

»Der Fund sollte unbedingt an Bord der Serdjuk untersucht werden. Ich selber werde mich darum kümmern.« Mit übertriebener Korrektheit fügte sie hinzu: »Wenn der Kommandant einverstanden ist.«

Die walzenförmige Truhe lag auf der Arbeitsplattform. Hier wurden sonst die Raumgleiter repariert. Dutch und seine Offiziere besichtigten den Fund.

»Wie kommen wir an den Kern der Nuß?« fragte der Kommandant.

»Sprengen«, meinte Katman, »das geht am schnellsten.«

Pierre Dutch schaute Goa Sung an.

»Der Öffnungsalgorithmus währt genau acht Tage.«

»Ist er noch intakt?«

»Wahrscheinlich.«

Larissa mischte sich ein. Ihre Ungeduld ließ sie sogar übersehen, daß sie mit Katman einer Meinung war. »Acht Tage sind eine lange Zeit. Und Leben ist sowieso nicht mehr zu erwarten.«

Der Blick des Kommandanten suchte den Professor.

»Die Vorschrift verlangt Öffnung nach Algorithmus«, sagte Goa Sung. »Wir sollten dementsprechend verfahren.«

»Aber weshalb? Die Analyse ist doch eindeutig.«

Des Professors Brillengläser richteten sich auf Larissa Furaschowa. »De omnibus dubitandum.* Auch an Computeraussagen.«

Sie schaute ihn spöttisch an. »Aber nicht an der Dienstvorschrift ...«

Auf der Illusionswand ihrer Kabine erstrahlte schmerzhaft blau Pazifikhimmel, darunter graues langwelliges Meer und fast weißer Strand, unbekleidete Badegäste, braungebrannt.

»... Sibirische Strände sind leider nicht auf Band«, entschuldigte sich Sibyll.

»Südsee ist auch schön. Weicher Sand. Viel Sonne und das Wasser wohltemperiert, nicht so eiskalt wie in Sibirien.«

»... und nackt badet man auch.«

»Mehr aber auch nicht – nur baden und sonnen.« Katman streichelte sie zart rückenabwärts.

»Baden an Bord kann auch zum Erlebnis werden.«

»Ist das ein Angebot? Ich bin dafür.« Er stand auf und umfing sie.

Sie küßte ihn. Er spürte ihre Wärme, ihre Weiblichkeit.

Behutsam befreite sie sich, obwohl seine enttäuschte Miene sie schmerzte. »Salek, ich möchte mit dir reden.«

»Ich höre.« Er verschlang sie fast mit seinen Blicken.

* lat., Man muß an allem zweifeln.

Sie glaubte, sein Begehren fast körperlich wahrzunehmen. Vielleicht – weil sie ihn genauso stark wollte? »Weißt du, ich bin ...«

Mitten im Satz stockte sie, fürchtete plötzlich, alles falsch zu machen, ihn in dieser Situation mit ihrem Geständnis abzuschrecken, ihn zu verlieren.

»Du bist die Schönste, mein Liebstes. Ich möchte, daß es so bleibt.« Er umfing ihre Taille, legte die Unterarme an ihre Schenkel, drückte den Kopf sanft an ihren Schoß.

»Ich auch.« Sich anschmiegend überließ sie sich seinen Küssen und seinen begehrlichen und zugleich um Zärtlichkeit bemühten Händen.

Sie glitt aus dem Umhang.

Das Wunder ihres Körpers und ihr Lächeln überwältigten ihn ...

Tief atmend lagen sie nebeneinander. Immer noch lief das Illusionsbild. Ihr Lager schien sich inmitten fröhlicher Badegäste zu befinden.

Sie lachte leise. Wies auf den Badebetrieb. »Und wir beide mitten unter dem Völkchen.«

»Sie sind unbekleidet und wir ebenfalls. Wo liegt das Problem?«

»Aber wir ...« Sie schaltete das Bild ab. Nur der Klang der Südseemelodien blieb. Der Raum erschien plötzlich verändert, eine enge Schlafkabine, und in ihr dominierend – Sibyll.

Er setzte sich, genoß ihren Anblick, bevor er sich langsam über sie beugte.

»Ich muß mit dir sprechen.« Sie versuchte sich aufzurichten.

Mit seinen Lippen tastete er nach ihrem Mund. Seine Küsse machten sie stumm und hilflos. Dabei wußte sie, daß Katman von ihrer Tätigkeit für die Sicherheitsbehörde nicht erst erfahren durfte, wenn sie ihre Deckung fallen ließ. Er mußte es vorher hören und von ihr selbst.

Die Musik verklang. Dafür fiepte das Rufsignal.

Sie drückte die Taste.

»Sibyll Kelton, bitte zur Einleitung der letzten Öffnungsphase.«

Die Mechaniker und Elektroniker standen sich gegenseitig im Wege. Jeder wollte dabei sein, wenn das System sich öffnete. Alle Stufen hatten funktioniert. Heute war der achte Tag, und auf den Meßstäben der Elektroniker blinkte es grün.

Knirschend hob sich das Oberteil des walzenförmigen Wrackteils. Leise sirrend öffneten sich drei Deckschalen, gaben den Kern frei.

»Wie ein Sarg«, murmelte Sredny, als er die Innenzelle erblickte.

Goa Sung und einer der jungen Elektronikspezialisten kletterten in den Innenraum.

Sie hörten Goa Sung schnaufen, dann einen unterdrückten Schrei des jungen Mannes.

»Was ist?« fragte Pierre Dutch.

Blechern erklang Goa Sungs Stimme: »Es ist jemand drin.«

»Lebt er?«

»Wer ist es?«

»Schickt mir die Kelton.«

Sibyll kroch ins Innere der Truhe.

»O mein Gott!«

»Ich bitte um Mitteilung!«

»Wie ich befürchtet hatte. Oder gehofft. Pauper ubiquet jacet.«*

»Bitte melden Sie in verständlicher Form!« verlangte Dutch.

Der Professor richtete sich auf, erklärte besorgt, daß das autonome System nur noch über eine minimale Energieversorgung verfüge, so daß der Körper des Gefundenen völlig unterkühlt und nur zum Teil lebensfähig geblieben ist.

»Was heißt das konkret?«

* lat., Der Arme hat sein Lager überall.

»Er ist über bestimmte technische Kanäle noch anzusprechen. Aber er kann aus dem Überlebenssystem nicht mehr heraus.«

»Und worin besteht dann das Leben für den armen Kerl?

»Für ihn ist es kein Leben mehr. Nur noch für uns. Er kann uns Informationen vermitteln.«

Sie schwiegen erschüttert.

»Ultra posse nemo obligatur*«, sagte Goa Sung. »Aber er hat es zumindest versucht.«

Nach einer kurzen Pause fragte Katman: »Wer ist es denn?«

Goa Sung deutete auf eine kleine Metallplatte. »Nach dem Namensschild ein Fred Melan, Antriebsmechaniker auf der Sibir ...«

Sibyll hob den Kopf. Melan?

Eilig schob sie sich aus dem truhenartigen Wrackteil heraus, trat zum Kommandanten. »Commander, ich muß Sie sprechen. Unter vier Augen. Sofort.«

Dutch musterte die junge Expertin erstaunt. Was sollte das in diesem Augenblick? Sicherlich handelte es sich nicht um eine persönliche Angelegenheit. Er sah ihre unruhig flakkernden Augen und nickte. Im Kommandoraum wies sie sich als gedeckt tätige Beauftragte der Weltsicherheitsbehörde aus.

Pierre Dutch schwieg verstimmt. Und ehe er sich entscheiden konnte, ob er wegen der Einschleusung hinter seinem Rücken beleidigt reagieren oder den neuen Sachverhalt gelassen zur Kenntnis nehmen sollte, offerierte sie ihm eine zweite Überraschung.

»Dieser Fred Melan war der gedeckt auf der Sibir arbeitende Sicherheitsoffizier. Seine Befragung, oder wie immer Sie es nennen mögen, sollte sehr sorgfältig und nicht ohne mich stattfinden.«

Sie schaute ihn an, zweifelnd, ob sie noch weiter gehen

* lat., Niemand ist verpflichtet, mehr zu tun, als er kann.

durfte.

»Haben Sie konkrete Vorschläge?« fragte Dutch. Er liebte es nicht, vor vollendete Tatsachen gestellt zu werden. Doch mit der Entdeckung dieses Überrestes der Sibir hatte ja eine neue Phase seiner Expedition begonnen, und ihm erschien es zweckmäßig, die Sicherheitsbehörde als Verbündeten zu gewinnen und nicht als kritischen Partner auf dem Halse zu haben.

»Sie befehlen die Bildung einer Sondergruppe unter Leitung von Goa Sung, in der ich mitwirke. Und Sie unterstellen diese Gruppe direkt dem Kommandanten.«

Dutch schenkte ihr einen anerkennenden Blick. Damit blieb er der Erstinformierte an Bord uhd bewies, wie wichtig er die Sache nahm. Goa Sung zu beauftragen hieß, den dafür Qualifiziertesten der Expedition auszuwählen. Und daß er die Med-Psychologin dazu nahm, konnte keinen verwundern.

Nur Larissa würde es nicht passen. Sie wollte ja die Auswertung unbedingt selber in die Hand nehmen. Und bei diesem Vorschlag blieb sie draußen. Dutch seufzte leise. Das konnte ihm lange Diskussionen bescheren. Nachts.

Dafür würde Katman zufrieden sein. Und mit Katman mußte jetzt gerechnet werden. Nicht nur, weil er der Entdekker des Wracks war, sondern vor allem, weil er vermutlich Sibyll Keltons Rolle kannte, vielleicht selber im Auftrag der Sicherheitsbehörde arbeitete.

»Weiß Katman ...«

»Er weiß nicht mehr als Sie«, fiel sie ihm ins Wort.

Also ist er kein Geheimdienstler, dachte Dutch. Einer reichte ihm auch an Bord. Er hoffte, daß sie wirklich der einzige bliebe. Schlimm genug, daß Katman die wahre Rolle der Kelton kannte und er als Kommandant erst nach der Entdeckung Melans davon erfuhr. »Sie arbeiten mit dem Kundschafter zusammen?«

Sibyll zögerte. »Wir sind eng verbunden.« Mit dieser Antwort meinte sie, Katman am nützlichsten zu sein, ohne etwas Falsches zu sagen.

»Haben Sie Empfehlungen in bezug auf die Sibir?« fragte Dutch. Denn mit der Sibir mußte etwas Entsetzliches geschehen sein. Das stand fest.

»Wir sollten hören, was uns Melan mitteilt.«

Dutch nickte. »Ich werde Ihrem Vorschlag folgen.«

Nachdem er seine Besucherin verabschiedet hatte, ging er lange Zeit auf und ab, mit sich zufrieden, wie er die Weichen gestellt hatte. Aber noch blieb die veränderte Lage undurchschaubar. Wo war die Sibir geblieben? Und vor allem: Was verursachte die Katastrophe?

Ihm wurde heiß. Katmans Gerede von den aggressiven Raumfahrern auf Yoga Neun bekam plötzlich Gewicht. Man durfte es nicht mehr als Ausflucht eines Ehrsüchtigen oder als Geschwätz eines Psychopathen abtun. Wenn die Sicherheitsleute den Kundschafter doch als ihren Mann delegiert hatten ... Das würde nicht nur seine unerwartete Aufnahme in die Expedition erklären, nein, das bedeutete, daß an seiner Yogainterpretation etwas dran sein könnte.

Das wäre ungeheuerlich, es widersprach den als unantastbar geltenden Grundsätzen der Raumkundelehre. Er wagte gar nicht an die politischen Konsequenzen zu denken. Mon dieu, wohin war er geraten! Eine fatale Lage. Und mit allem mußte er allein fertig werden.

Von der einen Seite drängte ihn Larissa, unversöhnlich gegenüber Katman und dessen Yogaeinschätzung. Auf der anderen Seite stand Katman, verbündet mit den Sicherheitsorganen und in seiner Auffassung durch den Fund bestätigt, dazu ständig von Larissa brüskiert. Quelle misère! Er durfte sich keine Fehler leisten, sonst könnte er Rang und Ansehen verlieren, und das würde ihm Larissa nie verzeihen.

Er ging ins Informationszentrum. Mit Kerper setzte er die Meldung an die Erde ab, genau, detailliert und doch knapp. Das beruhigte ihn etwas. Obwohl es Wochen dauerte, bis der Text die Erde erreichte.

Erst nach Monaten konnte mit Antwort gerechnet werden. Ob sie ihm dann noch zu etwas nütze sein würde?

3.

Im Labor der Serdjuk herrschte Stille. Ab und zu drehte sich eine der Spulen im Laborspeicher. Lautlos. Nur wenn über die improvisierten Kontakte eine Relais schaltete, knisterte es.

Hinter dem Folienzelt erkannte sie undeutlich im Gallertbad des Überlebenssystems Fred Melan. Eigentlich nur die Konturen eines Gesichts. Geschlossene Augen. Bei ausdauernder Beobachtung bemerkte man hin und wieder ein kurzes Flattern der Augenlider. Sie mußte sich jedesmal von neuem überwinden, wenn sie die Kontakte legte und mit Melan in Berührung kam.

Gewiß, sie hatte ein wiederholtes Abhärtungstraining hinter sich, und die Ausbilder waren nicht zimperlich gewesen. Sie konnte sezieren und wußte Lebewesen zu töten. Aber das hier erlebte sie zum ersten Male. Und niemand hatte sie darauf vorbereitet.

Besonders schlimm wurde es, wenn Goa Sung den Infralaser benutzte, um an bestimmte Hirnzentren und Rückenmarkabschnitte heranzukommen.

Alles wurde durchsichtig und trat zugleich plastisch hervor. Natürlich kannte sie das. Mit Lebenden und auch an Toten hatte sie es trainieren müssen. Hier jedoch – ein Mensch, der noch lebte, sich aber schon im Stadium der Auflösung befand, überdeutlich sichtbar im bläulichen Laserschimmer ... Es ging fast über ihre Kräfte.

Sie atmete auf, wenn der Strahl erlosch. Das Gallertbad verdeckte das schlimmste. Und da sie wußte, wie nötig die Arbeit hier war, bezwang sie ihren Ekel und überwand sich von neuem.

Sparsam gingen sie um mit Fred Melans Lebensresten. Viele Informationen wurden von ihm noch erhofft. Sibyll und Goa Sung saßen in bauschigen Foliehüllen vor den Tastaturen. Sie schauten nach jedem Versuch auf den Monitor des Bordcomputers. Aber der blieb heute leer.

»Ob er sich wehrt?« flüsterte sie.

»Anfangs befürchtete ich das auch, als wir uns nach seiner

geheimen Tätigkeit erkundigten. Aber das ist e.

»Sind Sie sich da sicher?«

»Absolut.« Der Professor lächelte seiner jungen Partnerin zu. »De mortuis nil nisi bene.* Ich vermute sogar, daß der Mann die Reise in diesem System nur unternommen hat, um uns Bescheid zu geben.«

»Sie meinen, er wußte, daß er so enden würde?«

»Zumindest das Risiko kannte er.«

Sie schaute ihn zweifelnd an.

»Er hat es gestern nacht selber angedeutet.«

Sie schlug die Augen nieder, um ihr Aufmerken nicht zu offenbaren. Der Professor hatte also Informationen unterschlagen. Zumindest für sich behalten. Er konnte das, immerhin war er der verantwortliche Leiter. Aber es war unüblich und ihr gegenüber unkollegial.

»Ich wollte es genauer wissen«, erklärte Goa Sung. »Aber den Gefallen hat er mir nicht mehr getan.« Er deutete mit dem Kopf auf Melan. Plötzlich streifte er den Folienumhang ab, betätigte den Informationsgeber, rief den ersten Ingenieur und den Computerchef, baute, ohne Sibyll zu beachten, mit ihnen die gesamte Schaltung um und setzte an verschiedene Stellen verstärkende Elemente.

»Letzter Versuch für heute«, verkündete der Professor. Er jagte die Impulse ins System. Die Speicherbänder ruckten auch an.

Auf dem Monitor erschien Text: »... bedrohliche Signale wurden unterschätzt ...«

Durch Zwischenimpulse versuchte Goa Sung, Genaueres zu erfahren.

»... zu spätes Reagieren des Kommandeurs ...«

»Worauf?« fragte Goa Sung.

Aber die Antwort konnte der Computer nicht entschlüsseln. Irgendetwas lief nicht synchron. Der Dialog wurde einseitig. Dabei glaubte Sibyll zu spüren, wie Melan sich Mühe gab. Zum Schluß gab es noch eine sinnvolle Information, die

* lat., Von Toten sagt man nur Gutes.

wiederum verdeutlichte, daß der Anfang einer für das Raumschiff gefährlichen Entwicklung nicht erkannt worden war.

Pierre Dutch selber hatte sich herbemüht.

Bernard, der nach Goa Sungs Abberufung ins Labor wieder zur Besatzung des RE sieben gehörte, verließ Katmans Kabine unter einem gemurmelten Vorwand.

»Unser Freund von der Sibir hat sich geäußert.« Dutch reichte Katman den Text. »Doch er wiederholt nur, was wir schon wissen. Oder vermuten.«

Nach kurzer Pause sprach er weiter. »Die Poolman ist auf der Relaisposition angekommen. Damit ist die Verbindung zur Erde gesichert, und wir sind nicht mehr so allein im All.« Der letzte Satz sollte scherzhaft klingen – aber irgendwie schwang ein leises Unbehagen mit.

Katman blickte auf das Papier, ohne den Text zu lesen. Was wollte der Chef wohl von ihm? Erst die joviale Anrede »Commander«, dann die Übergabe des vertraulichen Textes, betont inoffiziell – beabsichtigte Dutch von gleich zu gleich mit ihm zu sprechen? Wollte er ihn zu etwas überreden? Katman verhielt sich abwartend, fast mißtrauisch.

Dutch setzte sich. Jetzt blieb Katman nichts anderes übrig, er mußte etwas anbieten.

Fast erleichtert nahm Dutch sofort an. Sie tranken sich zu.

»Sie erstaunt mein Besuch? Ich wollte mich bei Ihnen entschuldigen. Meine Stellvertreterin ist nicht immer fair zu Ihnen gewesen.«

Katman hatte Mühe, ein Grinsen zu unterdrücken – warum hast du es ihr durchgehen lassen –, wurde aber sofort wieder ernst. Wenn der Kommandant sich korrigierte, um so besser.

Dutch schien eine Antwort zu erwarten. Wovon sprach er gerade: Etwas von alten Rechnungen?

»Stimmt«, sagte Katman. »Wir waren einmal befreundet, aber das liegt zehn Jahre zurück. Obwohl sie es von Anbeginn wußte, hat sie mir die Trennung mehr als übel genommen. Vielleicht bis heute.«

»Was wußte sie von Anfang an?«

»Daß ich meine Partnerschaften immer nur für das eine irdische Urlaubsjahr eingehe – ich meine einging.«

Dutch verbarg sein Erstaunen. Er goß sich Kognak nach und trank in winzigen Schlucken, wechselte dann das Thema.

»Was, meinen Sie, könnte der Sibir zugestoßen sein?«

»Meine Ansicht über das Yogasystem ist bekannt. Wenn auch nicht akzeptiert.«

»Betrachten Sie Ihren Fund als Bestätigung Ihrer Ansichten?«

»Selbstverständlich. Ob aber meine Vermutung eine objektive Grundlage besitzt, kann uns nur der Monteur von der Sibir verraten.« Katmans Blick verfinsterte sich. »Ich hoffe nur, er beeilt sich.«

Weshalb spricht er von Monteur? Er weiß doch, daß Melan der Sicherheitsoffizier der Sibir war. Aber er weiß nicht, daß ich es weiß. »Sie können offen mit mir reden. Ich bin eingeweiht.«

Katman runzelte die Stirn. Worin ist der Kommandant eingeweiht? Was möchte er von mir hören? Er will doch etwas von mir.

Katmans Abwarten empfand Dutch als Ziererei. Ärgerlich erklärte er: »Sibyll Kelton offenbarte mir ihren Rang als Sicherheitsoffizier und auch ihren Auftrag innerhalb der Expedition. Deshalb arbeitet sie auch an der Befragung unseres Freundes mit.« Erwartungsvoll schaute er den Kundschafter an.

Unter einer eisern beherrschten Miene verbarg Katman seine Erschütterung. Er war ja auf eine Überraschung gefaßt gewesen. Das half ihm, nach außen unbeteiligt zu wirken – in Wahrheit traf ihn die Mitteilung ins Herz. Geschickt hat sie ihren Auftrag eingefädelt. Schon in Karlovy Vary. Und er hatte sich noch etwas eingebildet auf seine Eroberung. Idiot! Ihretwegen verletze ich mein Partnerschaftsprinzip: Ende des Urlaubs gleich Ende der Liaison! Reingelegt hat sie mich. Oh, Katman! Noch nie hat dich jemand so erniedrigt. Nicht mal die vom Kontrollamt. Sie brüskierten mich frontal, mit offenem Visier. Aber diese … Schlange. Er riß sich zusammen. Dutch brauchte nichts zu bemerken. Vielleicht war er überhaupt nur hier aufgekreuzt, um ihm die Geschichte unter die Nase zu reiben?

Er zwang sich zu einem Lächeln. »Ich verstehe, Kommandant. Dennoch bleibe ich dabei, daß alles von Melan abhängt. Ihm wird man glauben, mir kaum. Er war dabei – ich nicht.«

»Ich verstehe Sie.« Dutch trank sein Glas leer. «Und ich würde mich freuen, wenn auch Sie mich verstehen. In unserer Lage sollte sich einer auf den anderen verlassen können.« Er stand auf.

»Hoffen wir, daß wir unseren Auftrag in Ehren erfüllen.«

Katman begleitete seinen Besucher die zwei Schritte bis zur Tür. Der Abschied wirkte fast herzlich. Dutch gab sich wie ein alter Freund.

Als Larissa zum Dienst in die Kommandozentrale kam, reichte ihr Dutch die Meldung.

»Ja und?« fragte sie nach dem Lesen.

»Ein Anfang.« Dutch schien es leicht zu nehmen. Obwohl alle an Bord nach Informationen von der Sibir gierten.

»Kamen die Signale, auf die der Kommandeur zu spät reagierte, von außerhalb oder aus dem Alltag des Bordlebens?« Sie sah ihn an, als hätte er ihr etwas verheimlicht.

Er lächelte unverbindlich. »Qui vivra, verra.«*

»Auftrag an Labor eins«, sprach sie leise, aber deutlich in den Kommunikator. »Ergebnisse der Befragung Melans bitte unverzüglich an den Diensthabenden.«

Das war ihre Chance, vor allen anderen an Neuigkeiten von der Sibir zu gelangen.

* frz., Wer leben wird, wird sehen.

Sie vergewisserte sich, daß der Befehl im Labor gespeichert war. Wenn sie Glück hatte, legte Goa Sung wieder eine Nachtschicht ein. Weshalb der alte Herr das tat, wußte sie nicht. Auch seine Mitarbeiter schienen es nicht zu verstehen.

War da vielleicht schon etwas im Gange, was die Leute veränderte? Es könnte mit dem Wrackteil eingeschleppt worden sein und müßte dann zuerst bei denen im Labor wirken. Etwas in dieser Art mußte auch auf der Sibir passiert sein. Ungeduldig drückte sie die Kontrolltaste. Die Diode blinkte grün. Also lagerte ihre Weisung immer noch unabgerufen im Laborspeicher. Schade.

Sie griff zur Stechuhr. Kerper hatte das Ding so getauft. Alle sechs Stunden wurde gestochen, das heißt, die Personalortung abgerufen. Auf dem Übersichtsmonitor blinkten die Standorte aller Besatzungsmitglieder. Der Computer signalisierte: »Alles normal.«

Anstatt abzuschalten, hielt sie jedoch das Lagebild fest und begann zu suchen. Im Labor mußte sich jemand aufhalten. Einmal rot – das hieß: eine Person. Wer war es? Der Professor? Warum erhielt sie dann keine Meldung? Oder zählte der Computer Melan als Person? Sie checkte das Laborpersonal durch. Goa Sungs Kabine war leer. Hatte er keine Lust, ihre Weisung zur Kenntnis zu nehmen? Was nahm er sich heraus!

Beiläufig ging sie Kabine für Kabine durch. Obwohl sie eigentlich nur eine einzige interessierte. Aber das gab sie nicht einmal vor sich selber zu.

Zu ihrer Überraschung befand sich Katman allein in seiner Kabine. Sofort kontrollierte sie Sibyll Kelton. Auch sie allein. Das war ja ganz was Neues. Hatte es sich ausgeturtelt?

Irgendwie fühlte sie Befriedigung.

Gegen Ende ihrer Schicht blinkte die Labordiode. »Ja bitte?«

»Neuestes Ergebnis von Melan.« Es war der Professor.

»Ich höre.«

»Ich verlese den Text: ›Kommandeur der Sibir unterstützt gegen Opposition ... Selbstvernichtung des Schiffes unterbunden‹.«

»Das ist alles?«

»Ja. Viel ist es nicht. Aber ...«

Sie unterbrach ihn: »Bitte lesen Sie noch einmal!«

Konzentriert lauschte sie, murmelte: »Irgendetwas hat einen Teil der Besatzung aus der psychischen Norm gebracht. Sie wollten in ihrem Wahn das Schiff zerstören. Ist das richtig?«

»Ich glaube ja.«

»Ob es mit dem Tabrall zusammenhängt?«

»Vielleicht. Es können auch andere Ursachen gewirkt haben. Aber das ist nicht entscheidend.«

»Sie haben recht. Wichtig ist allein, daß es innere Faktoren sind!«

»So sehe ich das auch. Es deckt sich außerdem mit der irdischen Computeranalyse.«

Sie überlegte. »Geben Sie die Information an den Kommandanten. Ende.«

Dann rief sie die Personalkontrolle ab.

Katman befand sich noch immer in seiner Kabine. Allein.

Eine schmeichelnde Musik ertönte. Katman streckte sich, wurde munter, stellte beklommen sein Alleinsein fest. Seit dem Gespräch mit Dutch war er Sibyll aus dem Wege gegangen, und sie schien es zu akzeptieren.

Gitarren erklangen. Verdammt, das war nicht der Wecker. Jemand drückte den Türgong. Sibyll? Eilig erhob er sich.

»Verzeihen Sie die Störung, Commander, aber Sie sollen es als erster erfahren.«

Eine Frauenstimme. Sibyll war es nicht. Es klang wie ... Das konnte nicht wahr sein!

»Bitte treten Sie ein.«

Tatsächlich. Larissa Furaschowa.

»Neues von der Sibir.« Sie reichte ihm den Text.

Er las.

Ihre Augen musterten flink den Raum. Typische Männerwirtschaft. »Sollten wir nicht den alten Streit begraben! Und nach der Mitteilung«, sie deutete mit einer Kinnbewegung auf den Meldestreifen, »auch den neuen?«

Katman musterte sie. War das Zufall oder hatten sie sich abgestimmt? Vorgestern Dutch, heute Larissa. Was Dutch wollte, war ihm nicht ganz klar geworden, Larissa dagegen machte kein Hehl aus ihrer Absicht. Sie sah aus, wie frisch aus dem Schlaf geweckt. Dazu eilig gekleidet. Es stand ihr gut.

Er überlegte nicht lange. »Den alten Streit – sofort. Ich brach ihn nicht vom Zaune.«

Sie atmete tief ein, als wollte sie widersprechen, bezwang sich aber und schwieg.

„Wenn du unter dem neuen Streit unsere unterschiedlichen Auffassungen verstehst, die wir zu den Vorgängen im Yogasystem haben, so weiß ich nicht, ob du dich so schnell von deiner – sagen wir, Voreingenommenheit trennen kannst.«

»Aber die Meldung ist doch eindeutig.«

Knapp legte sie ihre Interpretation dar und sah ihn erwartungsvoll an.

»Du vergißt, daß ich die Yogaleute gesehen habe, noch dazu in Aktion.«

»Lassen wir Yoga Neun, bleiben wir bei den gegenwärtigen Fakten.«

»Du meinst diese Meldung?«

»Zum Beispiel.«

»Man kann sie auch so deuten, daß unterschiedliche Meinungen auftraten, wie auf eine Bedrohung von außen zu reagieren sei, wobei Melan den Kommandanten unterstützt hat.«

»Und was meint er mit der verhinderten Selbstvernichtung?«

»Vielleicht riskierte die Opposition mit ihren Verhaltensabsichten den Untergang des Raumschiffes, und der Kommandant lehnte dieses Risiko ab?«

»Finde ich schwach.«

»Gut – dann wollten sie vielleicht keine Kapitulation vor einem übermächtigen Feind, sondern zogen den eigenen Untergang vor?«

Sie schüttelte den Kopf. »Du bleibst also bei deiner Version.« Sie war ganz nahe an ihn herangetreten.

»Aber ja.« Das Gespräch begann, ihm Spaß zu machen.

»Und den alten Zwist vergessen wir?«

Er nickte lächelnd.

Langsam glitten ihre Hände unter seinen Umhang. »Einmal wieder alles vergessen«, flüsterte sie. »Auch sich selbst.«

Später konnte er sich nicht mehr entsinnen, wie es weiter gegangen war. Nur, daß er ihre werbende Zärtlichkeit nicht abwies. Erst als er sie über sich wahrnahm, Larissa in der Königinnenstellung, leidenschaftlich wie früher und doch viel, viel anschmiegsamer, als er sie je erlebt hatte – da ahnte er, daß sie es bewußt arrangiert hatte. Aber woher wußte sie, daß es zwischen ihm und Sibyll zu Ende war?

»Faß an!« befahl Kerper.

Bernard packte das Plasteoval des Rechners. Gemeinsam hoben sie ihn aus dem Pult des Pilotenstandes des RE sieben.

»Verdammt schwer das kleine Ding.« Bernard betrachtete den auf der Plattform des Reparaturdecks abgestellten Computer.

»Verdichtete Legierungen und minimale Abmessungen garantieren maximale Leistungen.« Kerper tätschelte die mattglänzende Außenhülle des Computers.

»Wie lange wird es dauern?«

»Sechs Stunden. Der Multiroboter baut alles auseinander und isoliert neu. Dann kann er vom Impulser eures Chefs nicht mehr gestört werden.«

Über das Deck kroch ein Transporter, hob den Computer auf seine Halterung und rollte den gleichen Weg zurück, den er gekommen war.

»Ich verstehe immer noch nicht, wie es zu den Störungen kommen konnte.« Bernard sah dem Roboter nach. »Du hast uns erklärt, daß der Impulser nach einem völlig neuen Sendeprinzip arbeitet, das Einwirkungen auf konventionelle Anlagen ausschließt?«

»Das trifft im Prinzip zu. Aber wie so oft, steckt der Teufel im Detail. Auch ich erlebe so etwas in der Praxis zum erstenmal. Bei der Runderneuerung vor zwei Jahren – sie jagten uns durch verschiedene Teststrecken und führten technische Neuigkeiten vor – hörte ich zum erstenmal von diesen Anlagen. Sie haben eine große Zukunft.«

»Und gegenwärtig?«

»Steckt alles noch in den Kinderschuhen. Der Vorteil: Fast unbegrenzte Reichweite und nicht abschirmbar.«

»Wieso das?«

»Schwer zu erklären. Weil es keine Wellen sind. Eigentlich der Anfang der Antimaterie, nur in Energieform. Aber das trifft es auch nicht.«

»Schade, daß man der Sibir keinen Impulser eingebaut hat.«

»Schön wär's. Aber die intergalaktischen Schiffe besitzen keinen, weil die Impulse nicht bis zur Erde reichen. Der Hyperraum ...«

Bernard lächelte. »Und der Nachteil?«

»Ach ja – die zur Zeit erreichte Sendeleistung ist minimal und nicht modifizierbar. Nur zum Piepen reicht es. Und kostspielig ist das Ganze. Dazu technisch noch nicht sauber.«

»Was bedeutet das konkret?«

»Erstens kommt es im nahen Senderumfeld unter bestimmten Bedingungen eben doch zu Störungen der Elektronik. Ihr habt es bei euerm Rechner erlebt. Das kann durch spezielle Isolierungen behoben werden.

Zweitens: Wenn schon der Sender teuer ist – so sind die Empfangsanlagen noch aufwendiger. Dimensional, durch den schnellen Teileverschleiß und wegen des hohen Energieverbrauchs. Bei Vollschub können wir die Anlage überhaupt nicht und bei Halbschub auch nur drei, vier Minuten laufen lassen.«

Kerper kicherte und stubste Bernard in die Seite. »Sollte euer Chef mal spurlos verschwinden mit einer der Damen – er hat keine Chance! Dutch braucht nur das Anwerfen des Empfängers zu befehlen.«

Bernard lachte nicht. Zwar hatte er nichts gegen Scherze, nur wenn sie ihn selber oder seinen Commander betrafen, mißfielen sie ihm.

»Ein Glück, daß der Pilot die Ursache der Störung gefunden hat«, plauderte der Informationsoffizier munter weiter. »In der Werkstatt hätten wir das mit dem Impulser niemals herausbekommen.«

„Sredny ist ein Computergenie.«

Kerper lächelte. »Und euer Kommandeur ist ein Genie bei den Damen.«

Bernard zuckte unzufrieden mit den Schultern. Das Thema behagte ihm nicht. Aber der Informationsoffizier bohrte weiter.

»Aber ob er sich ... verbessert hat?«

»Dutch hat ihn völlig durcheinander gebracht.«

»Wie das?«

»Wenn ich das wüßte. Nach der Unterhaltung mit Dutch hat er sich besoffen. Oder sogar diese Illusionsbonbons gelutscht.«

»Laß ihn doch. Es war seine freie Zeit.«

»Er betrank sich nie, obwohl er Alkoholika zu genießen wußte. Und Drogen lehnte er ab. Auch die legalen Aufmunterer. Die nahm er nur im Einsatz und auch nur, wenn es befohlen wurde.«

»So ein Damenwechsel hat eben sein Gewicht.«

»Das ist es ja. Ich hab nicht begriffen, warum er zur Furaschowa ging.«

»Vielleicht will er bei ihr im Bett das erreichen, was er mit seinen Argumenten nicht schaffte?«

»Doch nicht Katman. Und überhaupt, deswegen läßt ein

Mann wie er doch eine Frau wie Sibyll nicht im Stich!«

»Und wenn ihm die schöne Sibyll die kalte Schulter gezeigt hat?«

»Hör auf. Kannst sie ja fragen. Oder noch besser, sprich mit Katman.«

»Du stehst ihm doch viel näher.«

»Das dachte ich auch. Aber er ließ mich abblitzen, bleibt verschlossen. Wie eine Auster.«

»Nimm's nicht tragisch. Jeder muß sein Sorgenpäckchen tragen.«

»Du hast leicht reden. Am besten wäre, wir gingen wieder auf Tour. Mach bloß schnell den Computer betriebsfertig.«

Dutch wartete nervös auf den Zwölf-Uhr-Gong. Nicht so sehr des Essens wegen. Mehr wegen der Personenortung. Seit Stunden suchte er Larissa. Sonst kam sie immer nach dem Dienst bei ihm vorbei. Er wollte über die letzte Melan-Information mit ihr reden. Überhaupt vermißte er ihre Nähe. Fragen mochte er niemanden.

»Commander, der Rechenblock von RE sieben ist wieder okay«, meldete Kerper.

»Danke.« Unterdrückte der Informationsoffizier ein Lächeln, oder bildete er sich das nur ein?

Die Rufdiode blinkte. Das Signal kam aus seiner Kabine. Er atmete auf, eilte zum Lift.

Sie saß am Tisch. Freudig begrüßte er sie, strich ihr mit weicher Geste über die Wange – und wunderte sich, daß sie zurückwich. Zwar nur wenig, aber doch zu spüren. Dann erfaßte er, wie ungewohnt ihre Pose war: Steif auf dem Stuhl sitzend, nicht wie sonst auf der Liege ruhend oder ihm entgegenkommend.

»Was hast du?«

»Pierre – es ist schlimm mit mir.« Sie erzählte ihm von ihrem Besuch bei dem Kundschafter, ohne etwas zu verschweigen.

Der Schlag traf ihn unvorbereitet. Deshalb Kerpers Mienenspiel! Der Betroffene erfährt solche Sachen meist als Letzter ... Zweierlei begriff er: Er hatte Larissa verloren, und sie liebte Katman! Hatte ihn immer geliebt. Konnte ihn nicht vergessen.

Aber weshalb hatte der sich auf dieses Spiel eingelassen? Wollte er mit Larissas Unterstützung Einfluß gewinnen? Welche Rolle spielte die Kelton dabei? Hatten die beiden das Liebespaar nur vorgetäuscht? Das erschien ihm unwahrscheinlich.

»Hast du ihn zu deiner Ansicht bekehrt?« Er fragte es leise, ganz ruhig. Es klang fast neugierig, nein, eher gleichgültig.

Sie verstummte ernüchtert. »Katman ist nicht belehrbar. Weder durch Zärtlichkeit noch durch Gewalt.«

Resignation schwang da mit. Und Stolz. »Er ist eben Katman. Auch dort, wo er im Unrecht ist, bleibt er immer noch er selber.«

Dutch kniff die Augen zusammen. Sein Schmerz begann sich in Ärger zu wandeln. Auch ein Weg, um damit fertig zu werden. Er blickte sie mitleidig an. Dann griente er über ihren Eifer.

Larissa starrte ihn erst verständnislos, dann empört an. Sie sprang auf und rauschte hinaus.

Sibyll Kelton erwachte. Tiefe Stille herrschte. An Bord des Großraumschiffes wurde irdische Nacht simuliert. Alles schlief, nur die Diensthabenden wachten auf ihren vorgeschriebenen Positionen.

Sie ließ die Zeitangabe kurz aufleuchten. Erst drei Stunden geschlafen. Dann wurde ihr bewußt, daß sie allein im Bett lag. Katman war nicht zu ihr gekommen. Wieder nicht. Schon gestern ließ er sie allein. Aber das hatte sie nicht beunruhigt, die Arbeit im Labor füllte sie voll aus. Die Tätigkeit mit Melan erwies sich als kompliziert und unergiebig.

Die Unruhe trieb sie hoch. Ich muß mit ihm sprechen, dachte sie. Aber nicht mitten in der Nacht. Doch der Schlaf war weg.

Sie zog sich an, ging durch die schmalen Korridore und glitt über die Rutsche direkt ins Labor. Das war zwar verboten, aber es ging so schön schnell durch die drei Stockwerke. Der Schacht war nur für Sachtransporte und als Notausstieg zugelassen.

Als sie im Labor landete und die Schleuse öffnete, spürte sie sofort, daß sich jemand in den Räumen befand. Im dritten Raum, wo die Melan-Anlage aufgebaut war, schimmerte Licht. Sabotage? Wollte jemand Informationen manipulieren oder gar Melan völlig töten?

Vorsichtig schlich sie durch die zwei Trakte. Dann erkannte sie Goa Sung, der dort angestrengt arbeitete.

Verdammt, jetzt mußte sie erklären, wie sie ins Labor gelangt war, denn sie sah, daß der Professor die Tür blockiert hatte. Die rote Signallampe brannte. Während sie nachdachte, überblickte sie das Melan-Zimmer. Irgend etwas störte sie. Sie prüfte die Anlage genauer und erkannte, daß Goa Sung wieder einmal die Schaltungen verändert hatte. Offenbar hatte er auch Kontakt mit Melan. Die Relais knisterten. Aber die Speicherbänder drehten sich nicht, und den Monitor konnte sie von hier aus nicht sehen. Goa Sung schien vom Schirm abzulesen. In unregelmäßigen Abständen gab er Impulse mit der Tastatur. Wie ein stummes Zwiegespräch kam es ihr vor. Ihre Neugier erwachte.

Sie hustete, rief: »Professor, ich bin es. Störe ich?«

Geräuschvoll trat sie in den dritten Raum. »Benutzte die Rutsche.« Und jetzt fiel ihr auch eine Ausrede ein. »Hab die Unruhe hier unten bemerkt und wollte nach dem Rechten sehen.«

Goa Sung saß still vor dem Monitor. Er bewegte sich nicht, sprach kein Wort. Nur seine rechte Hand hatte gezuckt. Ihr schien, daß er eine Taste getippt hatte.

Das Knistern war verstummt. Und als sie auf den Bildschirm blickte, war auch der Monitor tot.

Sie verbarg ihr Befremden. »Haben Sie etwas Neues erfahren?«

Endlich drehte sich der Professor um, stand schwerfällig

auf, schaute sie abschätzend an und meinte, beiläufig auf die Anlage zeigend: »Ich probierte eine neue Anordnung. Da kamen Sie.« Er sagte es nicht vorwurfsvoll, aber es wirkte dennoch so. Er bemerkte offenbar ihre Skepsis, drückte ein paar Tasten und setzte die Anlage in Gang.

Über den Monitor flimmerte augenblicklich Text.

»Rettet die Überlebenden. Ihre Lage ist ernst. Viele sind tot. Aber die Mehrzahl lebte noch, als ich ausbrach. Sicher nicht mehr lange, denn ...«

Die Schrift brach ab. Es knisterte. Goa Sung schaltete. Der Monitor flackerte auf, erlosch wieder. Sibyll hatte unwillkürlich den Atem angehalten.

»Wo sind sie, die Überlebenden?«

Goa Sung sah sie nachdenklich an. Er hob die Schultern, versuchte von neuem Kontakt herzustellen. Aber es kam nichts Rechtes mehr zustande. Goa Sung schien die Lust zu verlieren. Oder kam es ihr nur so vor, weil sie selber übermäßig erregt war?

Schließlich spuckte der Computer doch noch eine Nachricht aus: »Überlebende retten ... im Yogasystem in Not, in Not, in Not ...«

Und aus.

»Es genügt«, meinte der Professor. Er stand auf, hob die Folie an, fingerte an den hängenden Drähten.

Sibyll dauerte seine Betulichkeit zu lange. »Wir sollten den Kommandanten informieren. Sofort.«

Goa Sung ließ die Arme sinken, sah sie unschlüssig an, nickte endlich. »Wenn Sie das Netz benutzen, hört der Diensthabende mit. Bitte, gehen Sie persönlich zum Commander, berichten Sie ihm. Er wird Zeit brauchen, um zu überlegen.«

Dabei öffnete er die blockierte Labortür. Sie eilte hinaus, hastete die Wendeltreppe hoch. Es gab Überlebende, mußte welche geben. Irgendwo im Yogasystem warteten sie auf Rettung.

Weshalb hatte sich Melan mehrmals wiederholt? »... in Not, in Not, in Not ...?«

Bislang hatte es solche Wiederholungen nicht gegeben. Und wenn, dann hatte der Computer das sofort korrigiert. Eigenartig auch der Text vorher. Ein fließender Bericht, ganze Sätze in logischer Folge, flüssig wie noch nie. Bis der Kontakt abbrach. Es folgten wie so oft verstümmelte Sätze, schließlich die Wiederholungen.

Sie blieb plötzlich stehen. Sie hatte das Gefühl, einen Fehler gemacht zu haben. Nicht die Benutzung der Rutsche meinte sie. Nein, es war falsch, daß sie das Labor verlassen hatte. Der Professor wollte sie los sein. Und das mehrfache »in Not«, das waren weder Melan noch der Computer gewesen. Der Professor hatte die Wiederholungen getippt! Aber weshalb bloß?

Sie fühlte sich unbehaglich. Sah sie schon Gespenster? Sie versuchte, sich ins Gedächtnis zurückzurufen, was geschehen war. Hatte Goa Sung in die Tastatur gegriffen, nachdem der Text abgebrochen war – oder brach der Text ab, weil der Professor ihn gestoppt hatte?

Er blinzelte. Die Rufdiode blinkte und der Summer tönte. Aber nicht davon war er wach geworden – jemand rüttelte seinen Arm. Es war Dutch. Was wollte der denn in seiner Kabine? Natürlich, es ging um Larissa. Er rollte sich von der Liege, trat neben das Bett.

»Na endlich«, meinte Dutch und hielt ihm den Meldespan hin. »Brandneu.«

Es wurde hell im Raum.

Katman blinzelte Dutch mißtrauisch an, dann las er den Text, überflog ihn ein zweites Mal. »Was befehlen Sie?« Er zog bereits seine Alarmkleidung aus dem Servoschrank.

»Noch nichts. Nur wir beide wissen davon. Und die Kelton sowie der Professor.«

Katman setzte sich. Er versuchte, sich in Dutchs Lage zu versetzen. Und empfand plötzlich Mitgefühl.

»Bitte um Entschuldigung, wegen Larissa.«

Dutch hob den Kopf, blickte ihn ernst an.

»Es ist mir peinlich. Eine Wiederholung wird es nicht geben.«

Lange schaute der Kommandant seinen Kundschafter an. Sie hat ihn regelrecht verführt, die korrekte Larissa diesen respektablen Burschen.

Dutch lächelte plötzlich. »Schön, daß Sie es sagen. Im Sturm der Gefühle – wie leicht wird man da auf Klippen geworfen. Das schmerzt. Gut, daß wir beide keine jungen Tollköpfe mehr sind. Reden wir besser über diese Meldung. Und ihre Konsequenzen.«

Katman nickte. Jetzt erwiderte er das Lächeln.

Der Kommandant war zu ihm gekommen. Sie beide waren die Ranghöchsten, auch die Erfahrensten. Trugen sie nicht gemeinsam die Verantwortung dafür, daß den Kameraden der Sibir geholfen wurde, so schnell wie möglich – falls überhaupt möglich?

»Wie sollen wir sie finden?«

»Machen wir den Einsatzplan. Der Computer kann ihn präzisieren. Und morgen läuft die Suche auf Hochtouren.«

Katman drückte die Servotaste, rief einen Imbiß ab, schob die Servierplatte vor den Geber, summte »... nun ade, du mein lieb Heimatland.«

In wenigen Stunden würde er wieder mit RE sieben unterwegs sein, weit weg von der Serdjuk. Sollte sich Dutch mit Larissa versöhnen oder ihr die kalte Schulter zeigen, mochte Sibyll mit ihrem Melan und dem Auftrag der Sicherheitsbehörde glücklich werden und Karriere machen. Da hatte er sich gefragt, weshalb wohl Harper diese junge, unbekannte Med-Psychologin in die Mannschaft lancierte. Dabei war alles ganz einfach.

Er wandte sich Dutch zu, der bereits an der Tastatur hantierte und Programme abrief, neu zusammenstellte.

»Kommandant, bitte setzen Sie den RE sieben in *diesem* Sektor ein.«

»Am Rande des Yogasystems? Da ist nur leerer Raum. Sie wissen doch, jede Fernerkundung brachte bisher ein negatives Ergebnis.«

»Ich weiß es. Dennoch bitte ich darum.«

»Wenn wir Erfolg haben wollen, müssen wir die Planeten eins bis neun prüfen.«

»Die erste Erkundung brachte keine Ergebnisse.«

»Deshalb muß die neue Suchaktion um so gründlicher sein.«

»Das ist sicherlich richtig. Dennoch, einen, das heißt meinen Raumerkunder könnte man entbehren. Denn wenn es einen zehnten Planeten gibt, dann müßte er hier zu finden sein. Nur hier.«

»Obwohl die Fernerkundung in diesem Sektor ohne jedes Ergebnis war?«

»Es muß einen zehnten Planeten geben. Anders kann ich es mir nicht erklären.«

Dutch überlegte, sah Katman prüfend an und nickte. »Einverstanden. Gehen Sie in Ihren Abschnitt, Commander.«

4.

Über der Spitze der Halbinsel ging die Sonne auf. Serp Ianow turnte seine Morgenübung auf dem Dachgarten des Raumzentrums, wie immer, wenn er Nachtdienst gehabt hatte.

Da hörte er den Summer. Er hatte das altmodische Ding mit nach oben genommen, wollte hier keine fremde Stimme hören, auch nicht die eines Roboters. Er griff nach seiner Kombination und schoß zur Alarmrutsche. Aus der versiegelten Sonderbox raschelte das schmale Info-Band. Sie hatten also vom Funkcenter direkt durchgestellt. »Position im Yogasystem erreicht. Raumerkunder gehen auf Suchkurs. Keine besonderen Vorkommnisse.«

Die erste Meldung von der Serdjuk. Da kam noch etwas hinterher. »Beziehen endgültige Relaisstation in achtundvierzig Stunden. Geben Meldung der Serdjuk weiter. Alles wohlauf ...«

Die Poolman war also auch im Einsatzgebiet angelangt

und hatte ihre Stellung eingenommen.

Gegen elf Uhr erschien der Chefdispatcher. Er unterzeichnete, ohne ein Wort zu sagen, die Meldung und die Abzüge, strich in seinem Speicher die Anmerkung. Der Meldetermin lag fast in der Mitte der berechneten Zeitspanne. Alles lief nach Plan.

Per Grubkow erhielt die Meldung, als er sein Mittagsbad nahm. Das Becken lag im frischen Grün übermannshoher Oleanderhecken. Angenehm warm wirkte das Wasser durch die belebenden, die Haut frottierenden Zusätze. Der Monitor stand so, daß er sowohl von seinem Sitzplatz im Solarium als auch aus dem Becken jede Meldung lesen konnte.

Erfrischt kletterte er aus dem Wasser, trat unter den Föhn, drehte sich wohlig im trocknenden Luftstrom. Die Serdjuk war also angekommen. Plötzlich hüpfte er mit nassen Füßen aus dem Warmluftstrom zu seinem Spielzeug, stellte es auf den Terrassentisch, fuhr die Querantenne aus, dachte an die Furaschowa. Wieder unter dem wärmenden Föhn beobachtete er die horizontal geneigte Antenne. Ob es wohl funktionierte?

Es klappte sofort. An der Vanadiumspitze erschien sie, bewegte sich ungezwungen, lächelte ihm zu, weil er es so wünschte.

Seine Nacktheit kam ihm plötzlich unpassend vor. Er zwang sich, die Erscheinung als das zu nehmen, was sie war: eine Widerspiegelung seiner eignen Erinnerung.

Oder sollte er einmal versuchen, die Furaschowa so unbekleidet, wie er selber war, vor sich erscheinen zu lassen? Er wußte nicht, ob das auch funktionieren würde – hatte er sie doch nie hüllenlos gesehen.

Drüben am Sandkasten spielten seine Urenkel. Du meine Güte – wenn die der Uroma erzählten, der Uropa habe sich im Badebassin mit einer nackten jungen Dame unterhalten ...

Er schaltete den Apparat aus. Weshalb bloß kann man so manches Mal nicht das tun, wozu man große Lust hat? Auch dann nicht, wenn es keinem anderen Schaden zufügt?

Was soll's. Er griff sich den Flauschumhang und spazierte pfeifend zum Haus. Hier unten ging es ihm gut, und dort oben lief alles programmgemäß.

Im Weltsicherheitszentrum fand Pjotr Morenow die Meldung beim Abendrapport.

Er runzelte die Stirn. Sechs Stunden hatte die Information vom Funkcenter bis hierher gebraucht. Das waren vier zuviel. Aber da es sich um eine Routinemeldung handelte, ließ er es auf sich beruhen. Zumal da sein Chef ihn wieder unkollegialer Streitsucht verdächtigen könnte.

Viel wichtiger schien ihm, diese Mitteilung in die richtige Dringlichkeit einzustufen.

Sofort an Harper geben? Oder bis zum Wochenrapport warten? Alles, was die Yogaexpedition betraf, war Dringlichkeitsstufe eins. Andererseits verlangte diese Meldung keinerlei Maßnahmen. Sie brauchte nur zur Kenntnis genommen werden. Es war eine ganz normale, in der Zeit liegende Ankunftsbestätigung.

Morenow entschloß sich für einen Mittelweg.

Er wartete nicht bis zum wöchentlichen Routinerapport, sondern gab die Meldung mit der Dringlichkeitsstufe II zur täglichen Morgeninformation des Chefs weiter.

Mit der Empfehlung: »Freigabe für die Medien.«

Am nächsten Tag strahlten die Satellitenprogramme und die Pressemonitore erfolgverkündende Schlagzeilen aus.

»Großraumschiffe im Yogasystem.«

»Alles läuft nach Programm: Serdjuk im Yogasystem, Poolman auf Relaisposition.«

Die Archivbilder und -filme verfolgte Morenow mit Interesse. Vor allem die Ausschnitte vom Start der Schiffe waren nicht schlecht. Auch die verblüffend real erscheinenden Nachgestaltungen von Oberflächenstrukturen einzelner Yogaplaneten wirkten informativ. Dann folgten Interviews und Kommentare. Meist vom Zettel.

»In der Kette historischer Erfolge der modernen Raumfahrt sind Start und Ankunft dieser – eine neue Etappe irdischer Raumfahrt einleitenden – Großraumschiffe Großtaten der interkontinentalen Geistes- und Produktionskräfte der Erde.«

»Diese Expedition wird sich glorreich einreihen in die Großtaten vergangener Generationen bei der Erkundung des Alls unter der umsichtigen Führung durch den Obersten Rat. Erinnert sei an Poolmans Entdeckung der ersten außerirdischen Zivilisation, an Serdjuks Erforschung der Hykkosplaneten. Nicht ohne Grund tragen die zwei Großraumschiffe gerade ihre Namen. Sie werden neue Erkenntnisbahnen im unbegrenzten Raum ausleuchten.«

»Vielleicht wird diese Expedition neue, wertvolle Erkenntnisse zur Erde bringen? Glühende Wünsche begleiten die Kundschafter unseres Planeten im fernen All.«

Bombastisch und langweilig. Morenow tippte den Unterbrecher. Und einseitig. Kein Wort, nicht mal eine Andeutung, daß diese Expedition ja ein verschollenes Raumschiff sucht. Wie mag wohl den Angehörigen der Leute von der vermißten Sibir zumute sein? Aber die meisten erwarteten wohl gar keine andere Berichterstattung.

»Ich kann's auch nicht ändern«, brummte er und schaltete auf einen Krimikanal. Er war sich nicht sicher, ob er es ändern wollte. Zwar handelte es sich um sein Verantwortungsgebiet – aber es spielte sich alles so unvorstellbar weit entfernt ab.

III Die Enthüllung

1.

Die Nachricht, daß es irgendwo im Yogasystem Überlebende der Sibir gab, mobilisierte die gesamte Expedition. Dem Einsatzplan folgend, operierten die Raumerkunder auf allen neun Planeten. Besonders die Stellen, die bei der ersten Erkundung nicht voll erfaßt wurden, wie die Schlammeere auf dem fünften und die Kristallhalden auf dem dritten Planeten, wurden intensiv überprüft. Doch sie fanden nichts. Auch Katman sendete außer der Sechsstundenmeldung keine Neuigkeiten.

Goa Sung hatte seit zwanzig Stunden das Labor nicht verlassen. Sibyll Kelton trat in den Eingang. Der alte Mann lief krumm von der Tastatur zur Gallertwanne, kletterte unter die Decke, hantierte am oben hängenden Silberdrahtgeflecht. Murmelnd kroch er wieder unter seinen Folienumhang, bediente die Tasten …

Sibyll war sich sicher, daß er sie erblickt hatte. Aber er tat so, als wäre sie nicht da. Er wollte allein bleiben. Da hatte sie ihm gestern, weil sie es verspürte, den Gefallen getan und sich verabschiedet. Erfreut hatte er sie eines kurzen Gespräches gewürdigt, sogar nach Katman gefragt.

Sollte sie sich ihm anvertrauen? Er würde ihren Kummer vermutlich für belanglos halten. Eine Andeutung machte sie, mehr nicht.

Er hatte sie lange angesehen, mit großer Wärme, wie ihr schien, so wie früher, und dann sein »Nihil est ab omni parte beatum«* gemurmelt.

Ungetröstet verließ sie das Labor, die Schottür rastete dumpf hinter ihr ein.

* lat., »Es gibt kein vollkommnes Glück.«

Es gab keine neuen Informationen von Melan. Was sie auch versucht hatten, jeder Kontakt lief ins Leere. Aber noch lebte er. Deshalb Goa Sungs verzweifelte Versuche, diesen Lebensresten noch mehr Nachrichten zu entlocken. Und sie machte mit. Bis gestern. Irgendwie kam es ihr sinnlos vor. Dabei wußte sie, daß es der einzige Weg war, um zu erfahren, an welchem Ort die Überlebenden der Sibir auf Hilfe warteten. Außerdem, das war ihre Hoffnung, würde Katman zurückkehren, wenn man die Verschollenen gefunden hatte.

Wie sie seine Ankunft herbeisehnte! Und mit ihm sprechen wollte sie. Zwar machte sie sich Vorwürfe, daß Katman nun doch nicht von ihr selbst, sondern durch den Kommandanten von ihrer Funktion im Sicherheitsdienst erfahren hatte, aber sie empfand es zugleich als unfair, daß Katman, ohne ihr die Chance eines erklärenden Gespräches zu gewähren, sich weggestohlen hatte.

Sie befanden sich allein im Kommandoraum. Der Kommandant hatte die Ablösung des Dienstes kontrolliert. Diesmal nicht per Ortungsgerät oder Sichtgerät. Er wollte mit Larissa sprechen.

Dienstlich.

»Ich beginne mir Sorgen zu machen.«

»Die mache ich mir schon lange.« Sie war ganz Abwehr.

»Wenn hier tatsächlich technisch weiterentwickelte Intelligenzen die Hand im Spiel haben?«

Sie hatte einen Annäherungsversuch zurückweisen wollen – und mußte jetzt das hören. Sie stellte sich sofort darauf ein. »Ich verstehe dich nicht. Wir wissen es doch. Dir, mir, allen ist gut bekannt, wer die kosmische Unendlichkeit bezwingt und dementsprechend Höchsttechniken beherrscht, der muß – verstehst du, der *muß* – sozial perfekt organisiert sein. Anders kann es auch nicht sein. Sonst hätte diese Zivilisation, ein Reich der Finsternis, sich längst selbst vernichtet. Schon der alte – war es Marx oder war es Engels –, einer von beiden jedenfalls sagte etwas Ähnliches. Im neunzehnten Jahrhundert, fünfundzwanzig Jahre vor der Oktoberrevolution.«

»Meinst du Engels? Er hat sich doch nicht zur Weltraumproblematik geäußert.«

»Wie sollte er auch. Aber er begründete die Notwendigkeit des Sieges der Arbeiterklasse. Entweder sie realisiert ihre historische Aufgabe – oder die Welt versinkt ins Chaos.«

Sogar die Klassiker bezog sie in die Debatte ein …

»Aber mit dem Chaos meinte er doch den ersten Weltkrieg und alles, was an Not und Tod damit zusammenhing.«

»Ich fasse es im übertragenen Sinne auf.«

»Dann darfst du aber nicht vergessen, daß seine geniale Voraussicht nur von wenigen so ernst genommen wurde, wie sie es verdiente.«

»Worauf willst du eigentlich hinaus?«

»Katman weiß mehr als wir, behauptet er. Zumindest sieht er die Ereignisse anders als wir.«

»Du kannst Katman doch nicht mit Engels gleichstellen!«

»Wer hat denn angefangen, die Alten zu zitieren? Aber nicht um Gleichstellung geht es, sondern schlicht und einfach darum, daß ein Irrtum nicht zur Wahrheit wird, auch wenn alle sich zum Irrtum bekennen. Oder anders herum: Wahrheit bleibt Wahrheit – auch wenn kein Mensch sie hören will.«

Sie schaute ihn nachdenklich an. Er wich ihrem Blick aus. Es ging ihm also immer noch nahe, auch wenn er sich zusammennahm. Aber weshalb bewegten ihn grade jetzt Katmans abwegige Ansichten so stark? Weil sie auf dieses Wrackteil von der Sibir gestoßen waren? Sie hatten es doch vermutet, daß ein Unglück geschehen sein mußte. Sie hatte angenommen, ihr Überwechseln zu Katman würde eine Kluft aufreißen zwischen dem Kommandanten und seinem Kundschafter – stattdessen schienen beide sich nahe gekommen zu sein wie nie zuvor.

Und sie selber? Sie hatte Dutch verloren, ohne Katman zu

gewinnen. Das war es, was sie befürchtete. Als Dutch vorhin von seinen Sorgen zu sprechen begann, erwartete sie ein Gespräch über ihre Beziehungen zu ihm. Sicher, sie hätte eine versuchte Annäherung zurückgewiesen. Aus Stolz. Im Innern jedoch hatte sie gerade das erhofft. Und sie hoffte immer noch, daß Dutch ... Aber seine Gedankengänge wollte sie dennoch nicht tolerieren.

Sie erinnerte sich an ihr Gespräch mit Grubkow. Der Alte wäre sicherlich nicht angetan von ihrem Verhalten, dessen Folgen sie nicht vorhergesehen hatte. Sie wollte nicht zwischen zwei Stühlen sitzen, nein, das wollte sie nicht.

Ganz leise sprach sie weiter. »Du bezweifelst die Gesetzmäßigkeit der Entwicklung der Menschengesellschaft?«

Er schüttelte den Kopf. »Versuche mich doch zu verstehen«, bat er. »Wir müssen von den Realitäten ausgehen. Uns erzog man in dem Glauben, daß bestimmte gesellschaftliche Erkenntnise für immer und ewig und unter allen Bedingungen gültige Gesetzmäßigkeiten darstellen. Ein Glaube kann Berge versetzen, aber auch an der Realität zerschellen. Soll es später auch von uns heißen, ils n'ont rien appris ni rien oublié?«* Er schüttelte den Kopf. »Nein! Wir müssen einkalkulieren, daß nicht jede Wahrheit für alle Zeiten gilt. Zeiten, Räume, Bedingungen ändern sich.«

»Du wagst es, jahrhundertealte, bewährte Grundregeln in Frage zu stellen?«

»Ich stelle gar nichts in Frage. Nur – wenn neue Realitäten auftauchen, muß man sich ihnen stellen und nicht alte Erkenntnisse herbeten. Das verlangt meine Funktion von mir. Übrigens die deine auch von dir.«

»Aber wo sind sie denn, deine Realitäten?«

»Es gibt zumindest Signale, und zwar ernstzunehmende.«

»Spekulationen. Bist auf Katman hereingefallen. Die Erfahrungen von Jahrhunderten sind ein Faktum, eisern und unwiderlegbar. Deine Signale dagegen ...« Sie machte eine

* frz., Sie haben nichts (dazu) gelernt und nichts vergessen.

geringschätzige Handbewegung.

Er lächelte plötzlich, so daß sie sich verunsichert fühlte. »Es wäre schön, wenn du recht behieltest.«

Sie spürte, daß er es so meinte, wie er es sagte. Sprach er ihr zuliebe so? »Wozu dann die ganze Diskussion?«

Er wurde wieder ernst. »Weil ein guter Kommandant rechtzeitig auch die zartesten Zeichen wahrnehmen – und deuten muß. Ich nehme sie wahr – kann sie aber nicht deuten. Also muß ich mit verschiedenen Möglichkeiten rechnen, auch mit den schlimmsten.« Er schaute sie fragend an.

Seine Erklärung akzeptierte sie nicht – aber sie fühlte sich davon irgendwie angerührt. Sie schüttelte, halb versöhnt, den Kopf und verließ den Raum.

»Schade«, murmelte er.

Sirenengeheul weckte sie. Sibyll war im Sessel eingenickt. Der auf- und abschwellende Ton wirkte beängstigend. So hatte sie es noch nie gehört, weil es nie geübt worden war: Antiangriffstraining.

Also kein Dutzendalarm, sondern die Extremstufe.

Sie begab sich zum Stellplatz. Im Vorbunker der Labormannschaften warteten bereits Larissa Furaschowa, Goa Sung und einige Chemo-Elektroniker.

»Neues Spielzeug hat man uns mitgegeben. Männer spielen gern.« Larissas Stimme klang spöttisch.

»Principiis obsta«*, sagte Goa Sung.

»Eben. Wozu diese Kampfgeräte? Die Erde wird human regiert. Ohne Waffen. Und es funktioniert so seit Jahrhunderten. Schon die Existenz von Waffen bringt uns in die Gefahr, zum Verbrecher zu werden.«

Dumpf rumorte es auf der großen Ladeplattform.

»Sogar die Panzergleiter läßt er startklar machen.«

»Sub specie recti.«**

* lat., Wehret den Anfängen.

** lat., Unter dem Anschein des Rechts.

»Er hat das Recht. Aber wozu beansprucht er es? Hier wird Vorsicht zur Feigheit.«

Die Laborassistenten blickten betreten.

Sibyll mischte sich ein. »Der Kommandant ist zu regelmäßigem Situationstraining verpflichtet.«

»Situationstraining? Der Verteidigungsfall ist seit einem Jahrhundert nicht mehr trainiert worden.«

»Aber in der Dienstordnung ist er enthalten.«

»Nostalgische Ehrfurcht. Keine Begründung für diese Military Show!«

Sibyll blickte sie verwundert an. »Wissen Sie denn, was uns noch erwartet?«

»Das weiß keiner und kann auch keiner wissen. Aber sich vor einem Angriff zu fürchten, das ist unzulässig.«

»Ich verstehe Sie nicht. Ist die Sibir in einer Notlage?«

»Das ist unbestritten.«

»Und was wissen wir über Art und Ursache der Katastrophe?«

»Nichts, leider.«

»Muß dann nicht ein umsichtiger Kommandant alle auch nur denkbaren Eventualitäten in Betracht ziehen und die Expedition darauf vorbereiten?«

»Meinen Sie den Angriff einer technisch hochentwickelten Zivilisation? Das ist undenkbar. Nicht nur für mich. Die Ablehnung einer solchen metaphysischen Spekulation ist unabdingbare Voraussetzung für jeden, der fest in unserer irdischen Gemeinschaft lebt und arbeitet.«

»Wir befinden uns aber im fremden All, nicht auf unserer Erde!«

Larissa drehte sich um. Wer hatte das gerufen? Wer wagt es, der Stellvertreterin des Kommandanten in den Rücken zu fallen?

Sie blickte in ablehnende, zum Teil sogar empörte Gesichter. Faßten sie ihren Widerspruch etwa als Disziplinlosigkeit auf? Sie zwang sich zur Ruhe, setzte ein verbindliches Lächeln auf und sagte mit Bestimmtheit: »Befehle werden ausgeführt. Kommentare sind erlaubt.«

Die Computerstimme ertönte: »Stellvertreter des Kommandanten – bitte in den Kommandobunker. Labormannschaft – weiterarbeiten nach Tagesplan.«

Als Sibyll zum nachmittäglichen Labordienst erschien, hörte sie schon im Vorraum Larissa Furaschowas Stimme. Schimpfte sie immer noch wegen des Antiangriffstrainings?

»Professor, Sie wissen doch, was von genauen Positionsangaben abhängt?

Also ein anderes Thema. Sie trat ein, grüßte, ging zu ihrem Folienumhang. Sollte Goa Sung den Disput allein bestreiten.

»Weshalb gibt es keine genaueren Angaben über Art und Ursache der Havarie auf der Sibir?«

»Wir versuchen alles«, versicherte Goa Sung.

Larissa schaute auf den Wirrwarr von Geräten, Pulten, Antennen und Drähten. »Vielleicht sabotiert jemand hier an Bord? Will verhindern, daß die Wahrheit an den Tag kommt?«

»Hier unten sind nur wir beide.« Er wies auf Sibyll Kelton.

»Und die anderen? Die Techniker und Elektroniker?«

»Nur unter unserer Aufsicht.«

»Professor, Sie unterschätzen die Raffiniertheit mancher Menschen.« Mißtrauisch schaute sie um sich, fest davon überzeugt, daß Melan den endgültigen Beweis liefern würde, dafür, daß sozusagen natürliche Ursachen zur Havarie der Sibir geführt hatten. Und sie vermutete, irgendwie hatte sie es im Gespür, daß da jemand nicht an diesen Informationen interessiert sein könnte.

»Wir brauchen Ergebnisse. Ergebnisse, Professor.«

Beschwörend redete sie auf ihn ein, sprach von der Notwendigkeit, dem lebenden Leichnam alle wichtigen Informationen schnell zu entreißen. Unwillkürlich verfiel sie in ihre Muttersprache, und der Professor begann chinesisch zu antworten, vermischt mit Latein.

»Ich bin zu allem bereit, selbst zum Beten, wenn es nützt.« Er deklamierte: »De profundis clamavi ad te, Domine ...«*

»Hier findet kein Gottesdienst statt«, fuhr sie ihn an.

Der Gelehrte wandte sich seinen Schaltungen zu. Das Gerede über Melan schien ihm nutzlos zu sein, und es ärgerte ihn. Am liebsten hätte er das mit Schweigen kundgetan. Aber er wollte weder disziplinlos noch unhöflich sein. Larissa Furaschowa war Vorgesetzte und zugleich eine Frau. Leise sprach er deshalb weiter. »Vielleicht muß nur in der richtigen Sprache gebeten werden, um Erfolg zu haben?« Er machte eine Pause und wechselte abrupt das Thema. »Aber die Menschen wissen ja nicht einmal, welches die richtige Sprache für sie selber ist. Bis heute gibt es keine einheitliche irdische Sprache.«

»Um mit diesem Melan zu reden, brauchen Sie keine ...«

»Worum geht es?« Mitten im Raum stand Pierre Dutch. Er blickte erstaunt von einem zum anderen. Er verstand weder russisch noch chinesisch.

»Welche Sprache am besten als Weltsprache geeignet ist«, beeilte sich Goa Sung zu erklären. Vielleicht würde der Kommandant das Thema aufgreifen.

»Weltsprache?« fragte Dutch ungläubig.

Goa Sung nickte ernst. »Ich bin für Latein.«

Unwillkürlich ging der Kommandant darauf ein. »Und weshalb?«

»Latein war früher die Sprache der Wissenschaft – weltweit. Es gibt keine andere Sprache, die so exakt, logisch und knapp einen umfassenden Inhalt korrekt ausdrücken kann. Außerdem ist sie schön.«

»Und du?«

Larissa schaute ihn unschlüssig an, antwortete schließlich widerwillig: »Russisch.«

»Weshalb gerade russisch?«

»Es ist die Sprache der Oktoberrevolution. Damit begann

* lat., Aus der Tiefe rufe ich, Herr, zu dir.

die irdische Humanitätsgesellschaft. Wir Russen sind ein großes Volk.«

»Ihre Meinung fehlt noch, Kommandant«, sagte Goa Sung.

»Ach, ich bin mehr für englisch.«

»Aber sie sind doch Franzose?«

»Nur halb. Außerdem waren Sie auch nicht für chinesisch. Und die Chinesen sind zahlreicher als alle anderen.«

»Zu viele Dialekte. Als Silbensprache nicht so handhabbar wie Latein. Und komplizierte Schriftzeichen. Latein ist am besten.«

Dutch wehrte ab. »Keine tote Sprache. Denken Sie an den mißglückten Versuch mit Esperanto.«

»Russisch lebt«, warf Larissa ein.

»Ich bleibe lieber bei englisch. Diese Sprache wird auf mehreren Erdteilen bereits gesprochen. Außerdem ist sie einfach aufgebaut und wird von den Sprachwissenschaftlern weiter vereinfacht, daß sie schon auf der halben Erde als Zweitsprache verstanden wird. Während russisch sogar die kyrillischen Buchstaben beibehalten hat.«

Sie erwiderte scharf: »Da soll der Sprache derer, die die halbe Welt Jahrhunderte hindurch kolonial ausgeplündert haben, die Ehre zukommen, zur Weltsprache erhoben zu werden?«

Dutch bedauerte es, sich Goa Sung zuliebe auf den Disput eingelassen zu haben. Der Professor litt unter den negativen Ergebnissen seiner Arbeit, und Larissa hatte ihm sicherlich wieder zugesetzt. Und ihm brachte diese Debatte nur Streit mit ihr. »Es geht weniger um Ehre, mehr um Zweckmäßigkeit. Außerdem haben die alten russischen Zaren ihr Reich auch nicht aus purer Nächstenliebe zusammengeraubt.«

»Das ist unfair.«

»Du hast die Kolonialzeit als Argument eingeführt. Außerdem eilt es mit der Weltsprache nicht so sehr. Da jeder mehrere Sprachen spricht, gibt es kaum Verständigungsschwierigkeiten. Und Wissenschaft, Produktion und Verkehrswesen benutzen einheitliche Symbole.« Es sollte versöhnend klingen.

Larissa verließ wortlos das Labor. Auch sie bedauerte den Zusammenstoß. Denn sie mochte Dutch nach wie vor.

Dutch fragte Goa Sung: »Nichts Neues von unserem Freund?« Er deutete mit dem Kopf zur Wanne. Da bemerkte er Sibyll Kelton hinter der Folie und hob grüßend die Hand. Sie reagierte nicht. Hatte sie nun den Streit und seine Ausuferung verfolgt? Hoffentlich nicht.

Der Professor schüttelte den Kopf. Es war ihm sichtlich unangenehm, dem Kommandanten keine positive Antwort geben zu können. Eilig zog er sich unter seinen Plastikumhang zurück, ohne auf neue Fragen des Kommandanten zu warten.

Aber Dutch holte ihn wieder heraus. »Ich erinnere Sie daran, daß Ihre Gruppe unter meiner direkten Leitung arbeitet.«

Goa Sung nickte.

»Sie wissen, daß es auf jede Stunde ankommt, wenn wir die Verschollenen retten wollen?«

Wieder nickte Goa Sung.

Dutch wandte sich zum Gehen. Stirnrunzelnd sah ihm Goa Sung hinterdrein.

2.

Am Informator glimmte die rote Diode.

Dutch unterbrach die Beratung und drückte die Aufnahmetaste. Kerper erschien auf dem Schirm.

»Ich höre.«

»Meldung von RE sieben: Ortung eines Körpers im Raum.« Es folgten die Richtungskoordinaten.

»Welche Größe, Entfernung?«

»Dazu liegen noch keine Angaben vor.«

»Danke. Ende.«

Der Monitor erlosch. Auf der Sternenkarte flimmerte orange ein neues Signal. Dort hatte Katman etwas geortet. Einen »Körper«. Was immer das sein mochte. Dutch schüttelte den Kopf. Sollte sich Katmans Annahme bestätigt haben?

Noch während er überlegte, ob es ratsam sei, die Besprechung abzubrechen, leuchtete die rote Diode von neuem auf, zugleich ertönte das Klingelsignal. Wieder tauchte Kerper auf. Diesmal wirkte er nervös, obwohl er sich betont sachlich gab. »Meldung von RE sieben: Die mitgeteilte Ortung erwies sich als Irrtum.«

»Alles?«

»Alles.«

»Also ein Widerruf. Ende.«

Die Beratung lief schleppend weiter. Die beiden Meldungen beschäftigten den Kommandanten. Vor allem der Widerruf. Der konnte mancherlei bedeuten. Hatte Katman sich wichtig machen wollen? Unwahrscheinlich – obwohl es noch die beste Erklärung wäre. Als das Rot der Diode, das akustische Signal und Bild und Ton auf dem Monitor zugleich einsetzen, fühlte er sich fast erleichtert.

»Entschuldigung, Commander. Schon wieder die Sieben. Ich stelle die Meßwerte durch.«

Die Strahlenfilter und Außensensoren des RE sieben zeichneten ein verworrenes Signalbild auf den Monitor. Irgendetwas schien sich in der Tat vor dem Erkunder zu befinden.

Plötzlich brach die Datenübertragung ab, dafür flimmerte Text: »… Meßwerte sind nicht real. Fehler in der Anlage.«

Dutch sah seine Offiziere an. Larissa platzte heraus: »Wenn das keine Halluzinationen sind, dann …«

Der Kommandant verlangte eine Sprechverbindung. Er bekam sie innerhalb weniger Minuten. »Was ist los bei Ihnen?«

»Bitte um Entschuldigung. Wir sind noch am Vermessen.«

»Zum Teufel, was vermessen Sie?«

»Das … Wir wissen es selber noch nicht.«

»Ich bitte um eindeutige Meldung laut Dienstvorschrift, RE sieben.«

Larissa verzog spöttisch den Mund.
»Verzeihung, aber es ist wirklich verrückt. Schuld ist der verdammte Computer. Der sendet jede Sensorreaktion automatisch an den Zentralcomputer. Deshalb die widersprüchlichen Informationen. Jetzt hat Sredny die Automatik blokkiert. Ich bitte um etwas Zeit, damit wir messen können.«
»Wie lange?«
»Dreißig Minuten.«
»In Ordnung. Ende.«
Sie blickten Dutch an. Jemand kicherte. »Der Computer hat Halluzinationen.«
Alle lächelten, nur Larissa zog die Augenbrauen zusammen.
Kerper kam zurück in den Kommandoraum, aktualisierte die räumliche Sternenkarte. Er holte die Yogaplaneten näher heran und steckte mit weißen Lichteffekten den Raum ab, in dem Katman operierte.
Kerper setzte zum Reden an. Aber Dutch hob abwehrend die Hand. »Warten wir die dreißig Minuten ab.«

»Setz nur die Megasensoren ein«, ordnete Katman an.
Sredny schaltete.
»Und jetzt darauf zu.«
»Si, si, Señor«, erwiderte der Pilot, auf seine Tastatur und die Sichtgeräte konzentriert.
Die Sensoren meldeten freien Raum.
»Vielleicht ist es wieder der Impulser?« Bernards Stimme klang schüchtern.
Katman warf ihm einen bitterbösen Blick zu. »Ich kann ihn mir nicht rausnehmen.«
Mit leichtem Schub ging der Gleiter auf Kurs.
»Er wird langsamer«, stellte Bernard fest, der durch die Seitensichtluke die Geschwindigkeit navigatorisch maß.
»Ich beschleunige.«
»Nicht zuviel!« befahl Katman. »Wenn es nicht der Impulser war – wir könnten uns sonst die Nase stoßen. Hier ist einiges nicht normal.«

»Das kannste laut sagen«, murmelte Sredny, dem der Schweiß von der Stirn lief, als schübe er den Gleiter mit eigner Körperkraft vorwärts. »Ich gebe Vollschub, aber …«

»Das Ding steht«, vollendete Bernard und klappte seinen Optinavigator zusammen.

Als wäre der Raumgleiter an einer Mauer angelangt. Mauer war falsch. Wie von einem elastischen Netz aufgefangen. »Ohne jeden Ruck«, stellte Katman fest.

»Wie um uns … zu schonen.«

»Der Impulser war es diesmal nicht«, konstatierte Sredny und wies auf die Datenschirme. Die Sensoren meldeten »Freien Raum«, während der Gleiter fest saß, wie an einer Wand.

»Vorsichtig zurück«, befahl Katman.

Behutsam löste sich der Raumerkunder, beschleunigte allmählich.

»Alle Werte normal.«

»Stopp.« Katman rieb sich die Stirn. Was befand sich da vor ihnen?

Bernard fragte Sredny: »Haben wir noch das bunte Feuerwerk im Kopfteil der Rakete?«

»Die Leuchtkugeln für Landungen unter atmosphärischen Bedingungen? Haben wir.«

»Lassen wir so eine doch gegen diese imaginäre Wand los.«

»Eine rote«, verkündete Sredny, und schon schoß aus der Bugkapsel ein Feuerball, wurde langsamer, floß auseinander und zerstob als Funkenregen.

»Weshalb zerspritzt die Kugel, wo wir so weich empfangen wurden?« grübelte Katman.

»Die Leuchtkugel ist elastisch und klein. Wir dagegen sind stabil und groß.«

»Oder … das erstemal behutsam, und beim zweiten Male etwas gröber?«

»Schieß noch eine.«

Sie schauten gespannt. Es schien ihnen, als schlüge die Kugel härter auf und zersprühe schneller und weitspritzender als beim ersten Male.

»Ich taste ab auf energetische Ströme.«

Katman nickte.

Bernard schaltete die Sucher ein. Verwundert pfiff er. »Seht mal.« Er drehte den Monitor. Auf dem Schirm flackerten Zahlen. Er gab sie in den Computer. Der zeichnete ihnen eine Wand – genau dort, wo der Gleiter zum Stillstand gekommen war. In Farbe und mit Symbolen.

»Eine Energiebarriere«, Sredny sagte es fast andächtig.

»Von ganz neuer Art«, ergänzte Bernard.

Der Computer ließ auf der Textscheibe Zahlen und Symbole flimmern. Vor ihnen befand sich eine Energieabschirmung von bisher nicht bekannter Art und Stärke.

»Ausmaß der Barriere?«

Bernard schüttelte den Kopf.

»Bitte um Angaben«, mahnte Katman. Der Zeitgeber wies noch vier Minuten aus, dann mußte er Meldung erstatten.

»Ohne Anfang und ohne Ende nach allen Seiten. Mit unseren Instrumenten nicht festzustellen.«

»Das gibt es doch nicht«, widersprach Sredny. »Alles hat einen Anfang und ein Ende. Nur der Fußball nicht.«

»Laß die Blödelei. Ich kann nur mitteilen, was unsere Instrumente messen.«

»Schluß. Ich melde dem Kommandanten.«

Die Verbindung stand sofort. Am Ende der Durchsage erbat Katman die Erlaubnis, die scheinbar endlose Wand vermessen zu dürfen.

»Beginnen Sie die Vermessung. Ich sende Ihnen die Drei und die Fünf zur Verstärkung. Meldung alle Stunden. Bei besonderen Vorkommnissen sofort. Ende.«

Nachdenklich musterte Dutch die Sternenkarte. Die Fernerkundungen hatten von dort stets ein Negativergebnis gebracht. Mit hundert Prozent Sicherheit, wie die Elektroniker versicherten.

Nach sechs Stunden zeigte das Bild des Zentralcomputers, daß die Barriere nicht endlos war. Sie lag mit leichter Krümmung im All.

»Wenn ich das Bogenteil durch den Computer vervollständige, sieht das Ganze so aus.« Kerper zauberte auf den Großmonitor eine Kugel überplanetaren Ausmaßes. »Nehmen wir einmal an, dahinter verbirgt sich ein Planet, Größe etwa wie Yoga Neun …

Im Innern der riesigen Energieabschirmung erschien eine abgeplattete Kugel. Jetzt begann sie langsam zu rotieren.

»Yoga Zehn?« flüsterte Dutch.

Kerper nickte eifrig.

Sie übermittelten die Modellierung an den RE sieben.

Katman dankte. »Ich wußte, daß es einen zehnten Planeten geben muß.«

»Ein überheblicher Kerl.« Larissa Furaschowa sagte es mit anerkennender Wehmut in der Stimme.

Kerper lächelte.

»Keiner hat es gewußt. Genau genommen wissen wir auch jetzt nur das.« Dutch zeigte auf den durch Meßdaten gestützten Bogenteil. »Aber vermutet hat er es. Oder weshalb, meint ihr, erlaubte ich Katman gerade in jenem Sektor zu arbeiten, während alle anderen die Planeten absuchen?«

Sie stand neben ihm. Ihre Arme berührten sich. Es war ihr angenehm, und sie begann, sich leicht an ihn zu lehnen.

Er löste den Blick vom Schirm und schaute ihr in die Augen.

Der Blick ging ihr durch und durch. Sie erschrak über sich selbst.

Dutch spürte ihr Zucken, trat einen Schritt zur Seite. Aufdrängen wollte er sich nicht.

Verwirrt eilte sie aus dem Computerraum. Kann ich denn zwei Männer gleichzeitig lieben? Oder doch – begehren? Oder orientiere ich mich immer nur auf das Erreichbare? Kurzfristig, aber entschlossen?

Es dauerte lange, bis Pierre Dutch munter wurde und das ausdauernde Klopfen an der Tür bewußt wahrnahm. Er setzte sich im Bett auf. Keines der Alarmsignale hatte angeschlagen. Die gesamte Informationstechnik blinkte grün, war also eingeschaltet, aber nicht aktiviert. Nur das Pochen an der Tür blieb. Er schaute auf die Uhr. Zwei Uhr fünfunddreißig. Mitten in der Nacht. Er zog seinen Freizeitumhang über und öffnete.

Sibyll Kelton stand vor der Tür und bat verlegen um Entschuldigung. »Ich muß Sie sofort sprechen. Allein.«

»Bitte.«

Er ließ sie eintreten. Die Kelton also. Hoffentlich nahm sie sich nicht zu wichtig. Um Melan konnte es nicht gehen, da wäre Goa Sung selber gekommen. Wenn er sie nicht geschickt hat. Es wird um ein Sicherheitsproblem gehen.

»Darf ich Meldung erstatten?«

»Bitte.«

»Ich habe die Schaltungen überprüft, bei Melan ...«

Also doch Melan. Eine neue Mitteilung über die Sibir? Der Kommandant war hellwach.

»... und eine Blockade entdeckt. Sehr einfach angelegt und sehr wirksam zugleich. Und nur bei einer intensiven Überprüfung bemerkbar. Diese Sperre ist, vermute ich, die Ursache, weshalb seit Tagen keine Kontakte mehr mit Melan zustande kamen.«

Das Wort Blockade beunruhigte den Kommandanten. »Und wer?«

Er sprach nicht weiter. Beide blickten sich an. Es kam nur einer in Frage. Aber Pierre Dutch sperrte sich gegen diesen Schluß. Er schüttelte den Kopf.

Sie hob die Schultern, ließ sie wieder fallen. »Es kann nur Goa Sung gewesen sein.«

»Aber weshalb sollte er?«

»Ich weiß es nicht. Nur, daß er sich in den letzten Tagen sehr verändert hat.«

Dutch ging hinter den Wandschirm, begann sich anzukleiden. »Gehen wir. Sprechen wir mit dem Professor.«

Goa Sungs Kabinentür fanden sie unversperrt. Sie traten ein. Leise rief Sibyll seinen Namen. Alles blieb still. Dutch schaltete auf Tageshelle, und Sibylls Stimme wurde laut und eindringlich.

Langsam schritt Dutch voran, während Sibyll stehen blieb, den Raum und seine Einrichtung musterte.

Hinter dem Isolierschleier auf dem Bett fand Dutch den Professor. Er hielt die Augen geschlossen, als schliefe er. Sein Gesicht strahlte Ruhe aus.

»Professor«, sagte Dutch, wiederholte dann etwas lauter »Professor« und schüttelte ihn am Oberarm. Ohne Ergebnis. Leise rief er Sibyll heran, deutete auf den Ruhenden. »Sie besitzen einen medizinischen Grad. Sehen Sie sich den Mann an, versuchen Sie, ihn aufzuwecken.«

Eilig trat sie zum Bett, schaute das Innere des Isolierschleiers. Eine Landschaft, Bambus, Berge, ein Fluß mit Dschunken, hauchzart wie eine chinesische Tuschzeichnung, aber als Realwiderspiegelung. Nur an der Stelle, wo sie und Dutch eingedrungen waren, klaffte eine Lücke.

Sie rief Goa Sung beim Namen und packte ihn am Oberarm, ließ ihn aber sofort wieder los. Verwirrt wandte sie sich zu Dutch um, dann beugte sie sich über den Liegenden, hob seine Augenlider, faßte nach dem Puls. »Ich fürchte, er ist tot«, flüsterte sie.

Dutch schaute sie ungläubig an, ließ seinen Blick über die ruhende Gestalt wandern.

Sie versuchte eine Wiederbelebung mit dem Minishocker, massierte die Herzgegend, führte eine Atempatrone ein, zog eine Spritze auf, legte sie aber langsam beiseite. »Es nutzt nichts mehr.« Sie richtete sich auf. »Ich gebe Med-Alarm. Soll der diensthabende Arzt ihn auf Station holen, die Todesursache feststellen.«

Dutch schüttelte den Kopf. »Noch nicht.«

Er begann das Bett, die Servoelemente, den Raum zu mustern. »Können Sie nicht die Todesursache feststellen?«

Sie verneinte.

»Wenigstens – vermuten?«

»Sie meinen ...?«

»Er war Mediziner. So schnell und unverhofft stirbt man heutzutage nicht.«

»Mord?«

Er griff plötzlich in die Ablage eines Bedienservos neben dem Bett, zeigte ihr den Shocker.»... oder Selbstmord.«

Sie begann den Toten schnell und zielstrebig zu untersuchen, drehte ihn vorsichtig zur Seite. »Keine sichtbaren äußeren Einwirkungen", stellte sie fest.

Er reichte ihr den mattbraunen griffigen Shocker, sie las die letzte Einstellung. »Die Dosis hätte dreimal gereicht.«

Dann fand sie den Ansatz. Ein bläulicher Ring auf der Haut hinter dem linken Ohr. Goa Sung war Linkshänder gewesen. »Suizid.«

»Aber die Tür war offen.«

»Das besagt nichts. Spricht höchstens dafür, daß Goa Sung keinen Lärm wollte. Aber mein Hauptgrund ist: Der Shocker wurde aufgesetzt. Weshalb sollte er jemanden ohne Kampf so nahe an sich heranlassen?«

Dutch wußte, wen Goa Sung hinter sich, ihm über die Schulter schauend, geduldet hätte: Sibyll Kelton, seine Assistentin. Aber er verdrängte die abwegige Vermutung. Weshalb hätte sie ihn dann mitten in der Nacht geweckt und hierher geführt?

»Ob man ihn im Schlaf überrascht hat?«

»Er schlief nicht. Der Energoshock traf ihn bei vollem Bewußtsein.«

»Sind Sie sicher?«

»Zu neunundneunzig Prozent.«

Dutch überlegte. »Dann muß er eine Mitteilung hinterlassen haben.«

»Wenn er nicht in halluzinativem Zustand handelte.«

Dutch betrachtete das Gesicht des Toten. So zufrieden hatte der lebende Goa Sung seit langem nicht mehr ausgesehen. Vielleicht doch Wahnvorstellungen? Immerhin war noch völlig ungeklärt, was die Sibir in die Katastrophe gestürzt hatte. Und wenn dort ein Yogavirus oder etwas Ähnliches existierte, dann war es logisch, daß die, die seit Wochen mit Melan experimentierten, zuerst befallen wurden.

»Aber weshalb blieben Sie davon verschont?«

»Der Professor war alt. Außerdem hielt er sich öfter und

länger im Labor auf als ich.«

Dutch nickte nachdenklich. »Suchen wir dennoch danach, ob er eine Botschaft hinterlassen hat!«

Sie stimmte ihm zu, hielt ihn aber am Arm fest, als er sich an den Geräten und Einrichtungselementen zu schaffen machte. »Bitte, lassen Sie mich das tun. Ich bin der Fachmann.« Sie lächelte entschuldigend.

»Bitte«, murmelte Dutch.

Systematisch begann sie den Raum zu prüfen. Anfangs nur mit den Augen.

»Er war ein respektabler Mann«, sagte Dutch leise. »Ein Gelehrter von Weltruf, der ein bescheidener Bürger geblieben war, mit einem offenen Herzen für seine Mitmenschen. Er liebte die Antike. Eigenartigerweise zog er die Römer den Griechen vor. Wahrscheinlich, weil sie politisch die aktiveren Weltgestalter waren. Ich nehme an, daß jede seiner – von manchem belächelten – lateinischen Redensarten, die er bei seinen Gesprächen von sich gab, der Ausspruch eines berühmten Mannes der ganz alten Zeit war. So ein Mensch ordnet seine Geschäfte, ehe er das Erdendasein beendet.«

Sibyll sah die Textspeicher durch. Dann alle Behälter, Fächer, den Inhalt der Sevoelemente.

»Kann ich helfen?«

»Beginnen Sie von der Türseite her.«

Dutch beteiligte sich an der Durchsuchung.

Sie fanden nichts.

Sibyll fing an, unsicher zu werden. »Es hilft nichts, wir müssen Goa Sung im Med-Punkt untersuchen lassen.«

Dutch lehnte ab. »Vielleicht hat er etwas im Labor hinterlegt?«

Sie blickte ihn skeptisch an. »Dort wäre es noch schwieriger, etwas zu finden.«

Dutch drückte die Videotaste, mehr zufällig als absichtlich.

Auf dem Schirm erschien Goa Sung. Sie sahen ihn und hörten seine letzten Worte.

»Kommandant. Meine Freunde. Ich bitte euch um Vergebung, daß ich den Frevel beging, menschliches Leben anzutasten. Mein eigenes. Und weil ich mein Amt mißbrauchte.«

Hier machte er eine Pause.

»Fata viam inveniunt.* Sibyll Kelton wird schnell meine Manipulation mit der Schaltung entdecken. Ich wollte es nicht wahrhaben, was Melan uns mitzuteilen kam. Er setzte mehr als sein Leben ein. Ich habe kein Recht, seine Botschaft zu unterschlagen: Die Sibir ist von Yogaleuten gekapert worden. Die Yogazivilisation ist technisch der unseren ebenbürtig oder sogar überlegen. Ihre Sozialstruktur ist inhuman geblieben.«

Goa Sung sprach Satz um Satz in seinem korrekten, am klassischen Latein geschulten Stil. Ab und zu fügte er eine lateinische Sentenz ein. Er analysierte sein Handeln, stellte fest, daß er als Bürger und Wissenschaftler versagt hatte. Sein Weltbild, sein Glaube an ein Universum des humanen Friedens der Zivilisationen, war zerbrochen, und seine Manipulationen, um den anderen die bittere Wahrheit vorzuenthalten, erkannte er als feige Flucht. Er hatte sich das Urteil gesprochen und auch an sich selber vollstreckt. »Melan wird euch informieren. Aber seine Lebensreste sind fast verbraucht. Nur genau dosierte Belastung verspricht maximale Ergebnisse. Die Tabellen dafür sind im Laborcomputer gespeichert. Meine wohl letzte Erkenntnis lautet: Bleibt wahrhaftig und werdet wehrhaft. Ich kann es nicht.« Das Bild erlosch.

Pierre Dutch zwang sich, den still ruhenden Toten anzusehen, um seiner Erschütterung Herr zu werden.

Sibyll Kelton schien weniger beeindruckt zu sein. »Kommandant, wir müssen den diensthabenden Arzt informieren.«

Ihre Mahnung löste Dutch aus seiner Erstarrung. »Noch nicht. Ich ... wir müssen wissen, ob Goa Sung das, was er uns mitteilte, tatsächlich von Melan erfahren hat.«

* lat., Das Schicksal findet den Weg.

»Zweifeln Sie etwa?«

»Ist das so verwunderlich?«

Nein, dachte sie, eigentlich nicht. Das Ganze lief ab wie ein billiger Actionfilm des 20. Jahrhunderts. Der Selbstmord eines angesehenen Verantwortungsträgers, das Eingeständnis einer – eigentlich ungeheuerlichen – Manipulation, und als Krönung die nüchterne Mitteilung, daß die Sibir Opfer eines außerirdischen Piratenaktes wurde.

»Können Sie die Blockade bei Melan aufheben und unseren Freund selber fragen?«

»Ich muß wohl.« Nach Goa Sungs Tod war sie dazu prädestiniert. Wohl als einzige. »Zumindest versuche ich es.«

Sie war froh, daß Dutch mit im Labor war. Allein wäre es ihr noch unheimlicher gewesen. Sie schluckte eine der grünen Pillen. Erregungsdämpfer. Dann begann sie konzentriert, dem Kommandanten jeden Handgriff erklärend – weniger um ihn zu unterrichten, als vielmehr um sich selber Sicherheit zu geben –, die Blockade abzubauen, neue Schaltungen zu setzen, vorsichtig Impulse einzuspeisen, und so Stufe um Stufe in das Innere des Hirns dieses – der Reste eines Menschen im Überlebenssystem einzudringen.

Ein satter Brummton füllte das Labor. Eine Diode der Tastatur blinkte regelmäßig: grün, grün, grün …

»Ich glaube, ich bin dran.« Sie sah Dutch fragend an. Der nickte. Sie begann: »Major, Major Melan, ich bitte Sie um Auskunft über das Schicksal Ihres Raumschiffes Sibir.«

Sie tastete die Rückverbindung und wies mit dem Kinn auf den kleinen Bildschirm. Schrift leuchtete auf.

»Ich wiederhole meine Information: Die Sibir wurde am zweiten Mai im Jahre vierundzwanzigvierzig im Bereich Yoga Neun von unbekannten Raumschiffen geortet. Wir bemerkten sie erst sehr spät. Wohl wegen ihrer frappierenden Energieschirme. Unser Schiff reagierte nicht mehr zuverlässig auf die Steuerimpulse, wurde schwerfällig.«

Der Schirm begann zu flimmern. Sibyll versuchte verstärkende Chips zwischenzuschalten, traute sich aber nicht, die

Energie des Netzes zu verändern.

»... Ultimatum erreichte uns. Einige wollten die Sperre mit Gewalt durchbrechen. Das wäre der Untergang gewesen. Ich unterstützte den Kommandanten, um diese Selbstvernichtung zu verhindern.«

Wieder setzte das Flimmern ein. Dutch rutschte unruhig auf dem Schemel hin und her.

Sibyll legte das Netz still. Die Monitorscheibe erlosch und glänzte matt.

»Officer, wir brauchen Gewißheit«, forderte der Kommandant.

Sie hob beide Hände. »Ich brauche die Elektroniker. Außerdem die Berechnungsdaten vom Professor.«

»Unbedingt?«

Sie nickte.

»Dann geht es öffentlich weiter.« Dutch eilte aus dem Labor.

»Hier RE fünf.«

»Danke, Ende.«

»Hier RE sechs.«

Die Raumerkunder meldeten sich der Reihe nach. Kerper hatte eine Ringschaltung zustande gebracht. Zwar ohne Bild, dafür mit sauberem Ton.

Der Offiziersrat, bestehend aus den dreizehn wichtigsten Verantwortungsträgern des Raumschiffes, war im Labor versammelt. Dazu die Techniker.

Kerper hatte die Zahl dreizehn moniert. Aber Dutch verwies auf die elf Kommandanten der zugeschalteten Raumerkunder.

»Wir sind vierundzwanzig, eine Glückszahl. Und außerdem nicht abergläubisch.«

Dutch hatte die Männer und Frauen des Offiziersrates eingeladen. Gemeinsam sollten sie Melans Bericht hören, den vollständigen, unverstümmelten Bericht.

Larissa blickte skeptisch in die Runde.

Sibyll ließ sich die Spannung, unter der sie arbeitete,

nicht anmerken. Gelassen ordnete sie den Einsatz der Elektroniker und Medleute.

Sie nickte Dutch zu. Der kündigte den Beginn an. Zuerst lief das Band mit dem bekannten Melan-Text über den Monitor.

Kerper las alles laut und deutlich vor, damit die Raumerkunder mithören konnten.

Dann fragte Sibyll mit eindringlicher Stimme: »Major, Major Melan, bitte setzen Sie Ihren Bericht über das Schicksal der Sibir fort.«

»Die Yogaleute verhandelten nicht mit uns. Sie forderten bedingungslose Kapitulation. Als der Kommandant zögerte, vernichteten sie den ersten und den zweiten Raumgleiter …«

»Das ist doch nicht möglich«, keuchte eine heisere Stimme.

Sibyll Kelton forderte mit einer Handbewegung Ruhe.

Die Schrift auf dem Monitor lief weiter. »Der Kommandant gab nach. Sie setzten die Sibir in ein Schwerkraftfeld und führten sie …« Der Schirm begann zu flimmern.

»Was ist?« fragte Dutch. »Wohin brachten sie die Sibir?«

Sibyll verständigte sich mit dem Chefelektroniker. Der hob das Deckengeflecht der Antenne über Melan und zog feine Drähte. Der Arzt assistierte. Sibyll probierte auf der Tastatur des Energiewandlers verschiedene Impulskombinationen.

Der tiefe Brummton kam wieder. Dann auch der Text auf dem Schirm. »… und so erhielt ich die Genehmigung, die Flucht im autonomen Überlebenssystem zu wagen.«

Sibyll Kelton schaltete sich ein. »Major, bitte berichten Sie, wohin die Sibir gebracht wurde.«

Wieder das Flimmern auf dem Schirm, dann »Habe verstanden.« Nach kurzer Pause: »Sie brachten die Sibir durch eine Energiebarriere. Wahrscheinlich liegt dahinter ihr Heimatplanet.«

»Also doch Yoga Zehn!« Das war Katmans Stimme. Etwas

verzerrt, aber der Triumph war unüberhörbar.

»Bemerkten die Yogaleute Ihr Manöver nicht?«

»Doch. Sie zerstrahlten die ganze Sektion. Es muß Tote gegeben haben. Mich erwischten sie auch. Aber nicht ganz, sie unterschätzten die Stabilität des Überlebenssystems. Wenn das ganze Schiff so widerstandsfähig erbaut worden wäre …“ Der Monitor flackerte.

Die Elektroniker gestikulierten heftig.

Sibyll Kelton schaltete das Netz ab. »Was ist?«

»Zu hohe Impulse. Überlagert.«

»Aber anders kommt keine Verbindung zustande.«

»Wir riskieren den Zusammenbruch des Netzes.«

»Und die völlige Erschöpfung des Mediums.« Das war der Arzt. Er verwies auf Goa Sungs Belastungstabelle.

Dutch ordnete das Ende der Befragung an. »Das wichtigste wissen wir.«

Als Larissa zum Reden ansetzte, unterbrach er sie und befahl: »In dreißig Minuten zum Rapport im Kommandoraum: der erste Stellvertreter, der Informationsoffizier, Sibyll Kelton. Danke.«

Die Offiziere gingen. Vom Schicksal ihrer Kameraden zutiefst berührt, durch die Nachricht von der Existenz einer aggressiven Zivilisation erschüttert. Zweifel meldeten sich. Wie groß war der Wahrheitsgehalt der Melan-Aussagen? Wobei der Wunsch, daß es nicht so sein möge, der Vater des Gedankens war. Verständlicherweise.

Denn wenn jene Yogaleute so rigoros mit der Sibir verfahren waren, was stand dann der Serdjuk bevor?

Sollten sich wirklich jahrhundertelang gültige Axiome irdischer Raumkundelehre als überholt erweisen?

3.

»Schalten Sie den RE sieben dazu.«

»Wozu Katman?«

»Ohne Katman keine Entscheidungen mehr im Yogasystem. Er hatte recht, nicht du.«

Zu Dutchs Überraschung nickte Larissa. »Gut. Vorausgesetzt, die Melan-Informationen sind exakt.«

Dutch preßte die Fingernägel in die Handfläche. Nahm das kein Ende?

Kerper brubbelte undeutlich: »Schön wär's.«

»Was wäre schön?« fuhr ihn der Kommandant an.

Kerper trat von einem Fuß auf den anderen, blickte Larissa an.

»Also?« drängte Dutch.

»Wenn es das alles nicht gäbe. Den Überfall auf die Sibir, die Verschleppung der Kameraden, die ... unheimliche Technik.«

»Meinen Sie, ich wünschte das nicht?« Dutch schüttelte den Kopf. »Eins ist gewiß: Die Wahrheit wird sich durchsetzen.«

»Was heißt Wahrheit? Eine abstrakte Wahrheit gibt es nicht, die Wahrheit ist immer konkret«, erwiderte Larissa.

Dutch zählte auf: »Melan im Überlebenssystem mehr tot als lebendig.« Er hob einen Daumen. »Tatsache Numero eins. Die Sibir verschollen, Nummer zwei.« Es folgte der Zeigefinger. »Die ergebnislose Suche auf neun Yogaplaneten.« Der Mittelfinger. »Katmans Bericht über die Ereignisse auf Yoga Neun.« Er zeigte vier Finger. Larissa hob den Kopf, als wollte sie etwas sagen, schwieg aber, als Dutch fortfuhr: »Schließlich Melans Aussage, die alles aufklärt und Katmans Aussage bestätigt.« Er sah von einem zum anderen. »Einwände?«

Niemand antwortete.

»Oder hat jemand eine bessere Erklärung?«

Jetzt sprach Larissa. »Wir dürfen eine Möglichkeit nicht ausschließen. Auch Melan kann unter Halluzinationen gelitten haben, die an Bord der Sibir aufgetreten und zur Ursache der Katastrophe geworden sind.«

»Klingt unwahrscheinlich«, sagte Kerper.

»Das ist wissenschaftlich unhaltbar.« Man spürte den Zorn in Sibyll Keltons Stimme. »Es ist nicht anzunehmen, daß zwei Personen zu verschiedenen Zeiten und an unterschiedlichen Orten den gleichen Sinnestäuschungen unterliegen. Katman auf Yoga Neun und Melan an Bord der Sibir. Also muß es sie wohl geben, die Yogaleute.«

Larissa lächelte mit schmalen Lippen. »Und was veranlaßt eine technisch hochentwickelte Zivilisation zu solch einem inhumanen Verhalten?«

»Damit wären wir bei der nächsten Frage.« Dutch versuchte die Diskussion zu ordnen. »Wer äußert sich?«

Sibyll hob die Schultern, ließ sie langsam wieder sinken. »Ich weiß keine Antwort. Nur, daß wir es als erwiesen gelten lassen müssen.«

»Es klingt unglaublich.« Kerper konnte es immer noch nicht fassen.

»Vielleicht fühlten sie sich bedroht?« fragte Larissa.

»Aber wodurch?«

Larissa schwieg, wollte dann antworten, fragte aber stattdessen Kerper: »Wie hat es Melan formuliert?«

Er spielte das Band ein.

»... Ultimatum erreichte uns ..., die Yogaleute verhandelten nicht mit uns. Sie forderten bedingungslose Kapitulation ... vernichteten sie den ersten und den zweiten Raumgleiter.«

»Sie gehen über Leichen. Buchstäblich.« Das war, sachlich registrierend, Sibyll Kelton.

»Ultimatum ist aufschlußreich, oder besser, es klingt gewichtig«, sagte Larissa. »Irgendetwas muß sie erschreckt, provoziert haben. Sicherlich von den Leuten der Sibir nicht beabsichtigt.«

»Selbst wenn wir das als Möglichkeit unterstellen, erklärt es nicht die brutale Handlungsweise, mit der sie ihre Forderungen durchsetzten.«

Aber Larissa ließ sich nicht abbringen. »Kennen wir ihre Psyche? Wissen wir etwas von ihrer Vergangenheit, von ihren Erfahrungen? Etwas an der Sibir muß ihnen äußerst bedrohlich vorgekommen sein.«

»Aber was denn nur?«

»Es kann nur etwas gewesen sein, was sowohl der Raumgleiter auf Yoga Neun als auch die Sibir besessen haben. Wir müssen es herausfinden.«

»Wonach und wie sollen wir denn suchen?« fragte Dutch.

»Einberufung einer Expertengruppe. Alle Informationen werden analysiert, durch den Computer gejagt, mit allen Varianten. Vielleicht ist es die Farbe unserer Schiffe, die Informationsstrahlen oder die Sensorwellen oder die Reaktoren des Notantriebes.« Sie unterbrach sich, wandte sich direkt an Dutch. »Erinnere dich an die Säugetiere auf Hykkos! Sie vertrugen unsere Sensorwellen nicht. Statt sie zu erforschen, haben wir sie verjagt.«

Dutch wußte, was sie meinte. Wochenlange Verzögerungen gab es damals, weil trotz raffinierter Tarnung der Sensorträger – einige sogar als Schildkröten verkleidet, die von den Großsäugern als Beutetiere verfolgt wurden – die gesuchten Tiere jedesmal wie von Furien gepeitscht davonstoben, sobald sie den Bereich der Sensorwellen berührten.

»Katman, haben Sie mitgehört?«

»Ich verfolge die Diskussion.«

»Und Ihre Meinung?«

»Sie kennen meine Antwort: Kein Mißverständnis, keine Notwehrreaktion der Yogaleute. Sie besitzen Melans Aussage, und Sie kennen meinen Bericht über Yoga Neun. Zweimal die gleiche, unprovozierte Angriffshandlung, nur im Maßstab unterschiedlich. Und sie verfügen über respektable Waffen.«

»Das kann jetzt niemand mehr abstreiten, wir müssen es unbedingt beachten«, warf Sibyll ein.

»Meine Meinung lautet: Wir sollten das Schicksal nicht herausfordern, sondern umkehren, die Erde informieren und besser vorbereitet als heute zurückkehren, um die Kameraden zu retten. Mit unserem Schiff können wir ihnen kaum helfen.«

»Ich wußte nicht, daß Sie feige sind.« Larissa sagte es leise, fast traurig.

»Darauf antworte ich nicht. Kommandant, Sie müssen

entscheiden. Sie kennen die Kundschafterregel für Konfliktsituationen: Im Raum ist man entweder weise oder tot.«

Dutch war beeindruckt. Von den Tatsachen und von Katmans Rede. »Wir kehren um.«

»Ich verlange eine Entscheidung des Offiziersrates!« Larissa sprach schnell und mit Nachdruck.

Dutch straffte sich »Wozu?«

»Um deinen Rückzugsbefehl aufzuheben.«

»Das ist deutlich. Und was sollen wir stattdessen tun?«

»Die Sibir finden, mit den Yogaleuten verhandeln, unsere Kameraden befreien.«

»Das spricht sich leicht aus und klingt auch gut. Aber bitte, dann sag uns auch, *wo* wir suchen, verhandeln und befreien sollen?«

»Wozu ist Katman der höchstdekorierte Raumkundschafter der Erde? Soll er zeigen, was er kann.«

Dutch blickte kurz in die Runde. Sie läßt nicht locker, also soll sie ihre Abfuhr vor dem Offiziersrat erhalten. »Akzeptiert. Morgen zwölf Uhr dreißig Minuten im Kommandoraum.« Und nach kurzer Pause: »Aber ich sage dir ...«

»Ja, ich höre?«

Dutch schüttelte nur den Kopf. Er sprach nicht weiter.

Bernard schrak auf. Verdammt, jetzt wäre er fast eingeschlafen. Dabei saß er erst knapp zwei Stunden am Steuerpult. Seit Tagen die eintönige Vermessung der Barriere. Auf der Suche nach einer »weichen Stelle«. Drei Gleiter bearbeiteten drei Sektoren. Dennoch ging es langsam voran. Das konnte Wochen, ja Monate dauern. Es sei denn, Dutch schickte alle Erkunder hierher. Aber das traute der sich nicht.

Hinter der Sincatwand schnarchte Sredny, im fast stillen Gleiter ein sonderbar menschliches Geräusch.

Katman saß am Navigatorschirm.

Bernard überflog die Meßwerte. Fast automatisch drückte er die Löschtaste, als er in einer der Zahlenreihen eine Abweichung zu erkennen glaubte. Grade ihm mußte das passieren. Am besten ließ er alles auf sich beruhen, gelöscht ist gelöscht. Niemand wird etwas bemerken.

Er hielt es keine fünf Minuten aus. »Commander?«

Die förmliche Anrede ließ Katman stutzen. »Ich höre.«

»Wir sollten die letzte Zehnminutenstrecke wiederholen.«

»Weshalb?«

»Eine Abweichung im G-Strahlen-Sensorbereich.«

»Zeig sie her.«

»Ich hab aus Versehen die Löschtaste betätigt.« Jetzt legte er den Kopf auf den Richtblock.

Katman sagte nur: »Leiten Sie das Kehrmanöver ein.«

Bernard wartete, ob noch etwas folgte. Etwa, daß Sredny zu wecken sei. Er hätte es als berechtigt empfunden und wäre doch gekränkt gewesen. Es kam aber nichts dergleichen. Er tippte das Manöver in die Automatik der Steuerung.

Der Rückflug währte schon fünf Minuten. Da war sie. Nur zwei Hundertstel. Bernard atmete erleichtert auf, reichte die Datenkette an Katman.

»Wir ziehen eine Spirale. Mal sehen, was der Sensor sagt.«

»Soll ich Sredny ...?«

»Laß ihm seinen Schlaf.«

»Zu Befehl.«

Sie berechneten die Steuerung und ließen den Gleiter auf die Spiralbahn einschwenken. Schon nach drei Umdrehungen zeigte sich die Richtung, in der die Werte am niedrigsten waren.

»Jetzt in die Vertikale. Die gleichen Spiralen mit demselben Programm.«

Hier brauchten sie sechs Runden. Dann zeichnete sich eine Strecke ab, auf der die Daten gleichmäßig abnehmende Werte zeigten.

»Immer an der Wand entlang«, summte Bernard, verstummte aber bald.

Auch Katman konzentrierte sich auf die Angaben der

Meßfühler. Nicht nur die G-Strahlen-Werte sanken. Auch die anderen.

»Bremsen«, befahl Katman. Was kam, wenn die Monitore »Null« auswiesen?

Vorsichtig verlangsamte Bernard. »Kostet viel Energie.«

»Muß aber sein.«

Die Dioden flimmerten Null. Alle, ausnahmslos.

»Ein Witz.«

»Oder eine Tür.« Sredny war von hinten gekommen und rieb sich die Augen. »Warum suchen wir nicht die Klinke?«

»Alle Verbindungen geschaltet, bis auf Katman«, meldete Kerper betont förmlich.

Dutch dankte. »Was ist mit dem RE sieben?«

»Keine Verbindung, Commander.«

Aber er brauchte Katman. Er hatte überrascht feststellen müssen, daß viele Offiziere lieber bleiben wollten. Nicht so sehr wegen Larissas Agitation, sie wollten den Kameraden der Sibir helfen. So lautete der Befehl, und so waren sie erzogen. Aber sie unterschätzten die Gefahr, die von den Yogaleuten ausging.

Auch dazu waren sie erzogen worden. Leistungsabsicht aus Mangel an Information.

Sorgenvoll runzelte er die Stirn, hoffend, daß Katman sich noch rechtzeitig melden würde. Er wußte doch, worum es ging.

Punkt zwölf Uhr dreißig eröffnete der Kommandant die Beratung. Sachlich begründete er seine Entscheidung. Doch schon beim Sprechen spürte er Erstaunen und auch Ablehnung.

Als erste meldete sich Larissa. Sie war gut vorbereitet. Ganz sachlich, fast unterkühlt zerpflückte sie die Argumente des Kommandanten – und traf genau den Nerv der Zuhörer.

Fast bewunderte Dutch diese Leistung.

Zwei Thesen stellte sie in den Mittelpunkt ihrer knappen

Rede. Am Anfang zitierte sie den Expeditionsauftrag:
»1. Start ins Yogasystem unter Wahrung der im Reglement verlangten Vorsichtsmaßnahmen zur Gewährleistung der Sicherheit des Schiffes. (Besonders zum Schutz vor psychischen Abnormitäten.)
2. Suche nach der verschollenen Sibir (unter Berücksichtigung Punkt eins).
3. Bei Auffinden der Sibir:
3.1. Hilfeleistung im notwendigen Maße, insbesondere zur Rettung der Besatzung. (Das ist der Primärauftrag.) Wenn notwendig, ist die Poolman einzubeziehen.
3.2. Aufklärung der Ursachen der Notlage der Sibir. (Möglichst eindeutig – aber untergeordnet dem Primärauftrag.)
4. Rückkehr der Expedition zur Erde.«

Sie wiederholte den Primärauftrag.

Dutch warf erregt ein: »Aber unter Berücksichtigung des Punktes eins!«

Sie wartete das Ende seines Einwurfs ab, erwiderte kalt: »Ich habe den vollen Wortlaut zitiert. Statt Rückkehr wird uns Vollmacht gegeben, sogar die Poolman herbeizuholen.« Sie holte tief Luft, ehe sie leise schloß: »Abbruch der Expedition ist Befehlsverweigerung.«

Einige murmelten Widerspruch. Das ging ihnen zu weit. Die Stellvertreterin des Kommandanten blickte sie kalt an. Sie kam zu ihrem zweiten Punkt. Aus Melans Informationen ließ sie einen Ausschnitt einspielen.

»... rettet die Überlebenden. Ihre Lage ist ernst. Viele sind tot. Aber die Mehrzahl lebte noch, als ich ausbrach. Sicher nicht mehr lange, denn ...«

Sie wiederholte die Bandabspielung und sagte nur: »Wir sind verpflichtet, die Kameraden zu retten. Sofort – und nicht in einem Jahr.«

Keiner murrte mehr.

Dutch wandte sich flüsternd an Sibyll. »Können wir unseren Freund befragen?«

»Noch nicht. Die Elektroniker und die Med-Biologen arbeiten ohne Pause. Aber die Regeneration seiner Restkräfte dauert von Mal zu Mal länger ...«

Auch Kerper schüttelte, als Dutch ihn fragend ansah, den Kopf. Keine Verbindung mit Katman.

Jetzt konnte der Kommandant nur noch sein Ansehen und seine Autorität in die Wagschale werfen. Aber damit würde er kaum einen Meinungsumschwung erzielen. Ihm blieb nur der Befehl. Dazu war er jederzeit befugt. Aber dieser Verantwortung wollte er ja gerade entgehen.

Larissa ahnte das. Zu gut kannte sie ihn. Sie baute darauf, daß er es nicht wagen würde, einer Mehrheitsentscheidung direkt zuwider zu handeln.

Plötzlich meldete sich Katman. Kerper schaltete ihn sofort in die Konferenz. Klirrend drang seine Stimme in den Raum.

»... melde ich, daß der RE sieben ...«

Larissa verzog das Gesicht, nicht nur wegen der schrill verzerrten Tonlage. Sie verdächtigte Dutch, das arrangiert zu haben. Sie hatte ihn unterschätzt. Fast aufs Stichwort bekam er die erhoffte Verstärkung!

»... bei der Erkundung der Energiebarriere eine Abnormität entdeckt und kurz vermessen hat. Es handelt sich vermutlich um eine Art Einflugschneise in die Barriere. Wenn die Annahme zutrifft, könnte das ein Weg sein, den Aufenthaltsort der Sibir und ihrer Besatzung herauszufinden. Ich bitte um die Erlaubnis, die Abnormität weiter zu vermessen.«

Larissas Gesichtsausdruck veränderte sich. Der Zorn wich dem Erstaunen und wurde zu einem triumphierenden Lächeln.

Dutch tat das Klügste, was ein Kommandant in solch einer Lage tun konnte. Er brach die Konferenz ab. »Wegen lageverändernder neuer Fakten.« Das war korrekt.

Eine Mehrheit für die sofortige Rückkehr war jetzt undenkbar geworden. Da hatte ihm der Kundschafter regelrecht ein Bein gestellt. Unbeabsichtigt. Aber – und hier lächelte Dutch grimmig – er hatte auch Larissa nicht zum Zuge kommen lassen.

Ein schwacher Trost.

Sie erhielten die Erlaubnis. Auch die Raumerkunder drei und fünf marschierten auf den Einstieg zu. Wenn schon – dann wollte Dutch Tempo sehen.

»Das ist ein Oval. Groß wie ein fünfstöckiges Haus.«

»Klein wie ein fünfstöckiges Haus«, sagte Katman.

Das traf zu, wenn man die Luke zu der riesigen Wand in Beziehung setzte.

»Kleiner als ein Nadelöhr«, bestätigte Sredny, »vor allem, wenn wir da durchschlüpfen wollen.« Und nach einer Pause: »Aber irgendwann sollten ja Kamele durch ein Nadelöhr gehen. Vielleicht sind wir die Kamele?«

Bernard murmelte: »Klassisch gebildet, fast wie Goa Sung.«

Die beiden sahen ihn vorwurfsvoll an.

»Entschuldigung.« Was mußte er auch den Namen nennen.

»Aber nicht die Enge ist das Gefährlichste, sondern die Eigenbewegung dieses Tunnels«, erklärte Sredny anhand der Computeranalyse.

»Was für eine Bewegung?« fragte Katman.

»Schwer zu beschreiben. Kann nur auf dem dreidimensionalen Computerholographen simuliert werden. Etwa als ob man einen Gartenschlauch schwingt. Aber völlig chaotisch, nicht programmierbar.«

»Also ist kein Einflug möglich?«

Sredny schwieg. Dann langsam: »Über die Sensoren, direkt auf den Computer. Der könnte uns durchbringen.«

Mißtrauisch musterte Bernard das Plastei.

Katman entschied. »Wir geben alles an den Zentralcomputer der Serdjuk. Wenn die Daten bestätigt werden, bitten wir um den Befehl zum Einflug.«

Er blickte Sredny an, dann Bernard.

Beide neigten den Kopf. Bernard etwas zögernd. An die Exkursion auf Yoga Neun mußte er denken. An Sierpens Schicksal.

4.

Auf der gläsernen Bühne tanzte ein junges Paar. Zwei schöne Menschen.

»Etwas zu athletisch«, flüsterte Jock Shayle.

»Sie siegten im Kraftsportvergleich«, erwiderte ebenso leise Cindy Frosker.

Der Saal war noch halbleer. Aber die Bühnenshow lief bereits. Das Freizeitcenter mit seinen Attraktionen, Bühnen, Arenen und Sälen bildete einen Stadtteil für sich. Aber nur dieser Saal besaß eine Tanzfläche, die aus von unten beleuchteten Einwegspiegeln bestand, und bot das freieste Varietéprogramm des Landes.

Das Paar auf der Bühne bewegte sich anmutig und kraftvoll zugleich. Nur mit einem Schrittband bekleidet, er und sie, tanzten sie einen Liebestanz.

Das neue Programm begann gut, dachte Shayle. Er war neugierig auf die Darbietungen und die Frühkritik in den Medien.

Einige Nischen hinter ihnen saß Medea Crossing, ehrenamtlich im Stadtrat und beruflich Ästhetokritikerin beim Hauptmedium. Die anderen richteten sich meist nach ihrem Urteil. Das fast nackte Paar war sicherlich nicht nach ihrem Geschmack. Wenn Medea diese Nummer verriß und andere Kritiker in das gleiche Horn stießen, dann war dem Programm für lange Zeit ein volles Haus sicher.

Shayle blickte gespannt zur Bühne. Wie würden die beiden den Höhepunkt des Liebesaktes darstellen? Und wie Cindy Frosker es aufnehmen?

Unauffällig musterte er sie.

Etwas Herbes, Knabenhaftes ging von ihr aus. Dennoch erregte sie ihn. Nicht nur erotisch. Immer hatte sie seine Einladungen abgelehnt. Heute sagte sie zum erstenmal zu.

Der Tanz näherte sich seinem Ende. Jock Shayle fühlte Enttäuschung. Eng aneinander geschmiegt, boten die beiden einen teils wiegenden, teils wellenden synchronen Partnertanz, bei dem die Füße ihren Standort nicht verließen. Dazu eine einschmeichelnde Musik.

Cindys Augen hingen an dem Tanzpaar. Ihr Körper bewegte sich, wenn auch kaum bemerkbar, im Rhythmus des Tanzes. Beifall rauschte auf.

»Gefällt es Ihnen?«

Sie klatschte. »Deutlich und doch ohne Grobheit.«

»Er hätte Chancen bei Ihnen?«

»Ja und nein. Zuviel Muskeln und zu wenig Charakter. Aber das ist eben im Tanz schwer gestaltbar.«

Er wollte ihre Hand streicheln, verhielt aber mitten in der Bewegung. »Vielleicht, weil es jeder Zuschauer anders empfindet?«

Einer der Saalbetreuer erschien. »Herr Shayle?«

»Ja?«

»Eine Verbindung mit Ihrer Dienststelle ist geschaltet. Wenn Sie mir folgen wollen?«

Shayle klopfte auf seine Westentasche. »Weshalb ruft man mich nicht über den individuellen Kanal?«

»Wegen des Auftritts der Elektronikmagier«, der Blaubefrackte wies zur Bühne, »ist das Gebäude abgeschirmt. Absolut. Die Sicherheit der Artisten … Sie verstehen? Deshalb nur der Draht.«

»Entschuldigen Sie.« Shayle schob sich unwillig hinter dem Tischchen hervor.

»Wird aus unserem Essen heute noch etwas?«

»Ich hoffe.« Er entfernte sich eilig.

Sie traten vor den in Licht und Farben schwelgenden Eingang der Freizeitstadt.

»Die Außenkabinen verkehren nicht mehr.«

»Meine Kab wird gleich eintreffen.«

»Und wenn wir laufen? Bis Ihre individuelle Kab hier ist, sind wir schon am Center. Dort steigen wir aufs Fußgängerband.«

Er willigte ein.

Sie dachte, ein Glück, daß ich den leichten Toast mit Meeressalat schon vorbestellt hatte. Denn zum zweiten Gang waren sie nicht mehr gekommen. Alarmstufe eins …

Jock Shayle schimpfte. Sie nahm es gelassen.

»Wenn es bloß eine Lappalie ist, dann kann der Diensthabende aber etwas erleben. Sicherlich wieder eine Routinemeldung von der Serdjuk. Die können sie doch im Funkzentrum bis zum Dienstbeginn zurückhalten.

»Sagten Sie Serdjuk?«

»Sprach ich davon?« Er biß sich auf die Unterlippe. Der korrekte Shayle würde in seinem Ärger noch Dienstgeheimnisse ausplaudern. »Das Schiff müßte sich diese Woche melden. Haben Sie etwa jemanden an Bord?«

»Ja.«

»Und jetzt sind Sie neugierig. Wenn Sie wollen, warten Sie im Gästeraum, und ich sage Ihnen, ob alles in Ordnung ist.« Ein Jock Shayle konnte auch entgegenkommend sein.

»Danke, mach ich.«

»Wer ist es denn?«

»Katman.«

Shayle geriet ins Stolpern.

»Ich holte ihn aus dem Urlaub. Damals, beim Astroalarm. Ihn und seine Herzdame.«

»Ach so.« Er beruhigte sich. »Die ist auch mit oben.«

»Er war damals an jenem sibirischen Flüßchen auch nackt, als ich ihm begegnete. Nicht ganz so muskulös wie der Tänzer heut. Aber ein Charakter, wenn Sie mich verstehen.«

Sie warf Shayle einen Blick zu. Sie wollte ihn nicht verletzen, nur ein bißchen reizen. Als Frau.

Noch lächelte er.

»Wie er sich bewegte, mit mir sprach, mit seiner Partnerin umging. Er beeindruckte mich.«

Shayle schwieg zu ihrem Geplauder.

Der Diensthabende zeigte eine betont ernste Miene. Auf dem Monitor stand die Meldung, eine Menge Text. Gut, daß sie mit dem Ausdrucken gewartet hatten. Eventuell mußte gefeilt werden. Nicht jede Nachricht diente dem Wohle der Menschen. Zwar war jede Wahrheit kostbar – aber nicht zu jeder Zeit und nicht für jedermann.

»… erste Spur der Sibir entdeckt.«

Na bitte, es lief also. »Überlebenstruhe mit kaum noch lebendem Besatzungsmitglied, Fred Melan, Bordmechaniker der Sibir. Beschädigungen des Überlebenspanzers und Zustand Melans weisen auf Katastrophe an Bord der Sibir hin.«

»Scheiße«, zischte er.

Der junge Diensthabende schaute ihn entgeistert an. Das würde ihm morgen keiner glauben.

Shayle überflog die gesamte Meldung. Gott sei Dank, wenigstens ist an Bord der Serdjuk alles in Ordnung.

In Gedanken begann er den Text zu entwerfen, den er als mediengerecht empfehlen wollte, falls die Nachricht überhaupt für die Öffentlichkeit freigegeben würde.

»Erste Kontaktaufnahme mit der Sibir durch die Serdjuk – ein guter Anfangserfolg der Sternenexpedition ins Yogasystem. Verletzter erfolgreich geborgen: Medpersonal pausenlos bemüht …«

Aber es handelte sich ja offensichtlich um einen hoffnungslosen Fall. Also mußte der Text anders lauten.

»Yogasystem fordert erstes Opfer.«

Nein, so ging's auf keinen Fall. Klang nach Sensationspresse und unterstellte, daß das Yogasystem irgendwie feindlich reagiert hätte. Damit würde er bei Grubkow garantiert ins Fettnäpfchen treten.

»Im Dienste der Menschheit bis an die Grenze des eigenen Leistungsvermögens – ein Held im unbegrenzten Raum.«

Das traf 's. In der Art konnte er schon jetzt beginnen, jenem Melan ein Denkmal zu setzen.

Der Monteur der Sibir würde sterben und sicherlich in der Allee der Astronauten seine Gedenktafel bekommen.

Er erinnerte sich der wartenden Cindy Frosker und fuhr in die Halle hinunter. Seine Augen suchten, sahen aber keine wartende Cindy. Dann erblickte er sie. Sie zappelte in den Armen eines Sicherheitsautomaten.

Anmutige Beine hat sie, stellte er fest, als er sie befreite.

»Sie sind einer der Tabu-Türen zu nahe getreten. Entschuldigen Sie, ich vergaß, Sie darauf aufmerksam zu machen.«

»So kraftvoll bin ich noch nie gepackt worden«, stellte sie fest. Sie zupfte an ihrem langen Rock und blickte den Roboter an. Der stand wieder als klassische Plastik neben der verbotenen Tür.

»Auf der Serdjuk ist alles wohlauf.«

»Danke.«

Sie standen sich unschlüssig gegenüber. Der Abend war schief gelaufen. Ins Freizeitcenter zurückzukehren, lohnte nicht. Denn Shayle mußte noch den Rückruf von Grubkow abwarten.

Sie reichte ihm die Hand, er ergriff sie zögernd. Plötzlich küßte sie ihn leicht auf die Wange und ging aus der Halle, ohne sich umzudrehen.

Er sah ihr nach. War es sinnvoll, sich noch einmal mit ihr zu verabreden?

Per Grubkow absolvierte seinen Nachtdienst. Laut Reglement brauchte er das nicht. Wegen seines Alters und seiner Mitgliedschaft im Obersten Rat.

Aber er wollte wie seine Leute dienen. Deshalb nahm er an den Nachtdiensten teil. Allerdings mehr symbolisch, einmal im Jahr. Heute arbeitete er die Analysen durch, die den Außenring betrafen.

Kurz nach Mitternacht, als er anfing, sehr müde zu werden – trotz der Muntermacher –, blinkte sein versiegelter Informationsblock. Zerstreut griff er nach dem Plastikstreifen und las. Plötzlich war er hellwach. »Eine Verbindung mit der Sicherheitsbehörde.« Er verbesserte sich. »Nein, direkt zu Ray Harper.«

Das Servoelement gongte und mahnte mit melodiöser Stimme: »Bitte Nachtdiensttaste bedienen.«

Verdammt, ich bin ja allein im Objekt. Nur der Alarmtechniker sitzt unten im Bunker. Sonst alles Roboter.

Er drückte die Leuchttaste »Nachtdienst«.

»Bitte sprechen Sie«, flötete der Automat.

Er wiederholte seinen Auftrag. »Es ist dringend«, fügte er hinzu. Nach sechs Minuten blinkte das Bereitschaftszeichen. Der Anrufer mußte sich als erster melden. Das war die Regel.

»Hier Grubkow.«

»Gute Nacht, hier Harper.«

»Entschuldige. Hast du schon die Meldung von der Serdjuk?«

Ein kurzes Zögern, dann »ja«.

»Ich war mir nicht sicher. Ich weiß ja, daß ihr schnell seid. Aber da ich selber als Diensthabender im Objekt bin, hätte es sein können, daß du noch uninformiert bist. Was hältst du davon?«

»Nicht ganz unerwartet, finde ich.«

»Hm, meinst du? Was schlagen wir dem Rat vor?«

»Ich weiß es auch noch nicht.«

Aha, er will sich nicht in die Karten sehen lassen.

»... möchte erst einige Analysen prüfen und Experten fragen.«

Oder hat er sich tatsächlich noch nicht entschieden, wie er reagieren soll? Dann scheint ihn die Meldung nicht so zu beunruhigen, wie ich angenommen habe.

»Vielleicht ist Pierre Dutch doch nicht der rechte Mann gewesen?«

Grubkow kniff die Augen zu einem schmalen Spalt zusammen. »Weshalb denn nicht?«

»Zu umsichtig.«

»Aber wir wollten doch einen erfahrenen, souveränen Expeditionsleiter.«

»Ja schon. Aber ist er wirklich der, der über den Dingen steht?«

Verdammt, weshalb stellt er mir solche Fragen? Ahnt er, daß ich mir mit der Furaschowa einig war?

»Weißt du, was am gefährlichsten ist? Daß der Mensch zu vorsichtig wird!«

Grubkow lachte gezwungen.

»Zu vorsichtig gegenüber seiner Obrigkeit, meine ich.«

Grubkow schwieg. Was bezweckte Harper mit diesem Gerede?

»Pierre Dutch wird vielleicht entscheiden müssen, ohne Zeit zu haben, auf unsere Befehle zu warten.«

Ah, jetzt begann Harper die Katze aus dem Sack gucken zu lassen.

»Die Weisungen des Obersten Rates für die Yogaexpedition sind eindeutig. Man muß sie nur durchführen. Auch unter schwierigen Bedingungen.«

»Das meine ich ja.«

»Was meinst du?«

»Na, daß die schwierigen Bedingungen dem Commander über den Kopf wachsen könnten.«

Grubkow überlegte. Die Furaschowa wird Dutch schon das Rückgrat stärken. »Ich glaube, Dutch ist gut. Das ganze Kollektiv ist gut.«

»Schon. Nur die ... Bedingungen dort oben ... ich befürchte, sie sind weniger gut.«

Das habe ich mir gleich gedacht, daß du das befürchtest. »Also, du hast noch keine Vorschläge für den Obersten Rat?«

»Nein. Noch nicht.«

»Danke.« Grubkow ließ das Videophon erlöschen und griff wieder nach Shayles Meldung. Beim zweiten Lesen schmunzelte er, wie gekonnt der Chef der Dispatcherzentrale die Information für die Medien abgefaßt hatte! Nach kurzem Überlegen malte er in Shayles Entwurf einige Ergänzungen.

»Pierre Dutch – einer der Besten unserer Raumfahrt, ausgewählt vom Raumfahrtsamt und der Sicherheitsbehörde – auf Erfolgskurs im Yogasystem ... Sie tragen das Banner irdischer Humanität in den fernen Raum, legen zugleich Zeugnis ab von irdischem Leistungsvermögen in Wissenschaft und Technik, repräsentieren den Menschentyp unseres Jahrtausends – wagemutig, kontaktfreudig, erfüllt von humanitärem Sendungsbewußtsein ...«

Plötzlich hielt er inne, überlas das Geschriebene. Er musterte die Wandtäfelung. Und wenn es zu Komplikationen kam? Vielleicht war die Sibir ernsthaft havariert? Mitglieder der Besatzung tödlich verunglückt? Und wenn es mehrere betraf? Viele?

Wahrscheinlich war es besser, überhaupt keine Information an die Öffentlichkeit zu geben.

Er legte die Kassette und das Papier in den Schub, langte nach den Mikros, die er für die Überprüfung der Analysen des Außenringes brauchte.

Sofort nach dem Gespräch flog Harper in sein Dienstgebäude. Der Diensthabende legte ihm die Meldung vor. Er staunte, daß sein Chef schon da war. Sie mußten ihn wohl direkt vom Funkcenter aus informiert haben.

Harper las. Die Serdjuk operierte erfolgreich, und die Sibir war in eine ernste Havarie verwickelt. Das war eindeutig. Aber alles andere, Ursachen und Ausmaß des Unglücks, blieben noch im Dunkel. Weshalb bloß hat mich Per Grubkow angerufen? Mitten in der Nacht? Was hatte den erfahrenen Hasen aufgeschreckt?

Dann traf Morenow ein. Harper fragte ihn.

»Per Grubkow wollte nur wissen, in welchem Sinne wir den Obersten Rat informieren und welche Maßnahmen wir vorschlagen.«

»So schwerwiegend ist die Meldung nicht. Sie läßt doch alles noch offen.«

Morenow stutzte, sagte dann: »Sie haben recht. Grubkow kennt ja den Namen nicht. Also hat er nur auf den Busch geklopft. Er ist ein versierter Mann ...«

Harper unterbrach seinen Offizier. »Welchen Namen kennt Grubow nicht?«

»Ich dachte, Sie wüßten es. Major Melan ist unser Offizier auf der Sibir.«

Harper schlug sich vor die Stirn. »Verdammt. Sie haben recht. Wenn der Sicherheitsoffizier, der seinem Auftrag verschworen ist, als einziger im Überlebenssystem aufgegriffen wird, muß es schlimm zugegangen sein auf der Sibir.«

Morenow nickte, dachte an die hundertachtundzwanzig Besatzungsmitglieder.

»Weshalb befand sich gerade der Major im Überlebenssystem?«

»Schwer zu sagen. Er durfte den Rettungspanzer als letzter benutzen.«

»Also war er der letzte?«

»Ich hoffe nicht.«

»Oder verhielt er sich falsch. Feige?«

»Kaum. Obwohl in Kat.-Situationen ...«

»Sicherheitsdienst heute, das ist Dienst im Bereich der Gefahr, und darum ist Mut eine der ersten Eigenschaften jedes unserer Offiziere. Glauben Sie, daß Melan – weich geworden sein könnte? Sie kannten ihn persönlich?«

Morenow überlegte. »Ich kann es mir nicht vorstellen.«

»Ich nehme es auch nicht an. Was bleibt also?«

Die Frage war wohl mehr rhetorisch gemeint.

»Entweder er war in der Tat der letzte – oder der einzige, der eine Chance hatte.«

»Wozu?«

»Jemandem zu entkommen. Oder uns eine Nachricht zu bringen. Oder beides.«

»Aber wie sollte das alles – so weit gekommen sein?«

»Das kann uns nur Melan selber verraten. Moment.«

Harper setzte sich vor den Monitor. »Bitte die Mikros von meinem Gespräch mit Katman.«

Morenow stellte durch. Schon leuchtete Schrift. Für zwei Textstellen interessierte sich Harper. Hier waren sie: »Alles vollzog sich unsichtbar und unhörbar. Nur am Zielort zeigten sich die Auswirkungen. Vermutlich eine neue Generation von Elementarteilchenbeschleunigern. Oder Röntgenlaser. Oder irgendetwas anderes, was wir noch gar nicht kennen ...« Und jetzt die andere Stelle: »Es müssen Verteidigungs- und Gegenschlagmittel installiert werden. Die Besatzung muß deren Beherrschung und Anwendung trainieren. Dazu Informationssysteme, die auch unter gegnerischer Störung funktionieren; verstärkte energetische Abwehrfelder,

Skaphander, die als Kampfanzüge nutzbar sind, und anderes.«

Morenow starrte auf den Schirm. Für ihn waren das völlig neue Texte. Unsicher fragte er: »Sie meinen, es könnte etwas dran sein?«

»Die Sibir war ein gutes Schiff. Weshalb mußte unser Mann in das Überlebenssystem, weshalb ging er sogar darin zugrunde?«

Schockiert schaute Morenow von seinem Chef auf die Schrift und wieder zurück.

Harper löschte das Mikro.

»Wenn es zuträfe, was jener Kundschafter aussagte«, Morenow formulierte vorsichtig, »dann würden auch die modernen Ausrüstungen der Serdjuk wenig nützen.«

»Noch immer hoffe ich, daß Katman irrte und daß sich alles irgendwie harmloser aufklärt. Dennoch schlage ich dem Obersten Rat vor, zwei Maßnahmen zu treffen.

Erstens: Die Expedition ist sofort zurück zu beordern. Melan wie ein rohes Ei zu behüten. Wir werten seine Informationen auf der Erde aus.

Zweitens: Eine neue Generation von Raumschiffen ist auf Kiel zu legen. Die Pläne liegen bei uns in den Verschlußspeichern. Havariefreie Schiffe.

Sicherheitspolitik läßt sich nicht auf Hoffnungen aufbauen. Bereit sein ist alles.«

Morenow deutete ein Kopfschütteln an. »Da wird Per Grubkow wohl kaum mitmachen.«

»Verdammt, wäre mir vorhin Melans Funktion bewußt gewesen, hätte ich mit Grubkow offener gesprochen. Vielleicht läßt er noch mit sich reden. Bitte eine Verbindung.«

Das Gespräch dauerte nicht lange.

»Was schlägst du dem Rat vor?«

Per Grubkow erwiderte: »Die Nachricht bleibt für die Medien gesperrt. Die Expedition arbeitet weiter laut Auftrag.«

»Mit der Mediensperre einverstanden, aber ...«

Harper informierte knapp über Melans Funktion an Bord

der Sibir, äußerte seine Befürchtungen darüber, was das Auffinden des Sicherheitsoffiziers im Überlebenssystem bedeuten könnte, und zitierte seine Vorschläge.

»Ohne mich.« Grubkows Antwort kam sofort. »Von Demagogie halte ich nichts. Ich gebe die Meldung mit meinen Vorschlägen an alle Ratsmitglieder. Du reichst deine Abweichung bitte gesondert ein ...«

Harper fluchte leise. Er glaubt mir nicht, daß Melan der Sicherheitsoffizier ist, dachte er und starrte auf den toten Monitor. Anders kann ich es mir nicht erklären. Oder meint er meine havariefreien Schiffe? Wegen der gedeckten Bewaffnung? Für ihn ist es eine Intrige, ein Geplänkel um Prestigegewinn. Er vermutet bei mir die gleichen Motive. Als Sicherheitschef muß ich ja immer mit allen möglichen unwahrscheinlichen Sicherheitsrisiken drohen.

»Geben Sie mir was Trinkbares.«

»Sofort.«

Harper trank. Das kühlte angenehm. Und beruhigte ihn fast sofort. Er blickte Morenow fragend an.

Der verstand. »Nur eine winzige Prise.« Er deutete auf die Skala am Servoelement.

Na ja, das Tausendstel verflog sicher schnell. Soll Grubkow seinen Prestigevorteil ruhig verbuchen. Er konnte es sowieso nicht verhindern. Das war der Nachteil seiner Position, daß er nur beratend dem Obersten Rat angehörte. Grubkow brauchte also keine Rücksicht auf ihn zu nehmen, wenn er seine Vorlage einbrachte. Gewiß, auch die beratenden Mitglieder durften Vorschläge einreichen. Aber, wie in diesem Falle, erschienen sie dann als »störende« Abweichungen vom Grunddokument.

IV Die Yogagesellschaft

1.

Kerper hatte für Dutch eine Verbindung zum RE sieben geschaltet.

»Ich höre, Commander.«

»Sie wollen in diese sonderbare Öffnung eindringen?«

»Wenn der Rechner der Serdjuk unsere Daten bestätigt.«

»Heißt das, Sie haben Ihre Ansichten über die Yogazivilisation geändert?« Gespanntheit schwang in Dutch Stimme. »Ich dachte, Sie wollten jeder Berührung mit den Yogas ausweichen, weil Sie deren technische Überlegenheit ...« Er schien nach einem passenden Ausdruck zu suchen.

»Sprechen Sie es ruhig aus. Es trifft zu, daß ich ihre Waffen und ihre Brutalität fürchte. Nach wie vor bin ich deshalb für die Rückkehr der Expedition zur Erde. Der Klügere sollte stets nachgeben, wenn er der Schwächere ist.«

»Dann stimmen unsere Ansichten überein. Wir werden die Expedition beenden, wenn auch nicht sofort. Ich brauche Zeit, um für diese Entscheidung eine Mehrheit im Offizierskorps zu bekommen.«

Jetzt ist Dutch aber vorsichtig geworden, dachte Katman. Er will sich den Rücken decken. Vielleicht hofft er sogar auf ein Wunder, derart, daß sich die Bedingungen plötzlich ändern könnten. »Mehrheit hin – Mehrheit her, Commander, es bleibt in jedem Falle Ihre Entscheidung.«

»Zeit bringt Rat. Niemand verliert etwas, wenn auch Sie warten.«

»Warten geht nicht. Wenn die Expedition im Yogasystem verbleibt, muß die Zeit genutzt werden, um soviel wie möglich über das Yogageheimnis herauszufinden, und das heißt jetzt so weit wie möglich vorzudringen. Bedenken Sie den

Überraschungseffekt. Er könnte uns – vielleicht – für kurze Zeit in eine vorteilhafte Position bringen.«

»Was erwarten Sie denn vorzufinden, wenn Sie die Barriere tatsächlich durchstoßen sollten?«

»Den Planeten Yoga Zehn. Und – falls sie noch leben – die Kameraden der Sibir.«

»Katman«, sagte Dutch beschwörend, »Ihr Unternehmen ist so gut wie aussichtslos. Ihr kleiner Bordrechner ist überfordert. Und Sie wissen nicht, was Sie auf der anderen Seite – falls es überhaupt eine gibt – tatsächlich erwartet.«

»Nimm dir nichts vor, dann schlägt dir nichts fehl«, murmelte Katman.

»Ich verstehe nicht. Was sagten Sie?«

»Wer nichts riskiert, kann nichts gewinnen.«

»In diesem Falle ist das Risiko zu hoch. Sie haben kaum eine Chance. Ich jedenfalls werde Ihnen einen solchen Befehl nicht erteilen.«

»Das heißt – Sie verbieten den Einflug?«

Dutch zögerte. »Warten wir die Computeraussage ab.«

Katman lachte bitter auf. »Commander, wenn Sie keinen Rückzugsbefehl geben, werden Sie mir den Einstieg in die Energieabschirmung ganz gewiß erlauben, vielleicht sogar befehlen. Es gibt nur ein Entweder – Oder. Das ist die Logik unserer Lage. Wenn wir bleiben, dann gebieten mir der Expeditionsauftrag und auch mein Gewissen, jede Chance – auch die geringste – zu nutzen, um den Kameraden der Sibir vielleicht doch noch zu helfen. Sonst könnte man mir nämlich zu recht Feigheit vorwerfen.« Und nach einer Pause: »Denken Sie auch daran, wie man auf der Erde mit mir umgegangen ist. Mein Ehrgefühl verlangt von mir, daß ich die Existenz der Yoga-Zehn-Gesellschaft unwiderlegbar nachweise. Wenn ich Erfolg habe, verhilft Ihnen das vielleicht zu Ihrer Mehrheit. Falls die dann noch etwas nutzt.«

»Sie sind sich sicher«, sagte Dutch langsam, »daß Sie nicht in erster Linie vor Ihren Problemen davonlaufen wollen?«

Nach kurzer Pause erwiderte Katman leise: »Ich glaube nicht, denn die Probleme laufen ja mit einem mit. Meine – und Ihre auch, Commander.«

Im Labor hantierte Sibyll. Melan war eine ausgedehnte Erholungspause gewährt worden, und sie glaubte, sich beeilen zu müssen. Sie wollte nicht, daß Katman den riskanten Einstieg in die Abschirmung versuchte, zu gering schienen ihr die Erfolgschancen. Behutsam schaltete sie die Spannung auf das System, öffnete die Kontakte, hoffte auf Informationen, die Katmans Aktion erübrigten oder unmöglich machten. Oder Dutch sofort zum Abbruch der Expedition zwangen.

»Major, bitte antworten Sie, ob sie auskunftsbereit sind.«

»Auskunftsbereit«, signalisierte der Monitor.

»Was zögerst du? Gib Katman grünes Licht, der Computer hat die Daten bestätigt.« Larissa klopfte mit dem Finger auf den Computerausdruck. »Durch das Aufspüren dieser Anomalität im Energieschirm hat er seine Qualitäten bestätigt. Jetzt muß dem ersten Schritt der zweite folgen. Wir sind auf Erfolgskurs.«

»Ich möchte erst die Kelton hören.«

»Die hat sich im Labor verkrochen, kontaktiert mit Melan.«

»Warten wir die Ergebnisse ab ...«

»Wozu? Was können von da schon für Neuigkeiten über die Barriere kommen? Durch dein Zögern verspielen wir vielleicht die letzte Rettungschance für die Besatzung der Sibir.«

Dutch blickte sie gequält an.

Sie fragte leise, jedes Wort akzentuierend: »Oder willst du, daß der Offiziersrat dich zwingt?«

Er preßte die Lippen zusammen. Sie ging aufs Ganze. Halb Erpressung, halb Meuterei war das. Aber er hatte A gesagt, und er wußte, er würde nicht anders können als auch B zu sagen. Dieses verfluchte Kommando, und immer noch waren keine neuen Befehle von der Erde gekommen.

»Gib die Daten und die Erlaubnis an Katman durch«, entschied er schließlich.

»Major, begegneten Sie den Yogaleuten?«

»Ich sah sie nur kurz und nur in ihren Raumanzügen.«

»Kamen sie denn an Bord der Sibir?«

»Nur wenige und nur für kurze Zeit, als Prisenkommando. Sie installierten Beobachtungsgeräte an vier oder fünf Standorten, danach verließen sie die Sibir wieder. Sie fürchteten wohl eine Verzweiflungsaktion der Besatzung und wollten die eigenen Leute nicht gefährden.«

»Aber vier, fünf Kameras reichten doch nicht aus, um das ganze Raumschiff zu kontrollieren.«

»Eben doch. Die Geräte arbeiteten auf Röntgenbasis – oder etwas Ähnlichem. Sie blickten durch die Wände hindurch und überwachten das gesamte Bordgeschehen.«

»Das klingt unglaublich.«

»Es gab einen Vorfall, der uns das verdeutlichte. Die Yogaleute verlangten, daß wir mit eigenem Antrieb den uns aufgezwungenen Kurs steuerten. Der Kommandant sandte drei Männer zur Handsteuerung an das Photonentriebwerk. Sofort reagierten die Yogas mit einem Strahlenschub, der unser Schiff anschmolz. Der Kommandant konnte das Mißverständnis gerade noch aufklären. Die Yogas hatten angenommen, die drei wollten Gegenschlagmittel aktivieren.«

Eine Pause trat ein, dann leuchtete von neuem Schrift auf: »Übrigens war das der Anlaß, der mir den Weg in eines der Überlebenssysteme freimachte.«

»Berichten Sie bitte.«

»Der Kommandant kündigte den Yogaleuten an, daß noch ein Besatzungsmitglied in den Bunkerraum gehen müsse. Sie stimmten zu, und ich gelangte in das System.

Ich wußte, was ich riskierte. Ich hatte den Blickwechsel zwischen Kommandant und Chief beobachtet und auf meine Art gedeutet. Sie rechneten wohl damit, daß die Yogas ihre energetischen Waffen auf mein flüchtendes System konzentrieren würden und die Sibir dabei entkommen könnte. Der Chief hatte jedenfalls alles für einen Alarmstart vorbereitet.« Nach kurzer Unterbrechung: »Ich an ihrer Stelle hätte es jedenfalls versucht.«

»Kam es denn anders?«

»Leider. Ihre Waffen erwiesen sich als leistungsfähiger, als wir angenommen hatten. Sie zerschmolzen mein System und hielten gleichzeitig die Sibir im Schwerefeld fest. Jedenfalls zeigten das meine Instrumente, ehe die Sensoren restlos ausfielen.«

»Aber Sie entwischten ihnen?«

»Sie unterschätzten wohl die Bleipanzer des Systems. Ich konnte entkommen. Als Überlebensrest ...«

»Sie sind ein Held.« Sie bereute den Satz, kaum daß sie ihn ausgesprochen hatte.

Er schwieg lange.

Sie entschuldigte sich. Der Monitor blieb stumm. Schon wollte sie die Spannung erhöhen, als sich Melan wieder meldete. »Wo ist der alte Mann geblieben?«

»Goa Sung? Er hat sich ... Er ist tot. Er konnte die Wahrheit nicht ertragen.«

»Armer Mann ...«

Sie schluckte, Melan war doch so etwas wie ein Held. Aber sie hütete sich, es laut zu sagen. Einem Menschen in dieser Situation durfte man damit nicht kommen. Es war banal. Außerdem stellte sich jeder unter einem Helden etwas anderes vor. »Haben Sie den Planeten der Yogas erblickt?«

»Nein.«

»Wie erklären Sie sich das brutale Vorgehen der Yogaleute? Es handelt sich doch um eine technisch hochentwickelte Zivilisation.«

Die Pausen zwischen Fragen und Antworten wurden länger.

»Ich habe es aufgegeben, dafür eine Erklärung zu suchen.«

»Könnte es aus einer unbeabsichtigten Provokation der Sibir resultieren? Sozusagen – auf einem Mißverständnis beruhen?«

Keine Antwort.

»Haben Sie meine Frage verstanden?«

»Ja.« Und wieder blieb der Monitor dunkel. Endlich folgte doch noch eine Antwort: »Ich kann es nicht absolut ausschließen.«

Betroffen überlegte Sibyll einige Sekunden, ehe sie fragte: »Was halten Sie für wahrscheinlicher?«

Erst nach Minuten erschien die Schrift: »Ich wollte nur Fakten mitteilen ...«

»Bitte.« Sie drängte ihn, erhöhte die Rhythmusfrequenz.

»Ihr brutaler Angriff hat uns schockiert. Sie waren darauf aus, uns in ihre Gewalt zu bekommen oder zu vernichten. Wir hatten es nicht für möglich gehalten. Noch heute fällt es mir schwer, jene Ereignisse so wiederzugeben, wie sie tatsächlich verlaufen sind.«

»Hätte ein etwas stärker abgeschirmtes Schiff als die Sibir die Möglichkeit, ihnen zu widerstehen?«

»Nein.«

»Können Sie das begründen?«

»Ihre Technik – das betrifft die Antriebssysteme und die Bewaffnung – entspricht qualitativ einer anderen Dimension. Als ginge jemand mit Pfeil und Bogen im Lendenschurz gegen Panzer vor. So kamen wir uns vor. Deshalb wollte ich unbedingt durchkommen.«

Die Schrift erlosch, leuchtete wieder auf. »Sind wir auf dem Weg zur Erde?«

»Noch nicht, aber bald.«

»Weshalb zögern Sie?« Der Bildschirm strahlte hell auf, erlosch, Schrift zuckte, verschwand, kam wieder. »Sie laden große Schuld auf sich. Die Erde ... muß ... gewarnt ...«

»Bitte beruhigen Sie sich.« Sie verlangsamte die Rhythmuswellen, reduzierte allmählich die Spannung, gab Erregungsdämpfer in die B-Kanüle.

»Ich danke Ihnen, Major ...«

Der Monitor erlosch.
»... für alles.«
Sie schaltete die Anlage vom Netz, raffte das ausgedruckte Gesprächsprotokoll zusammen und stürzte zum Ausgang.

»Start erlaubt, sobald RE drei und fünf vor Ort eintreffen. Im Tunnel sind Relaisbojen zu setzen, die den Funkkontakt gewährleisten.«
»So ein Quatsch«, entfuhr es Sredny. »Die Bojen können mit ihren wenigen Chips niemals die Bewegung des Kanals und ihre notwendige eigene Standortveränderung ermitteln und realisieren.«
»Die RE drei und fünf sichern die Verbindung zum Mutterschiff. Gezeichnet Pierre Dutch, Kommandant der Serdjuk.«
»Gleiter ist startbereit«, meldete Sredny.
Katman sah sich nach Bernard um. Der stand am Periskop, tat, als blickte er angestrengt durchs Okular. Als er bemerkte, daß sie auf seine Bereitschaftserklärung warteten, hob er die linke Hand.
»Start!« befahl Katman.
Sredny schaltete die Triebwerke ein und legte die Steuerung sofort auf den Computer um. Fast unmerklich ruckte der Gleiter an, beschleunigte nur wenig, als tastete er sich durch einen dunklen Tunnel.
Sensordaten leuchteten auf dem Monitor auf, verschwanden in Sekundenbruchteilen, neue zuckten, Dioden blinkten. Der Computer beschleunigte, drehte den Gleiter, bremste, um sofort wieder das Tempo zu steigern.
Ein Klicken.
»Die erste Boje«, registrierte Sredny.
In kurzen regelmäßigen Abständen fiepte es am Funkpult.
Der Verbindung war stabil.
Die Steuerimpulse folgten blitzschnell aufeinander, schüttelten den Raumerkunder.
Besorgt runzelte Sredny die Stirn.

Von neuem klickte es. Die zweite Boje ...

Das Schütteln des Gleiters ging in wiegende Bewegungen über, das Tempo nahm zu, der Flug wurde schneller und eleganter.

»Jetzt hat er's gepackt«, murmelte Sredny und tätschelte die Plastehülle des Rechners. »Bei Gott, jetzt hat er's!«

Bernard lächelte erleichtert.

Da brach das Fiepen ab.

»Commander, die neuesten Informationen von Melan.«

»Danke.« Pierre Dutch griff nach den Protokollbogen. »Was vermeldet denn unser Freund?«

Er studierte den Text, flüsterte: »Interessant«, las zu Ende und schaute Sibyll an.

Aus ihren Augen spürte er Erwartung und Aufforderung.

Sollte er Katman noch zurückrufen? Konnte der überhaupt wenden?

»Commander, der Funkkontakt zu RE sieben ist abgebrochen«, meldete Kerper.

Dutch ließ die Hand mit dem Melan-Protokoll sinken.

»Die Drei fragt an, ob sie Katman folgen soll.«

»Auf keinen Fall«, stieß Dutch hervor.

2.

Die Triebwerke heulten auf, jagten den Gleiter vorwärts. Der Beschleunigungsdruck preßte sie in die Sitze.

»Wir sind durch.« Srednys Stimme klang erstaunt, als könnte er es nicht glauben. Er übernahm die Steuerung, drosselte die Triebwerke.

»Planetares Objekt voraus«, meldete Bernard.

»Die genauen Daten«, forderte Katman und öffnete die Sichtkanzel. Da sahen sie einen schnell wachsenden kosmischen Körper auf den Gleiter zuschießen.

»Kreisbahn!« befahl Katman hastig.

Wieder heulte der Antrieb auf, und in elegantem Bogen

ging der Gleiter in die Umlaufbahn.

»Entfernung hundertunddreißig Kilometer«, registrierte Bernard. »Nur Gestein, Felsen, teilweise geschmolzen, wie nach einem Vulkanausbruch.« Er las die Daten ab.

»Ist das Yoga Zehn?« flüsterte Sredny.

»Keine Atmosphäre, kaum Schwerkraft.«

»Zu klein«, stellte Katman fest.

Jetzt erkannte auch Sredny, daß das kein Planet war, sondern ein Planetoid.

»Vielleicht künstlich geschaffen«, bemerkte Katman, »und auf diese Bahn gebracht.«

Sie gingen tiefer.

»Eine Stadt!« rief Bernard.

Am Horizont glitt ein zusammenhängender Komplex unterschiedlich hoher und verschieden geformter Bauten vorüber.

»Keine Bewohner.«

Die Sensoren verneinten sogar jegliches organische Leben.

»Den Komplex ansteuern, überfliegen und dann landen«, entschied Katman.

»Si, si, Señor.«

Die Bremstriebwerke fauchten kurz, der Gleiter ging steil nach unten.

»Bis runter so gut wie keine Atmosphäre.«

Sredny fluchte und beschleunigte für einen Moment.

In weitem Schwung zog der Gleiter über sonderbar grob und tot wirkende Bauten hinweg. Die ganze Anlage schien ohne Öffnung zu sein. Keine Tür, kein Fenster, keine Luke. Nichts war zu entdecken.

Hinter dem etwa zwölf Kilometer breiten Bautenkomplex erstreckte sich ein ausgedehnter Wald von Gittermasten. Wie eine Mischung von überdimensionalem Umspannwerk und intergalaktischer Radiosendeanlage.

»Landen?« fragte Sredny.

»Landen«, antwortete Katman.

Der Gleiter brauste über die Bauten, setzte nach einem

rückkehrenden Bogen vor der Gebäudefront auf, rollte aus.

»Sofort wieder startbereit machen«, befahl Katman.

»Gleiter ist startbereit«, meldete Sredny.

»Kein Lebewesen.« Bernard drehte das Periskop. »Kein Mensch, kein Hund, kein Hahn – nichts.«

»Sichtscheiben freigeben.«

Aufmerksam musterten sie die Umgebung des Landeortes. Von unten gesehen wirkten die Bauten erdrückend in ihrer klobigen Gedrungenheit.

»Wie Bunker«, sagte Bernard.

»Aber ohne Schießscharten.«

Sie warteten. Draußen tat sich nichts.

Die Sensoren konnten immer noch keine organischen Substanzen aufspüren. Nicht einmal Pflanzen.

Bernard wertete die während des An- und Überfluges aufgenommenen Videos aus, ließ ein übersichtliches Abbild auf dem Monitor entstehen.

»Wir beginnen hier.« Katman deutete auf den flachen Vorbau, der direkt vor ihnen aufragte.

»Hier und hier sind die gleichen Bauten.« Bernard zeigte auf zwei Stellen.

»Ihre Realmaße?«

»Der Vorbau ist genau zweiundfünfzig Meter lang, etwa vierzig breit. Der Gesamtkomplex hat an der breitesten Stelle einen Durchmesser von zwölf Komma fünf Kilometern.«

»Höhe?«

»Unterschiedlich. Unser Vorbau hier – drei Meter fünfzig. Die Bauten dahinter – fast zwölf Meter, und die mit den Bogendächern steigen bis zu achtzig Meter an.«

»Ganz schöne Brocken«, bemerkte Sredny.

»Und diese Kuppel?« Katman deutete auf die Halbkugel im Zentrum des Komplexes.

»Etwa zwanzig Meter.«

Sie warteten achtzig Minuten, dann befahl Katman: »Schutzanzug anlegen und aussteigen. Alle.«

Sredny wunderte sich. Eigentlich – so verlangte es die Vorschrift – hätte er an Bord bleiben müssen. Er beeilte sich, denn er war neugierig und befürchtete, daß Katman den Befehl widerrrufen könnte.

Vorsichtig bewegten sie sich auf den Flachbau zu, die Geostrahler griffbereit vor dem Leib. Sredny trug den Rechner. Der geringen Schwerkraft wegen wog er nur wenig. Dafür mußten sie jede Bewegung genau dosieren, um nicht in unkontrollierte Kapriolen zu verfallen.

»Der Eingang?« Bernard wies auf das Viereck in der Stirnwand. Vorsichtig betrat er die vorgelagerte Platte, erschrokken verharrte er, denn die Tür vor ihm sank plötzlich lautlos in den Boden.

»Gehen wir«, ordnete Katman nach einem prüfenden Blick an.

Sie betraten einen etwa zehn Meter tiefen Raum. Licht ergoß sich über sie, hinter ihnen schloß sich das Tor. Eine Weile geschah nichts – dann öffnete sich die dem Eingang gegenüberliegende Wand.

»Eine Schleuse«, stellte Sredny fest.

Katman schaute in einen hellerleuchteten Flur, prüfte seine Anzeigegeräte. »Die Luft ist atembar.« Er öffnete den Helm.

Die anderen folgten seinem Beispiel, atmeten vorsichtig.

Sredny stellte den Rechner ab. »Verdammt, ist der auf einmal schwer!«

»Hier existiert ein künstliches Schwerefeld.«

»Wir helfen dir beim Tragen«, tröstete ihn Bernard. »Also müßte der Planetoid bewohnt sein.« Er sah Katman fragend an.

»Sieht so aus.« Katman suchte nach den Lichtquellen, konnte aber keine entdecken. Wände, Decke, Fußboden schienen Licht auszustrahlen. Vorsichtig schritten sie im Gang voran, kamen an die erste Tür der linken Seite. Sie öffnete sich von selbst. Im Innern links und rechts eine Doppelstockpritsche, dazwischen ein steinerner Tisch, in dessen

Mitte eine Rinne verlief. Hinter allen dreizehn Türen dieser Gangseite befanden sich gleichartige Zimmer.

»Zweiundfünfzig Betten«, stellte Bernard fest.

Auf der anderen Seite zwei größere Räume. Eine schneeweiß ausgelegte Halle, an ihrer Rückwand zweiundfünfzig Abortsitze, jeder aus alabasterweißem Schmelzgestein.

»Sieht aus wie eine Exquisit-Latrine«, sagte Bernard. »Und jeder hat sein eigenes Plätzchen. Das sind vielleicht verwöhnte Burschen hier.«

»Zweiundfünfzig Sitze für zweiundfünfzig Bewohner? Verstehe ich nicht.« Katman schaute Sredny an, und der zuckte die Schultern.

Daneben der andere gleich große Raum in lindgrün. Mittendrin ein steinerner Tisch mit zwei breiten und einer schmaleren Rinne, davor auf jeder Längsseite sechsundzwanzig steinerne Sitze.

Sie gingen am Tisch entlang. Bernard probierte eine der Sitzgelegenheiten aus. War dies eine Mannschaftsmesse?

Plötzlich begann es an der Stirnwand des Raumes zu klappern, dann setzte ein Gurgeln und Glucksen ein.

Erschrocken sprang Bernard auf. Sredny und Katman verharrten, die Hand am Geostrahler, und schauten sich prüfend um.

Aber nichts geschah. Oder doch – aus der Wand schoben sich zwei Rohre. Ein dickeres und ein dünnes. Aus dem dünnen plätscherte ein Strahl rotfunkelnder Flüssigkeit in die schmale Rinne, während aus dem dickeren teigartige Portionen plumpsten, immer abwechselnd in die linke und in die rechte Rinne. Drinnen mußte eine Art Band laufen, denn die Portionen bewegten sich langsam voran, bis sich vor jedem Sitz eine befand.

»Sieht mehr nach Abfütterung als nach individuellem Speiseangebot aus.« Sredny kostete vorsichtig. »Aber es schmeckt.«

Bernard prüfte das rote Getränk. Es schien ihm zu munden, denn er beugte sich über den Tisch und schlürfte einen ganzen Mund voll. »Alkoholisierte Limonade.«

Wieder beugte er sich zum Trinken vor, aber Katman hielt ihn an der Schulter fest. »Vorsicht. Vielleicht sind Drogen drin. Oder Gift.«

»Schade um Speis und Trank«, meinte Sredny.

Sie wollten in das Innere des Gebäudekomplexes vordringen, stellten aber fest, daß aus dem Flachbau kein Weg dorthin führte. Eine Tür schien es zwar zu geben, aber weder Klinke noch Schloß, auch kein elektronischer Verschluß waren zu entdecken.

»Vielleicht ist sie nur von innen zu öffnen?«

»Scheint so, als ob die da drinnen die von hier draußen nicht bei sich haben wollen.«

Katman schüttelte den Kopf. »Wir suchen von außen einen anderen Eingang.«

Fast tausend Meter legten sie zurück, bis sie zu einem verschlossenen Portal gelangten, aber – im Gegensatz zu der Außentür im Flachbau – öffnete es sich bei ihrer Annäherung nicht von selbst.

Sredny ließ die Sensoren tasten und messen, befragte den Computer. »Interessanter Magnetverschluß. Aber den kriegen wir auf.«

Und tatsächlich, nach einigen Manipulationen mit dem Computer sank das Bunkerportal in den Boden.

»Bitte.« Sredny wies einladend auf den Eingang, während Katman, den Strahler im Anschlag, hinter die Seitenwand sprang. Vor ihnen ein erleuchteter rechteckiger Raum – die Schleuse.

»Bernard übergibt mir die Videokamera und sichert draußen, wir beiden gehen hinein.«

Mißmutig verzog Bernard das Gesicht, drehte sich aber so, daß es weder Katman noch Sredny sehen konnten. Allein bleiben, das gefiel ihm nicht. Immerhin konnten jederzeit irgendwelche ... Bewohner auftauchen. Und wenn sie gegen ihn vorgingen wie jene Raumfahrer auf Yoga Neun ... Er betrachtete seinen Geostrahler und kam zu dem Schluß, daß es wahrscheinlich aufs gleiche hinauslief, ob sie den anderen einzeln, zu zweit oder zu dritt begegneten. Entweder es gab ein friedliche Kontaktaufnahme – oder die Yogakiller machten kurzen Prozeß.

»Geb's Gott, daß der Commander seinen Yoga-Neun-Bericht übertrieben hat.« Er verfolgte stirnrunzelnd, wie sich das Portal hinter den Gefährten schloß.

Aus der Schleuse kommend, gelangten sie in einen hohen und weiten Raum.

»Eine Veranstaltungshalle?« Sredny wies auf die zwei Sitzreihen an jeder Längswand.

Katman ließ die Videokamera laufen und probierte den weitflächigen Boden, der fest und zugleich elastisch war. »Sport wäre hier auch möglich.«

Sie durchschritten die Halle. Drei Türen besaß die Rückwand. Sie gingen auf die rechte zu, sie öffnete sich automatisch.

»Hoffentlich ist innen alles so besucherfreundlich.«

Ihre Erwartung erfüllte sich. Sie zählten bald nicht mehr die Türen, die sich vor ihnen öffneten, die Räume, in die sie blickten. Einige prüften sie genauer, nahmen sie aufs Videoband.

Sobald die Tür aufging, aktivierte sich die Innentechnik. Licht erstrahlte, eine Art Musik ertönte, ein Klimaregler verströmte Warmluft. Eine Vielzahl ihnen unbekannter Geräte ließ Dioden blinken, Anzeigen aufleuchten, Zeiger drehen.

»Eine Wunderwelt!« Sredny war fasziniert.

»Wozu mögen die Apparate gut sein?«

Katman blieb stehen. »Mich beschäftigt der Unterschied.«

»Welcher Unterschied?«

»Dort draußen im Flachbau spartanisch primitive Räume – und hier drinnen luxuriöse Einzelappartements.«

Er trat durch die Seitentür in eine Art Bade- und Konditionsraum. Die Wände aus spiegelndem Glas, im Boden ein flaches Bassin.

»Alles ohne Wasser.« Sredny stellte es bedauernd fest.

»Wasser scheint knapp zu sein. Vielleicht müssen sie es von weit her transportieren. Vielleicht ist es auch der Grund, weshalb diese Station oder Stadt verlassen wurde.«

Sredny probierte vorsichtig an der Tastatur. Leise fauchend wehte Warmluft von der Seite. »Ein Riesenföhn.«

»Spart das Badetuch.«

Sie verließen das Appartement.

Katman ging bis ans Gangende und öffnete die letzte Tür. Auf den ersten Blick schien es eine ähnliche Einrichtung zu sein, wie sie sie vorne gerade besichtigt hatte. Dann bemerkte er die Abweichungen. Größer war der Raum, die Geräte noch eleganter angeordnet, vielleicht auch technisch qualifizierter. Die Tür an der Rückwand führte in einen zweiten gleichgroßen Raum.

»Das muß man gesehen haben, um es glauben zu können!«

Neugierig eilte Sredny herbei. »Ein Luxusschlafzimmer.«

In der Mitte eine Liegewiese, weich wie ein Wasserbett, darüber und an den Seiten Riesenspiegel. Neben dem Bett ein Schwimmbecken mit einem spiegelnden Boden.

»Hier möcht ich Flitterwochen verleben«, sagte Sredny.

»Flitterwochen verbringt man nicht nur im Bett, normaler Weise.« Katman schüttelte den Kopf. »Und draußen die öde Landschaft, oder wie immer man das bezeichnen soll? Kein Ort für Hochzeitsreisen.«

»Oder als Auszeichnung für besondere Tüchtigkeit«, erwiderte Sredny.

Er legte sich auf das Bett, es bewegte sich wellend. »Könnte ich mir als wohltuend vorstellen – wenn man sein tägliches Geschäft auf einem der zweiundfünfzig Alabastersitze verrichten muß, immer in Tuchfühlung rechts und links, und auf einmal wird man in dieses Paradies aufgenommen, wo einen niemand bei der Verrichtung stört. Und dazu vielleicht noch lockende Weiblichkeit? Das wäre besser als ein Orden.«

»Schön wär's.« Katman krauste die Stirn, während er die

Einrichtung des Raumes und den sich rekelnden Sredny musterte. »Aber ich glaube an keine leistungsabhängige Stufenleiter.«

Auf das Bett weisend: »Dieser Luxus ist für den obersten Chef bestimmt. Und nur für ihn, befürchte ich.«

Sredny stieg von dem weichen Pfuhl, während Katman fortfuhr: »Hier steht wahrscheinlich eine elitäre Schicht einer Masse von verachteten Weisungsempfängern gegenüber. Vielleicht sogar gottähnliche Allmacht hier und blinde Unterwürfigkeit dort.

Ich habe so etwas befürchtet. Wenn eine so hochgezüchtete Technik mit solch schroffem sozialen Gefälle gekoppelt ist, dann macht mir das Angst: Soziale Klüfte und lebensverachtende Aggressivität gingen schon öfter Hand in Hand.«

»Jedenfalls halten wir das auf Kassette fest«, sagte Sredny. »Sonst glaubt uns keiner, daß wir hier gewesen sind.« Er opponierte mit seiner Schnoddrigkeit ein wenig gegen die sorgenschweren Gedanken seines Vorgesetzten.

Katman reichte ihm die Kamera, trat durch die Tür, murmelte: »Sie sind noch gefährlicher, als ich dachte.«

»Kann Sie nicht verstehen, Commander«, rief Sredny aus dem Raum.

»Wir gehen weiter.«

»Si, si, Señor.«

Der Gang gabelte sich.

»Nach links«, entschied Katman.

Sie durchschritten zwei hermetisch schließende Türen und gelangten in einen runden, hohen Raum, der oben spitz zulief.

»Wie in einem umgestülpten Trichter«, stellte Sredny fest.

»Und kein Licht wie in den anderen Räumen.«

»Türen, wie an einem Safe.«

Als sie in der Mitte des etwa fünfzehn Meter tiefen Raumes anlangten, schloß sich die Tür. Völlige Finsternis herrschte.

Katman war's, als drehe sich der Raum. Etwas preßte seinen Kopf schmerzhaft zusammen ...

Sredny griff zur Brusttasche, um die Eigenleuchte zu aktivieren. Da schien endlich die Raumbeleuchtung zu funktionieren. Es wurde heller.

»Ich glaub's nicht ...«, flüsterte Sredny.

Katman stockte der Atem.

Sie standen im gleißend hellen Licht der Yoga-Doppelsonne auf einem weiten Platz, ausgelegt mit grellfarbigen Platten. Ringsum Gebäude, elegant hochstrebend, die Fassaden gegliedert durch Öffnungen und Schmuckelemente.

Fremdartig, aber nicht abstoßend. Allerdings machte die Wuchtigkeit der Gebäude die eigene Winzigkeit bewußt.

Die Bauten glitzerten in unterschiedlichen Farbtönen. Blau, rot, gelb, grün. Auch Brauntöne dazwischen. Kein weiß und kein schwarz. Und nirgends Schatten. Fast schien es, als besäßen die Wände eigene Leuchtkraft. Ebenso die Platten auf dem weiten Platz, der sich nach rechts hinzog wie eine breite Straße.

Sredny packte Katmans Arm. »Ehrenwort, ich hab das nicht ausgelöst, habe nichts angefaßt.«

In dem Trichterraum gab es ja auch nichts anzufassen, dachte Katman und sagte: »Alles aufnehmen!«

»Zu Befehl.« Sredny griff übereifrig nach der Minikamera.

»Nicht fallen lassen.«

Katmans Stimme und das routinierte Hantieren halfen Sredny, ruhiger zu werden.

»Eigenartig, genauso unbelebt wie unser Planetoid«, stellte Katman fest.

»Wo befinden wir uns nun eigentlich?«

»Ich bin mir nicht sicher.«

»Aber ...« Sredny verstummte.

Auf dem weiträumigen, bisher leeren Platz schritt ein Mann auf sie zu. Zumindest kam er ihnen wie ein männliches Wesen vor. Einen Kopf größer als Katman, mit einem metallisch schimmernden elastischen Anzug bekleidet, einer Art Kombination, die die Schultern kantig wie einen

Schrank betonte. Die Beine in langröhrigen Stiefeln, kohlschwarz, die bis an den Leib reichten.

Schritt für Schritt verkürzte der Unbekannte die Entfernung zwischen sich und den Astronauten.

»Wo ist er hergekommen«? flüsterte Sredny.

Katman zuckte mit den Schultern. Auch er hatte es nicht wahrgenommen. »Er war auf einmal da.« Mit einem Seitenblick vergewisserte er sich, daß Sredny die Aufnahmetechnik in Gang gesetzt hatte.

Sonderbar wirkte der Kopf des Herankommenden, fast weiß das Gesicht. Oder trug er eine Maske? Nein, Augen, Nase, Mund – dieser rund und sehr klein – waren zu erkennen. Ein kohlschwarzer Hut mit breiter Krempe beschattete das Antlitz.

Wenigstens wirft die Hutkrempe einen Schatten, dachte Katman. Irgendwie entspannte ihn diese Wahrnehmung.

Etwa zehn Schritte vor ihnen verharrte der Fremdling, blickte sie an.

Plötzlich war es Katman, als preßte etwas seine Stirn zusammen, dann den Hinterkopf. Er schüttelte den Kopf, um den Druck loszuwerden, und stellte fest, daß Sredny fast auf die gleiche Weise reagierte.

Der Druck ließ nach, ein sanftes Kribbeln blieb. Dagegen half kein Kopfschütteln.

»Do yo understand me?«

Ganz deutlich glaubte er die Frage gehört zu haben, obwohl sein Gegenüber die Lippen nicht bewegt hatte. Nur die Augen blickten ihn zwingend an.

»Commander, haben Sie es auch ...?«

Katman nickte – und vernahm: »Bitte antworten Sie, wenn Sie mich verstehen.«

Wieder in englisch. Und abermals, ohne daß die Lippen des Fremden sich regten.

»Yes, wir verstehen Sie.«

Der Fremde neigte leicht sein Haupt. »Sehr erfreut. Wie gefällt Ihnen unsere Stadt?« Er deutete auf die platzumrundende Bebauung.

»Sehr eindrucksvoll. Wo befinden wir uns überhaupt?«

»Oh, ich vergaß. Ihre Leute bezeichnen unsere Planetengruppe als Yogasystem. Unser Planet ist nach Ihrer Rechnung der zehnte. Sie kommen doch von demselben Planeten wie die Leute der Sibir?«

Sredny ließ überrascht das Aufnahmegerät sinken.

»Was wissen Sie von der Sibir?« fragte Katman.

»Oh, sie ist bei uns.«

»Und ihre Besatzung?«

»Ebenfalls.«

Katman schluckte Speichel, atmete hastig.

»Oh, Sie glauben mir nicht?«

»Schon. Nur ...«

»Oh bitte, sehen Sie selbst.«

Der Fremde machte eine eckige Armbewegung, die die linke Hand zur Brust führte. Es wurde finster und sofort wieder hell.

Verschwunden war der Platz mit den farbigen Gebäuden, vor ihnen lag eine breite Betonpiste, begrenzt von Flächen mit blaugrauem grasartigem Bewuchs, dahinter riesige Hangars und Startgerüste.

Da stand immer noch der Fremde, aber seitlich von ihm – die Sibir. Zerkratzt, rostig, verbrannt, schief. Ein Standbein war angeknickt.

Sredny stieß einen Laut der Überraschung aus, griff nach Katman, als wollte er sich von dessen Dasein überzeugen. »Die Sibir!«

»Alles aufnehmen«, ordnete Katman an und fragte: »Wo sind unsere Kameraden?«

Der Fremde drehte ihm das Gesicht zu, aber Katman vernahm keine Antwort. Er wiederholte seine Frage: »Wo ist die Besatzung der Sibir?«

»Was bedeutet ›Kameraden‹?«

Katman stutzte. »Ein anderes Wort für Besatzung. Die Leute von diesem Raumschiff.«

»Oh, die befinden sich bei uns. Fast alle.«

»Und der Rest?«

»Eingegangen in den Stoffwechsel der Welt.« Der Fremde neigte kurz den Kopf.

»Wir sind gekommen, um die Überlebenden mitzunehmen und sie auf ihren Heimatplaneten zu bringen.«

»Oh, das ist nicht korrekt. Der Heimatplanet jener Leute ist hier.« Er deutete auf den Boden zu seinen Füßen.

»Aber sie kamen von der Erde und gehören zur Erde.«

»Nicht woher jemand kommt, ist wichtig, sondern wo jemand sich befindet. Die Gegenwart zählt, nicht die Vergangenheit.«

»Und die Zukunft?«

Der Fremde drehte die Handflächen, die genauso weiß waren wie sein Gesicht, nach außen. »Sie gehören ... uns. Hier ist ihre ... Heimat. Keiner ... will weg von hier.«

»Das kann ich nicht glauben.« Katman wechselte einen schnellen Blick mit Sredny. »Dürfen wir mit den Leuten der Sibir sprechen? Das möchte ich von ihnen selber hören.«

»Oh bitte, sprechen Sie selbst.« Wieder eine kurze Armbeugung zur Brust, plötzlich Dunkelheit und allmähliches Hellerwerden.

Eine weite, dämmrige Halle. Alles verschwamm im Halbdunkel, nur der Fremde war nah und deutlich, und neben ihm stand ein Mensch.

War es wirklich einer?

Das Gesicht trug menschliche Haut, Augen, Nase, Mund, ein Bärtchen. Aber die glattrasierte Kopfhaut glänzte weiß wie die Haut des Fremden. Auch der Anzug schimmerte metallischgrau und war von der gleichen Machart. Die Hände steckten in grauen Handschuhen.

»Wer sind Sie?« fragte Katman leise.

»Rodrigez, Mig Rodrigez, dritter Antriebsmechaniker der Sibir.« Die Antwort kam sofort.

»Wie viele der Besatzung haben überlebt?«

»Die knappe Hälfte.«

»Wie kam es zur ... Havarie?«

»Danach sind noch viele ... gestorben. Wir bekamen Probleme mit der Umstellung. Jetzt sind wir angepaßt.« Rodrigez deutete auf seine weiße Kopfhaut, hütete sich aber, sie zu berühren.

Katman überlegte, ob er die Frage nach den Ursachen der Havarie wiederholen sollte. Offensichtlich wollte – oder durfte – der Antriebsmechaniker darauf keine Antwort geben. Denn gehört hatte er die Frage und sicherlich auch verstanden. »Wir sind gekommen, um Sie und Ihre Kameraden abzuholen.«

Rodrigez trat einen Schritt zurück. »Wohin denn abholen? Wir bleiben hier.«

»Die Erde hat uns entsandt, um Sie aus Raumnot zu erretten.«

»Das haben unsere Gastgeber bereits getan.«

»Aber ...«, setzte Sredny an.

Rodrigez unterbrach ihn. »Ihre Mühe war umsonst. Keiner meiner Kameraden möchte seine neue Heimat verlassen.«

»Sie haben gesehen und gehört«, mischte sich der Fremde ein. »Diese Leute wollen unseren Planeten nicht verlassen. Und wir werden sie nicht dazu zwingen. In dieser Angelegenheit war Ihr weiter Weg vergeblich, aber Sie können gern unsere Gäste werden.«

Plötzlich sprudelte Rodrigez einige hastige Sätze hervor.

Katman verstand kein Wort.

»Der spricht ja spanisch!« rief Sredny.

»Und was sagt er?«

»Daß wir abhauen sollen. Und die Erde grüßen.«

Wieder folgten einige spanische Worte.

»Fliehen sollen wir, so schnell wie möglich und ehe es zu spät ist ...«

»Was haben sie mit euch angestellt?« stieß Katman hervor.

Der Fremde schlug seinen Arm an die Brust.

Rodrigez verschwand. Er ging nicht weg, flog nicht in die Höhe – er löste sich in Nichts auf, als wäre er nie dagewesen.

»Verdammt!« zischte Katman.

Mit schweren, langsamen Schritten kam der Fremde auf sie zu. »Oh, Sie können noch anderes anschauen. Am besten, Sie nehmen unsere Gastfreundschaft an. Wir werden Sie abholen. Bald.« Er neigte den Kopf, so daß ihnen der flache Deckel des schwarzen Hutes entgegen ragte. Die auf ihm befindlichen Strukturen begannen bedrohlich zu glitzern.

Katman schmerzte wieder der Kopf, das Atmen fiel ihm schwer. Er trat einen Schritt zurück, dann noch zwei, drei Schritte, zog dabei Sredny mit sich, der stolpernd seine Kamera verlor.

Plötzlich standen sie in tiefer Finsternis. Nur den eignen Atem hörte Katman.

»Sredny?«

»Si, si, Señor.«

Schlurfende, tastende Geräusche.

»Sind Sie das, Sredny?«

»Suche die Kamera. Beschissene Dusterheit ...«

»Sagen Sie bloß, daß die Kamera ... dort geblieben ist?«

»Ich hab sie.« Srednys Stimme triumphierte.

Sacht dämmerte Helligkeit auf.

»Die Tür ...« Sredny wies auf den sich öffnenden Eingang. Licht fiel in den Raum, der rund war und sich oben wie ein Trichter verengte. Die Wände plastebeschichtet, auch die steil ansteigende Decke, der Fußboden. Nur in der Mitte eine etwa vier Meter messende runde metallene Platte.

»Darauf haben wir gestanden«, murmelte Katman. Außer ihnen befand sich nichts in diesem Rund. »Das Betreten der Plattform muß diese ... Reise, oder was es war, ausgelöst haben.«

Er massierte die Schläfen. »Haben Sie es miterlebt?«

»Hab ich, wenn Sie den Ausflug in jene Sonnenlandschaft und zur Sibir meinen.«

»Und alles auf Video?«

»Alles!«

»Dann bitte sofort die Kassette herausnehmen und versiegeln, strahlensicher. Eine neue einführen. Wer weiß, was und wer uns hier noch begegnet.«

»Mach ich, Commander. Aber erst verpasse ich mir eine Aufmunterung. Fühle mich wie zerschlagen und will die Kopfschmerzen loswerden.«

Auch Katman griff zum Medikament. Er wollte das Gespräch fortsetzen, schwieg aber. Dieses Erlebnis mußte man in Ruhe analysieren. Denn ganz gleich, wie die Geschichte funktioniert hatte – die Yogaleute wußten von ihrer Ankunft und würden sich bald auf die eine oder andere Art melden. Er jedoch wollte jeder Begegnung aus dem Wege gehen. Er drängte zur Eile.

Sie verließen den Gang, der sie zu jenem abgeschirmten Trichterraum geführt hatte, und gelangten an eine schottähnliche schwere Doppeltür. Dahinter führte der Gang geradeaus weiter, rechts in der Wand wieder ein massives Schott. Es öffnete sich von selbst.

»Eine Kommandozentrale?« Sredny bestaunte die gedrängt angeordneten Terminals, Tastaturen und Monitore.

»Scheint so.« In Katmans Stimme schwangen Zweifel. »Weshalb aber so klein, warum diese bedrückende Enge?«

Sredny probierte die Tastatur vor dem Hauptmonitor.

»Vorsicht!« sagte Katman und musterte mißtrauisch den Fußboden.

Auf dem Monitor erschien ein farbiges plastisches Bild.

Katman trat unwillkürlich einen Schritt zurück. Ging es wieder los? Da bemerkte er, daß er sich durch die dreidimensionale Bildtechnik hatte täuschen lassen.

Die Aufnahme holte einen Großflugplatz oder besser eine Art Raumbahnhof nahe heran.

»Das kennen wir doch!« rief Sredny.

Am Ende der langen Betonbahn zwischen den Hangars und Startgerüsten – winzig klein im Vergleich zu den gewaltigen Yogaschiffen hinter den Hallen – stand, immer noch schief wegen des geknickten Standbeines ...

»Die Sibir«, stellte Katman fest.

Sredny ließ seine Kamera laufen.

»Schade um das Band, wo wir doch die Bilder vom Original haben.« Katman belächelte Srednys Eifer.

»Doppelt genäht hält besser.«

Auf dem Raumbahnhof bewegten sich Lebewesen. Sie schienen das in den Vordergrund ragende Großraumschiff zu entsorgen.

»Wie kriegen die bloß diese Riesendinger in den Raum? Das Schiff muß doch mehrere Kilometer lang sein!«

»Sie handhaben Energiequellen, die uns unbekannt sind«, erwiderte Katman und fügte leise, mehr für sich selber bestimmt hinzu: »Das ist Yoga Zehn.«

»Befanden wir uns denn vorhin auf Yoga Zehn?«

Katman zuckte mit den Schultern.

»Und wo sind wir jetzt?«

»Vielleicht auf einer Art Außenstation.«

»Einer verlassenen?«

»Glaub ich nicht. Eher auf einer voll automatisierten. Und allzulange lassen sie uns hier nicht mehr in Ruhe. Beeilen wir uns!«

Dutch las das Melan-Protokoll schon zum dritten Male, warf es auf den Tisch, lief in der Zentrale zwischen den Pulten hin und her.

Als er stehenblieb, drückte er die Videophontaste, fragte, ob der Funkkontakt zum RE sieben wieder hergestellt sei.

Kerper verneinte, zeigte eine ernste Miene. Dutch nickte, befahl einige Offiziere zu sich, unter ihnen Larissa und Sibyll.

Mit leiser Stimme verlas er das Melan-Protokoll, sah alle der Reihe nach an, ehe er leise mitteilte: »Seit zwölf Stunden ist der RE sieben überfällig. Ich warte weitere zwölf Stunden – dann beginnt die Serdjuk die Rückkehr.« Er warf einen schnellen Blick auf die gespannt Zuhörenden. »Wir beziehen neue Position auf halber Distanz zur Poolman.«

Er ließ abermals eine kurze Pause eintreten.

»Begründung: Vermutlich ist Katman mit seinem Raumerkunder gescheitert. Das Eindringen in die Energiebarriere kann Abwehrmaßnahmen der Yogagesellschaft auslösen. Um – entsprechend unserem Expeditionsauftrag« – er sah Larissa in die Augen, »mögliche Gefahren zu vermeiden, beziehen wir die neue Position.«

Larissa erwiderte seinen Blick und sagte kein Wort. Auch die anderen schwiegen, teils erleichtert, teils unsicher.

In die Stille polterte Kerper durch die aufgerissene Tür, keuchte: »Commander, wir haben ihn geortet …«

Sie schauten mehr oder weniger verständnislos, ja sogar erschrocken den Informationsoffizier an.

Kerper blieb stehen, schnaufte, sagte dann mit ruhiger Stimme: »Katman lebt. Ich empfange seinen Impulser.«

Dutch setzte sich. Müde sah er aus, aber auch irgendwie erleichtert. »Wir bleiben.«

Larissa verließ lächelnd die Zentrale. Die anderen begannen erregt miteinander zu debattieren, kaum daß sie durch die Tür waren.

Sie hatten Bernard abgeholt und wollten gemeinsam noch rasch zur Kuppel im Zentrum des Bautenkomplexes vorstoßen. Trotz einiger Umwege kamen sie zügig voran.

Bernard verlangte nach immer neuen Einzelheiten vom »Ausflug nach Yoga Zehn«, wie Sredny ihr Erlebnis tituliert hatte.

Katman drängte jedoch zur Eile. »Später haben wir dazu Zeit, jetzt nicht.«

Dennoch versuchte Sredny, während des eiligen Laufens, das eine oder andere zu schildern.

Auf halber Strecke durchquerten sie eine Halle, in der sich drei trommelartige Metallbehälter befanden, knapp drei Meter hoch und mit etwa zwanzig Meter Durchmesser. Sie schienen in den Boden eingelassen zu sein. An jedem Kessel befand sich eine Metallsäule, die aus dem Boden kommend bis zur Decke reichte und dort fest verankert war.

»Sieht aus wie ein alter Gasspeicher im Museum technischer Denkmäler«, meinte Sredny. Er prüfte mit dem Computer die Metallschiene des mittleren Kessels – als dieser sich plötzlich lautlos aus dem Boden schob. Mit sanftem Klicken rastete etwas ein, der Kessel blieb stehen. Jetzt ragte er etwa fünf Meter hoch. Neben der Metallsäule schoben sich zwei Türteile auseinander. Im Innern flammte Licht auf.

»Ein Aufzug!« Bernard wollte ihn betreten, aber Katman hielt ihn fest. »Keine Zeit dafür. Die Kuppel ist mir wichtiger.«

»Die Halle vibriert«, meldete Sredny. Er steckte die Fühler des Computers ins Innere des Fahrstuhls. »Hier drinnen ist die Vibration stärker als draußen.« Er sah Katman an. »Unter uns arbeitet etwas. Maschinen, Anlagen.«

Katman nickte, blieb aber bei seiner Entscheidung, zuerst bis zum Zentrum vorzustoßen.

Endlich erreichten sie den Raum unter der Kuppel. Wie überall hatte ihr Eintritt die Beleuchtungselemente aktiviert.

Eine kreisrunde Halle. »Mindestens hundertfünfzig Meter«, teilte Bernard mit.

Im Halbrund vor ihnen begannen unzählige Dioden, Skalen, Lichtgraphiken, Monitore zu flimmern. Ein überwältigender Anblick.

»Das ist die Zentrale!« rief Katman.

»Und die Kammer, die wir vorhin untersucht haben?«

»Vielleicht für den Nachtdienst?« Katman erinnerte sich an die schweren Schotts. »Oder der Reservekommandostand? Bunkerähnlich abgesichert?«

»Kann sein.« Sredny fesselte die ihm unbekannte Technik. Zwölf hufeisenförmige Schaltpulte standen bogenförmig, vor jedem hing ein beweglicher Sitz.

»Phantastisch«. Auch Bernard bewunderte das Schauspiel, das die Meß- und Steueranlagen boten.

Sredny ging auf den Breitwandschirm zu, auf dem das gleiche Programm zu laufen schien, das ihnen bereits im Bunker begegnet war: Die Straßen der Stadt und der Raumbahnhof tauchten in schneller Folge abwechselnd auf.

Überhaupt schien alles schneller geworden zu sein im Vergleich zu vorhin. Die Bewohner hasteten dahin, militärisch geordnete Kolonnen eilten ins Bild, zogen vorüber.

Katman trat neben Sredny. Verdammt, das sah aus, als gäbe es da Alarm.

»Nichts anrühren!« befahl er, als Sredny die Tastatur an einem der Schaltpulte probieren wollte. Er befürchtete, noch einmal irgendwohin verpflanzt oder auf andere Weise am Rückweg gehindert zu werden.

Allerdings würden die Yogaleute ohnehin wissen, daß sie sich hier aufhielten und was sie hier taten. Es wäre ein Wunder, wenn es bei dieser perfekten Automation keine Information zum Planeten gegeben hätte.

Das Bild schwenkte wieder zum Raumbahnhof. Das Aufnahmegerät zog über die gesamte Anlage. Erst jetzt wurde das riesige Ausmaß der Start- und Landestation erkennbar. Flache Hallen, betonierte Startschächte, hohe Flugtürme. Und parkende Schiffe in großer Anzahl und von unterschiedlicher Größe.

Im Vordergrund wurden drei Schiffe, die etwas kleiner als die Sibir waren, beladen.

»Das ist doch Militär, was da einrückt.«

»Ich weiß.« Katman kannte die Kampfanzüge. Es waren die gleichen, wie sie die Fremden auf Yoga Neun getragen hatten.

»Wir haben nicht mehr viel Zeit.« Katman drehte sich um. Schade, nun war keine Gelegenheit mehr, um mit dem Aufzug in die Tiefe vorzustoßen. Er nahm an, daß die drei Raumfahrzeuge, die auf Yoga Zehn startklar gemacht wurden, hierher kommen würden. Vorher mußten sie den Planetoiden verlassen haben.

»Auf eine Begegnung lassen wir uns nicht ein. Wir hinterlassen eine Botschaft, ein Kontaktangebot. Und jetzt erfassen wir soviel wie möglich von dieser Zentrale. Dann – Rückstart.«

Bernard nickte, machte das Aufnahmegerät betriebsfertig und begann das Halbrund mit den Schaltpulten aufzunehmen.

Katman betrachtete das rückwärtige Halbrund.

»Das ist der Plan der Anlage«, erklärte Sredny.

Tatsächlich. Katman erkannte in der Mitte die Zentrale, die Hallen und Gänge, die drei kesselartigen Aufzüge.

»Die Dreiteilung – das könnten drei untereinanderliegende Stockwerke sein.«

»Sofort aufnehmen.« Katmann winkte Bernard heran. Demnach lag eine etwa zehnmal größere Anlage unter der Oberfläche.

»Und das hier?« Sredny klopfte auf den Wandschmuck unter dem Lageplan. Goldsilbrig schimmerte die Legierung der großformatigen Metalltafeln. Eine Tafelreihe zog sich links bis zum Eingang hin und setzte sich rechts weiter fort, jede Tafel etwa zwanzig Zentimeter hoch und dreißig breit, fugenlos aneinander gefügt. In die Platten waren Zeichen eingraviert. Symbole? Schriftzeichen?

»Die letzte fehlt.« Sredny wies auf eine Lücke.

Katman zählte neunundzwanzig Tafeln. Wo war die dreißigste? Abgefallen? Kaum denkbar. Oder zur Regenerierung? Aber das Material schien unverwüstlich. Vielleicht war sie noch nie angebracht gewesen, sollte erst noch eingefügt werden?

Bernard nahm die Tafeln links von der Tür auf, alle dreißig, hier fehlte keine. Auch auf ihnen waren Schriftzeichen eingeprägt.

»Das und das könnten Formeln sein.« Bernard deutete auf einige Zeichengruppen.

»Möglich.«

»Schade, daß wir sie nicht mitnehmen können«, meinte Sredny und fragte: »Oder sollen wir uns doch die Zeit nehmen, um eine Leitung zum Gleiter zu ziehen und den Dingern mit einem Energiestoß auf den Pelz zu rücken?«

»Nein.« Katman wehrte energisch ab. »Nur speichern.« Er überlegte kurz. »Aber wenn wir die letzte Platte mitnehmen könnten?«

Sredny begann mit seinem Diamantschneider zu kratzen, schüttelte den Kopf, musterte dann die leere Stelle genauer.

»Magnetkontakte!« Er pfiff durch die Zähne und ließ die Sensoren seines Computers spielen.

Währenddessen bewegte sich Bernard auf den dunklen Streifen zu, der sich genau dem Eingang gegenüber zwischen den Skalen und Monitoren vom Boden bis zur Kuppeldecke hochzog.

In halber Höhe eine dunkelglänzende quadratische Fläche, ausgefüllt von einem Kreis, dessen Rand bis an die Seitenlinien stieß. Darinnen viele Bogenbahnen, nebeneinander, übereinander, sich kreuzend, schneidend, berührend. Ein Wirrwarr. Erst nach langem Starren entdeckte er das fußballgroße Rund im Zentrum, umgeben von drei Kreisen in Apfelgröße.

Eine Art Atommodell? Neugierig fühlte er die Fläche und ihren Rand ab, tastete über eine schmale, kurze Konsole. Da leuchtete der Kreis auf, wuchs zu einer dreidimensionalen Kugel an, und der Ball im Innern begann sich zu drehen, umkreist von den drei apfelgroßen Körpern, die gleichmäßig ihre Bahn zogen.

Eingehüllt wurde das Ganze von silbrig vibrierenden, haardünnen durch- und aneinanderschießenden Bogenbahnen.

Ein verblüffendes Bild.

»Kein Atommodell!« entfuhr es ihm. »Ein Yoga-Planetarium.« Er riß sein Gerät empor und ließ es laufen.

Interessiert blickte Sredny zu Bernard hinüber. Zwei Platten hatte er gelöst, von jeder Seite eine.

»Ganz schönes Gewicht«, murmelte er, als er die dünnen, kaum millimeterstarken Tafeln dem Kommandanten reichte.

»Damit beenden wir unsere Aktion hier. Ab zum Gleiter!«

Sie brauchten kaum fünf Minuten bis zu ihrem Raumerkunder.

»Luken schließen. Start in drei Minuten.« Katman stellte den Zeitmechanismus des RE sieben ein.

»Commander!« Srednys Stimme klang aufgeregt. »Der

Computer …«

Katman beugte sich hinunter. »Was ist mit ihm?«

»Er hat Mucken.« Sredny sah nicht auf, fingerte an den Kontakten.

Katman richtete sich auf, griff sich an die schmerzende Stirn. Schon wieder dieser Rechner. Und gerade im unpassendsten Augenblick. Er hoffte, daß die drei startenden Raumschiffe auf dem Monitor in der Zentrale vielleicht doch nicht zu ihnen unterwegs wären. Oder daß Sredny den Fehler schnell beseitigte. Aber drängen mochte er ihn nicht, er befürchtete, damit den Piloten nur noch nervöser zu machen. Er ging in den Heckraum. »… des Impulsers wegen.«

»Nicht nötig, Commander. Es muß etwas anderes sein. Vielleicht ist ihm das Herumgeschleppe in den Bauten nicht bekommen.« Aber der Rechner hatte doch bisher ganz andere Belastungen und Erschütterungen vertragen. »Als ob jemand herumspielt in der Anlage.«

Katman erschrak. »Und wenn ein energetisches Abwehrfeld des Satelliten aktiviert wurde?«

Sie verstärkten ihr eigenes Schutzfeld. Sredny probierte von neuem. »Schon besser, aber noch nicht hundertprozentig sicher.«

»Ich orte drei Objekte im äußeren Sensorbereich«, meldete Bernard. »Entfernung zweihunderttausend Kilometer, Geschwindigkeit …« Er erbleichte. »In drei Minuten sind sie hier!«

»Starten!« befahl Katman.

Sredny betätigte den Startknopf und schaltete sofort auf Automatik, murmelte beschwörend: »Mag da kommen, was da will.«

3.

Die Serdjuk empfing die RE-sieben-Besatzung mit »großem Bahnhof«. Die gesamte dienstfreie Mannschaft war im großen Zwischendeck angetreten, um die Rückkehrer zu ehren.

Katman meldete dem Kommandanten: »RE sieben vom Erkundungsflug zurück.«

Dutch sprach die Willkommensformel – väterlich und militärisch knapp.

Larissa fand zu Herzen gehende Worte. Sie überraschte damit nicht nur Katman.

Sibyll trat offiziell nicht in Erscheinung. Sie begrüßte alle drei mit Händedruck und Wangenkuß. Katman kam als letzter an die Reihe. Sie schien ihn wie die anderen zu behandeln, aber er spürte sehr wohl ihre werbende Zärtlichkeit. Doch sagte sie kein Wort, und auch er schwieg.

An der Auswertung im Kommandoraum nahmen neben der Besatzung des RE sieben die Mitglieder des Offiziersrates teil. Larissa hatte das durchgesetzt. Sie war es auch, die den würdigen Empfang angeregt hatte.

Krampfhaft vermied es Katman, zu Sibyll oder Larissa zu blicken, so sehr sich auch beide Frauen bemühten, in sein Blickfeld zu kommen.

»Beginnen Sie Ihren Bericht, bitte von Anfang an.«

»Moment!« Larissa mischte sich ein. »Es wäre besser, wenn Commander Katman zuerst das wichtigste mitteilen würde.« Sie blickte herausfordernd erst Dutch an, dann Katman. »Zeit kann das werden, das wir am wenigsten vergeuden können.«

Wo sie recht hat, hat sie recht, dachte Katman. »Ich beginne mit dem, was ich für das bedeutsamste halte.«

Er wechselte einen kurzen Blick mit Sredny.

»Vorausschicken muß ich, daß weder ich noch mein Pilot Sredny eine Erklärung dafür gefunden haben, wie das Ganze technisch vor sich ging. Aber fest steht, daß wir beide gleichzeitig dasselbe erlebten.«

Er schilderte, wie sie den trichterförmigen Raum betraten, die Sibir sahen. »... Rodrigez konnte oder durfte offenbar nicht das aussprechen, was er wirklich dachte, deshalb wechselte er in spanisch über und beschwor uns, so schnell wie möglich das Yogasystem zu verlassen.«

»Sie verstehen doch gar kein Spanisch«, warf Larissa ein.

»Ich nicht, aber Sredny. Er übersetzte.«

Sredny nickte. »Fliehen sollten wir, sofort und bevor es zu spät ist.«

»Ihre Geschichte klingt wie ein ... Weltraummärchen.«

»Das war zu erwarten, daß man unseren Bericht bezweifelt.« Katman wandte sich an Sredny: »Die Kassette!«

Der Pilot entsiegelte den kleinen Behälter, blickte fragend zu Dutch, und als der nickte, führte er die Kassette in das Gerät ein.

In Bild und Ton erlebten die Zuschauer den Anflug auf den Asteroiden, das Eindringen in den Gebäudekomplex, die Aufnahmen der Mannschaftsunterkünfte, die Luxusappartements.

Ungeduldig gab Katman kurze Kommentare. Die Zuschauer zeigten sich beeindruckt, auch Larissa.

Endlich erschien der Gang, der abgeschottete runde Raum, der sich trichterförmig nach oben streckte. Das Bild wurde dunkler, undeutlicher, verschwand schließlich.

»Ist die Kassette defekt?«

»Oder das Gerät?«

»Aber nein. Der erste Teil war doch okay.« Sredny prüfte vorsichtig. Aber alles blieb grau in grau.

»Mir scheint, die Dunkelheit und die Nervenanspannung haben Ihnen einen Streich gespielt.«

»Aber ...«, setzte Katman an, wurde aber sofort von Larissa unterbrochen. »Das mindert keineswegs Ihre Leistung, Commander. Wer weiß, wie es uns unter solchen Bedingungen ergangen wäre.«

»Aber ich erlebte doch das Gleiche wie der Commander. Ich glaube nicht, daß zwei Männer zur gleichen Zeit die gleichen ... Gaukeleien erleiden können«, meldete sich Sredny.

Sie blickte ihn mißtrauisch an. Hatten die beiden sich verabredet?

Stirnrunzelnd ordnete Dutch den Abbruch der Vorführung an.

»Ich bitte darum, das Band bis zu Ende durchlaufen zu lassen«, bat Katman.

Dutch machte eine gewährende Handbewegung.

Alle blieben sitzen.

Plötzlich flüsterte jemand: »Ich glaub's nicht.«

»Das war ich«, rief Sredny halblaut. »Der Ton ist drauf.«

»Ruhe!« befahl Dutch.

»Ehrenwort, ich hab das nicht ausgelöst, habe nichts angefaßt.« Wieder Sredny.

»Alles aufnehmen.«

»Zu Befehl.«

»Nicht fallen lassen.«

Katman flüsterte: »Jetzt muß gleich der Fremde reden.« Er wartete auf das »Do you understand me?«

Aber es kam nicht. Dafür wieder Srednys Stimme: »Commander, haben Sie es auch ...?«

Und dann Katman: »Yes, wir verstehen Sie«, und: »Sehr eindrucksvoll. Wo befinden wir uns überhaupt?«

Sie ließen die Kassette bis zu Ende laufen. Das Bild blieb dunkel. Und von den Texten waren nur die Sätze gespeichert, die Katman und Sredny gesprochen hatten – nicht ein Wort des Fremden, keines von Rodrigez.

»Doch die Nerven?« Larissa hob die Stimme, so daß es wie eine Frage klang.

»Beide zugleich?« Dutch schüttelte den Kopf.

»Aber sie haben doch in einem dunklen Zimmer gefilmt, wo nichts zu sehen war, und mit Leuten gesprochen, die nicht existierten.«

»Vielleicht Hypnose?« Sibyll sprach leise in das kurze Schweigen. »Oder eine neue Art der Informationsübertragung?«

»Wenn jetzt auch wir noch anfangen zu spekulieren, anstatt bei den Tatsachen zu bleiben – dann wäre es besser, diese Zusammenkunft zu beenden.« Larissa sprach akzentuiert und mit normaler Lautstärke. Dennoch wirkte es wie ein

Hieb.

»Wir müssen davon ausgehen, daß die Yogazivilisation über technische Möglichkeiten verfügt, die für uns unvorstellbar sind.« Sibyll wandte sich Larissa zu. »Die Energiebarriere, die Automation auf jener Außenstation, die Geschwindigkeit, mit der sich die Yogaschiffe der Station näherten – alles Tatsachen.« Sie hielt einen Moment inne, wartete auf Einwände, ehe sie fortfuhr: »Ich halte es für denkbar, daß der leere dunkle Raum mit der Metallplatte in der Mitte eine Kabine für Informationsübermittlung ist.«

Nachdenken, Kopfschütteln.

»Auf welcher Basis sollte so etwas funktionieren?« fragte Kerper.

»Mittels Hirnimpulsen, zum Beispiel. Auch auf der Erde wird damit experimentiert.«

»Aber die Versuche wurden doch schon vor Jahrzehnten abgebrochen. Es gab Todesfälle.«

»Nur die Versuchsreihen, die diese Impulse auf elektronische Träger umsetzen sollten. Andere liefen und laufen weiter.

Wenn nun die Yogaleute – auf diesem Wege oder auf einem anderen – bereits am Ziel wären und ein gebrauchsfertiges System installiert hätten?«

Dutch fragte den Piloten: »Hatten Sie das Gefühl eines realen Erlebnisses oder einer Vorführung? Standen Sie tatsächlich auf einem Platz in der Yogastadt, sprachen mit einem Fremden und später mit Rodrigez? Oder lief vor Ihnen ein Film ab?«

»So wie ich jetzt hier stehe und mit Ihnen, Commander, rede, genauso sprach ich dort mit Commander Katman, mit dem metallisch Gekleideten und mit Rodrigez.«

»Allerdings bekamen wir starke Kopfschmerzen«, ergänzte Katman.

»Kopfschmerzen?« erkundigte sich Larissa.

Sredny nickte. »Erst ein leichtes Schwindelgefühl und dann ein bohrender Kopfschmerz.« Er strich sich über Stirn und Hinterkopf. »Er verging, nachdem wir die Kabine verlassen hatten.«

»Schwanden Ihre Kopfschmerzen ebenfalls, Commander?«

»Soweit ich mich erinnern kann – ja. Aber sie kamen wieder, beim Start des Gleiters.«

»Stimmt«, bestätigte Sredny, »als der Computer streikte.«

»War er defekt?«

»Nein, völlig okay. Als wir unsere Abschirmung verstärkten, funktionierte er wieder normal und steuerte uns durch den Tunnel.«

»Und Ihre Kopfschmerzen?«

Katman und Sredny schauten einander an. Wie war das mit dem Kopfweh gewesen? Hatte die Aufregung sie den Schmerz vergessen lassen?

»Sie waren weg«, stellte Katman schließlich fest.

»Wie fortgepustet.« Sredny schien selber erstaunt zu sein über diese Tatsache, die ihm bisher nicht bewußt geworden war.

»Mir scheint der Zusammenhang jetzt klar«, sagte Larissa. „Offenbar gab es dort unbekannte Einflüsse, sehr starke Einflüsse, die sowohl die Elektronik störten, als auch auf die Menschen einwirkten.«

Sie blickte Sibyll an. »Sie mögen recht haben, daß diese Einflüsse in der Kabine am konzentriertesten auftraten.« Und wieder zu Katman: »Ich war zunächst mißtrauisch. Das bedaure ich. Dabei berichteten Sie nur darüber, was Sie wahrgenommen hatten. Und das war Ihre Pflicht. Zugleich steht fest – und Sie selber bestätigen es –, daß Sie und Ihr Pilot den Dunkelraum während Ihrer Erlebnisse nicht verlassen haben. Also hat man Ihnen Kino vorgespielt. Sehr modernes und – was Officer Kelton vermutet – auf einer Technik beruhend, die die in Ihnen schlummernden Vorstellungen und Wünsche aufspürt und in der Lage ist, sie in eine perfekte Halluzination umzuwandeln.«

Zustimmung fordernd sah sie sich um.

Kerper nickte nachdenklich.

Sibyll krauste die Stirn.

Katman störte der Begriff Halluzination. Sie will es nicht als Information anerkennen, dachte er. Aber er sagte nichts, weil er befürchtete, daß seine Worte nicht nur bei Larissa auf Granit stoßen würden, sondern auch bei den anderen mehr Mißtrauen als Zustimmung hervorrufen könnten.

»Die zweite Kassette ist eingelegt.« Sredny wartete auf Dutchs Zustimmung und ließ das Band laufen.

Die Aufmerksamkeit blieb anfangs mäßig. Das änderte sich schlagartig, als die Wiedergabe der Fernsehsendung folgte. Fast alle erkannten die Sibir. Und sie stand so, wie Katman und Sredny es zuvor geschildert hatten: Auf einem großen Raumbahnhof, als Wrack, auf Yoga Zehn.

Alle redeten aufeinander ein. Der gespeicherte Dialog zwischen Katman und Sredny, vor allem dessen lakonisches »doppelt genäht, hält besser«, löste Heiterkeit aus. Die Atmosphäre entkrampfte sich. Nur Larissa biß sich auf die Lippen. Der Anblick des beschädigten Raumschiffes berührte sie tief. Sie bat Dutch ums Wort.

Mit kratziger Stimme begann sie: »Wir wissen jetzt, wo unsere Kameraden auf uns warten. Auf Yoga Zehn.

Ihre Leistung, Commander Katman, und die Ihrer Männer wird in die Raumfahrtgeschichte eingehen.

Erweisen auch wir uns als auf der Höhe der Anforderungen stehend: Entscheiden wir, wie die Kameraden abzuholen sind.«

»Wir holen sie!« rief Kerper.

Aufbruchsstimmung breitete sich aus.

»Aber so einfach geht das nicht.« Katman versuchte, sich Gehör zu verschaffen. »Ihre Technik ist der unseren überlegen, und«, er stieß Sredny in die Seite, »was wir in der Kabine erlebten, das war eine reale Begegnung. Ich nehme die Warnung von Rodrigez verdammt ernst.«

Sredny machte eine vage Handbewegung, die seine Unsicherheit ausdrückte.

Larissas Augen leuchteten. Ihr gefiel die Euphorie der Anwesenden. Auffordernd schaute sie zu Dutch.

Aber der blieb vorsichtig. »Wir haben jetzt die Gewißheit, daß sich die Sibir auf Yoga Zehn befindet. Einen Teil unserer Mission haben wir damit erfüllt. Dank und Anerkennung der Mannschaft des RE sieben. Wie es weitergeht, entscheiden wir nach der Auswertung aller Materialien.«

Larissa setzte nochmals zum Reden an, jedoch der Kommandant beendete die Beratung.

»Jetzt ist der Genosse Computer an der Reihe.«

Er saß vor dem Terminal und prüfte wohl zum dritten Male die Computeranalyse. Im Speisesaal feierte die Besatzung. Dutch hatte Sonderrationen freigegeben. Die meisten bemerkten es nicht, als er sich davonmachte. Er hatte sich eine Leitung vom Computer auf seine Kabine schalten lassen.

Der Türgong ertönte. Hawaii-Gitarren erklangen. Zweiundzwanzig Uhr dreißig zeigte der Zeitgeber. Wer mochte das sein, der ihn hier aufgestöbert hatte?

Er tippte die Öffnungstaste.

Im matten Nachtlicht erkannte er Sibyll. Sie blieb an der Tür stehen, sagte leise: »Die Sterne können nicht zueinander, wohl aber die Menschen, wenn sie es wollen ...“

Er wartete. Die Situation überraschte ihn.

»Wirst du mich anhören? Ich möchte mit dir reden.«

»Bitte.« Er setzte sich auf die Liege, deutete auf den Sessel, griff nach dem Helligkeitsregler.

»Laß es dunkel«, bat sie.

Er zog die Hand zurück, lehnte sich an die Polsterrückwand. Zwar fühlte er sich überrumpelt, aber Sibylls Anwesenheit war ihm nicht unangenehm.

Sie setzte sich, zog ihren flauschigen Umhang um sich. »Es war meine Schuld. Harper hatte es mir freigestellt, wann ich dich über meine Funktion im Sicherheitsdienst informiere. Ich habe viel zu lange gezögert.« Dann erzählte sie ihm alles. Und da sie ihre Rede oft geübt hatte, wurde es ein knapper und überzeugender Bericht.

Katman war wohl auch allzu gern bereit, sich überzeugen

zu lassen. Ihn beschäftigte die Frage, welche Entscheidung der Expeditionskommandeur treffen würde. Larissas Agitation bereitete ihm Sorge. Ebenso Dutchs Zurückhaltung. Sibyll wenigstens wollte er als Bundesgenossen gewinnen und sie wohl auch im Bett haben.

»Glaubst du ebenfalls, daß wir in jener Kabine Halluzinationen durchlebt haben? Eine Art Kino, wie Larissa sich ausdrückte?«

Sie überlegte. »Ja – und nein.«

»Wie soll ich das verstehen?« Er rückte demonstrativ an das von ihr abgewandte Ende der Liege.

»Ich versuch's zu erklären. Ich vermute, daß die Yogas in der Lage sind, das jeweilige Informationssubjekt in den Raum zu versetzen, über den informiert werden soll, ohne daß der Betreffende den Sendeort – oder wie immer man die trichterförmige Kabine nennen will – verläßt.«

»Aber wie ...?«

»Bitte frag mich nicht nach dem Wie, ich kann's nicht erklären. Ich weiß nur, daß man auf der Erde erfolgreich mit Hirnimpulsen experimentiert – und daß bereits verblüffende Ergebnisse vorliegen. In Spielgeräten wird das Prinzip bereits verwendet.«

»Als Spielzeug?«

»Das ist nicht verwunderlich. So wie früher in der Übergangsepoche die imperialen Staaten die wissenschaftlichen Neuerungen zuerst in Kriegsinstrumenten verwerteten – was ja die Erde an den Rand der Katastrophe führte –, werden sie gegenwärtig oft in Spielgerätschaften erprobt und so zur technischen Reife geführt.« Sie lachte leise. »Du bist zu kurze Zeit auf unserem Planeten und immer viel zu lange im Raum unterwegs. Viele Feinheiten des irdischen Lebens entgehen dir deshalb.«

»Ich sollte vielleicht eine Korrektur erwägen.« Er deutete auf den Platz neben sich.

»Danke.« Sie setzte sich neben ihn.

Er lächelte. »Wenn ein Mann ›vielleicht‹ sagt ...«

Sie erwiderte sein Lächeln und setzte das Gespräch fort.

»Kino insofern, daß da etwas ablief, ohne daß ihr den Vorführraum verlassen habt. Aber zugleich etwas ganz anderes, weil ihr euch ja als Akteure in der Szene bewegen konntet.

Ihr unterhieltet euch real mit den euch vorgeführten Personen. Wobei ich annehme, daß der Fremde, dem ihr in der Yogastadt begegnet seid, eine Kontaktanlage bei sich hatte.

Aus eurer Darstellung schließe ich, daß er seinen Dialog mit Hilfe von Hirnströmen und einer Übersetzungsanlage führte.«

Er nickte bedächtig. »Dann sollten wir auch Rodrigez' Warnung ernst nehmen.«

»Hast du sie denn in Frage gestellt?«

»Ich nicht. Aber Larissas Auffassung gewinnt Anhänger.« Er packte Sybill an den Schultern. »Wir müssen zurück zur Erde. Eigentlich sollten wir schon unterwegs sein.«

Sie verharrte in seinem Griff. Obwohl sie Schmerz empfand, fühlte sie sich durch seine Nähe beglückt. Leise fragte sie: »Die Kameraden der Sibir im Stich lassen?«

Abrupt ließ er sie los. »Nicht im Stich lassen, sondern um ihrem Schicksal zu entgehen und die Erde zu warnen.«

»Aber dürfen wir denn mir nichts, dir nichts verschwinden, ohne jeden Versuch der Kontaktaufnahme?«

»Wir müssen, wenn wir nicht das gleiche Schicksal wie die Sibir erleiden wollen.«

»Vielleicht gerieten sie wirklich in Raumnot und wurden von den Yogaleuten gerettet?«

Katman schnellte vom Polster hoch. »Melan hat uns gewarnt und dafür alles riskiert, Rodrigez warnte uns, und es schien für ihn nicht ungefährlich zu sein. Ich bin dafür, diese Warnungen zu befolgen. Ihre Technik ist so beschaffen, daß sie mit uns Katze und Maus spielen könnten. Dazu dürfen wir es nicht kommen lassen.

Falls die Yogas die Kameraden der Sibir aus einer Notlage befreit haben – dann brauchen sie unsere sofortige Hilfe nicht. Wenn sie aber bösartig sind – dann haben wir nur mit einer technisch besser ausgestatteten Raumflotte eine

Chance, unseren Kameraden zu helfen.«

Sie wies auf den Platz neben sich. Ihr Lächeln deutete grundsätzliche Zustimmung an. Auch wollte sie die sich anbahnende Zweisamkeit nicht zerstören. Sie fühlte, für jede Frau führte der Weg zu Katman nur über die Zustimmung zu seinen Lebenspositionen.

Zögernd setzte er sich. Lange sprachen sie miteinander. Auch die Zeit für Zärtlichkeiten kam. Sibyll blieb bis zum Morgen bei ihm.

Als die Weckmusik erklang, kramte er in seinem Geräteservomat und legte ihr die zwei Platten vom Yogasatelliten auf die Decke. »Ich möchte sie dir heute und jetzt schenken. Sie sind das Wertvollste, was ich besitze.«

Diesmal tagten sie im kleinen Beratungsraum neben der Zentrale. Sie lasen die ausgedruckte Computeranalyse. Nach einem Wink des Kommandanten begann Kerper mit seinen Erläuterungen.

»Das verarbeitete Material gestattet, ein Modell des Yoga-Zehn-Planeten zu fixieren.«

Auf dem Monitor erschienen der Planet und die ihn umkreisenden drei Satelliten.

»Auf diesem landete der RE sieben. Alle drei sind künstlich geschaffen. Auf ihnen wird die Energie für Yoga Zehn erzeugt und zum Planeten übertragen. Zugleich bauen sie das energetische Schutzfeld auf.« Er deutete die einhüllende Barriere an. »Die Abstrahlung läuft über dieses Gittermastenfeld.« Er zeigt auf den zweiten Schirm. »Interessant ist die Auswertung der Texte auf den Metalltafeln.«

Das Abbild der neunundfünfzig Platten erstrahlte auf dem Monitor. »Es handelt sich nicht, wie ursprünglich angenommen, um Schmuck oder um kultische Elemente. Die linke Reihe scheint den Verlauf des Energiegewinnungsprozesses zu beschreiben. Einige Stellen ließen sich bereits exakt übersetzen. Es handelt sich um Formeln. Hier«, er deutete auf die entsprechende Stelle, »die Formeln für Deuterium und Tritium, Energiegewinnung durch Kernfusion auf der Basis von schwerem Wasser.«

»Und die Platten von der anderen Seite des Eingangs?« fragte Katman.

»Sofort.« Kerper holte sie ins Bild. »Der Computer bietet verschiedene Varianten an. Das wahrscheinlichste ist, daß es sich um eine Art Produktionsbilanz handelt. Darauf deuten diese Werte hier, die die abgestrahlte Energiemenge angeben. Ihnen stehen ständig abnehmende Mengenangaben gegenüber, die vermutlich die schwindende Basissubstanz bezeichnen.«

»Das schwere Wasser?«

»So könnte es sein.«

»Das bedeutet, daß sie bald ohne Energiebasis dastehen?«

»Der Computer bietet es als die wahrscheinlichste Erklärung an. Die fehlende Tafel – das wäre dann die, auf der der letzte Rest der Basissubstanz verzeichnet ist.«

Katman trat neben den Monitor. »Also sind sie auf der Suche nach neuen Energieträgern. Nach Wasser. Oder genauer: Nach einem Planeten mit viel Wasser.«

Lastendes Schweigen breitete sich aus.

»Das ist eine haltlose Spekulation.« Kalt klang Larissas Stimme, fast schneidend.

»Keinesfalls«, beeilte sich Kerper zu sagen. Seine Stimme klang gekränkt. »Es ist eine Wahrscheinlichkeitsaussage des Computers, eine Hypothese.« Er zögerte, ehe er hinzufügte: »Jedenfalls von vielen Fakten gestützt.«

»Und wenn schon. Vielleicht ist die Yogagesellschaft bereits im Besitz von alternativen Energiequellen. Der Satellit, auf dem Katman gelandet ist, war ja völlig geräumt, auch unbewacht, und sie haben den Kundschafter in keiner Weise behindert, vielleicht nicht einmal seinen Besuch ...«

»Im Gegenteil.« Katman unterbrach sie. »Sie verlassen sich, was den Schutz anlangt, auf ihre Energiebarriere. Und sie waren nicht nur über unsere Anwesenheit informiert, sondern auf dem Wege, um uns zu vertreiben. Mit drei Raumschiffen.«

»Wurden Sie in irgendeiner Weise von den Yogaleuten behindert?«

»Nein.«

»Und die drei Raumschiffe – wurden Sie von ihnen angegriffen?«

»Nein, aber doch nur, weil wir vor ihnen …«

»Na bitte!« Sie schaute triumphierend in die Runde.

Dutch befahl: »Blenden Sie die zusammenfassende Aussage des Computers ein!«

Kerper ließ die Schrift aufleuchten.

»Erste Aussage: Die Yogagesellschaft ist wissenschaftlich und technisch hoch entwickelt. Insbesondere ihre Energieerzeugungs- und Übertragungssysteme sind völlig neuartig und entsprechenden irdischen Systemen weit überlegen …«

»Das hat Konsequenzen«, rief Katman erregt, »für Ausmaß und Geschwindigkeit ihrer Raumschiffe! Und für ihre Waffen …«

»Ruhe bitte!« Dutch gab sich ärgerlich.

»Zweite Aussage: Die bisher registrierten Reaktionen der Yogazivilisation waren nicht auf Kontaktaufnahme, sondern auf Beherrschung der irdischen Kontrahenten gerichtet. Dieses Ziel wurde konsequent angestrebt, auch um den Preis der Vernichtung irdischen Lebens.«

Die Schrift verschwand, neuer Text lief über den Schirm.

»Mögliche Ursachen:

Erstens: Übertriebenes Sicherheitsbedürfnis, eventuell hervorgerufen durch ältere, negative Erfahrungen, oder bedingt durch eine – den Irdischen bisher unbekannte – überempfindliche physische oder psychische Verletzlichkeit der Yogabewohner, oder ausgelöst durch eine unbeabsichtigte (unerkannte) Provokation durch die Irdischen.«

Wieder eine Pause, bis neue Zeilen erschienen.

»Zweitens: Aggressives Grundverhalten der Yogazivilisation, bedingt durch einen dementsprechenden Gesellschaftsaufbau.

Für diese Varianten sprechen:

– das Vorgehen gegen die Sibir und

– die wenigen bekannten Fakten zur Sozialstruktur der Yogagesellschaft ...«

Der Bildschirm erlosch. »Ergebnis wird korrigiert«, meldete er dann.

Kerper machte eine entschuldigende Handbewegung. »Er rechnet noch.«

Nach Augenblicken leuchtete der Text wieder auf.

»Gegen diese Variante sprechen:

– die vorhandene wissenschaftlich-technische Hochzivilisation der Yogagesellschaft und

– die Duldung der Satellitenerforschung durch Katman.«

Der Monitor erlosch.

»Das wär's«, meinte Dutch und erhob sich.

»Der Computer hat Schlußfolgerungen gezogen«, sagte da Kerper.

Dutch setzte sich wieder. »Bitte.«

»Erste Schlußfolgerung:

Abbruch der Expedition, gleichzeitig Hinterlassung einer Kontaktboje mit einem Verhandlungsangebot der Erde und der Bitte, die Besatzung der Sibir zu schützen.

Begründung:

Zwar ist nicht absolut auszuschließen, daß die Yogazivilisation zu einer friedlichen Kontaktaufnahme bereit ist – aber die Chancen stehen vier zu eins gegen diese Möglichkeit. Ein Fehlschlag bedeutet Angriff auf die Serdjuk.

Zweite Schlußfolgerung:

Eine Bedrohung der Erde durch die Yogazivilisation ist wenig wahrscheinlich – aber nicht völlig auszuschließen.«

Die Schrift erlosch.

Dutch fragte: »Alles?«

»Alles«, bestätigte Kerper.

»In sechs Stunden Befehlsausgabe«, sagte Dutch.

Unruhig lief Katman in seiner Kabine umher, schaltete Illusionsbilder auf die Wand, löschte sie wieder. Er wartete auf Sibyll – und ärgerte sich über den Verlauf und die Ergebnisse der Befehlsausgabe.

Daß Larissa – nicht ungeschickt, wie er im nachhinein anerkennen mußte – alle Computeraussagen genutzt hatte, um die Notwendigkeit der Weiterführung der Expedition zu begründen, wunderte ihn nicht. Aber daß Dutch sich so halbherzig verhielt, das verstand er weniger, ja es empörte ihn.

Das Material über Yoga Zehn gab dem Kommandanten alle Argumente für den Rückzugsbefehl in die Hand. Die Sibir hatten sie entdeckt, sie befand sich in der Hand der Yogagesellschaft. Das belegten die Videos und Melans Aussagen. Dieser Teil des Expeditionsauftrages war erfüllt.

Zugleich stand fest, daß die Serdjuk – selbst wenn sie die Poolman zu Hilfe rief – nicht imstande war, gegen den Willen der Yogas die Besatzung der Sibir vom Planeten Yoga Zehn zu holen. Deshalb erwartete die Mehrheit der Besatzungsmitglieder auch den Befehl zur Rückkehr zur Erde, und dieser Meinung hatte er Ausdruck verliehen. Energisch.

Aber Dutch hielt an seiner Halbe-Distanz-Entscheidung fest. Weshalb bloß? Hatte die unbehelligte Rückkehr des RE sieben bei ihm neue Hoffnungen geweckt, daß vielleicht doch noch ein normaler Kontakt mit der Yogazivilisation möglich sei? Kaum anzunehmen, Dutch besaß einen ausgeprägten Realitätssinn, gab sich keinen Illusionen hin.

Offenbar war er zermürbt durch die Konfrontation mit Larissa und nicht mehr in der Lage, ihr Widerstand zu leisten.

Sie aber hatte das erkannt und nutzte es aus, um ihren Willen durchzusetzen. Starr hielt sie an der Absicht fest, die Besatzung der Sibir aufzunehmen und dazu mit der Yogagesellschaft Kontakt herzustellen, und tat alles, um den Abbruch der Expedition zu verhindern.

Deshalb wohl auch hatte sie sofort Dutchs Vorschlag unterstützt, daß die Serdjuk ihren Abstand zur Poolman halbieren sollte. Zugleich schlug sie vor, über alle Sende- und Kontaktierungsgeräte ein Verhandlungsangebot auszustrahlen.

Dutch akzeptierte das. Seither sendeten alle Anlagen pausenlos eine Kontaktbotschaft. Und Dutch griff noch einen Vorschlag seiner Stellvertreterin auf.

»Selbstverständlich bereiten wir die Rückkehr zur Erde vor.« Der RE sieben, das war ihre Idee, sollte vorausfliegen, um zwischen den beiden Raumschiffen Position zu beziehen und als Relaisstation eine stabile Funkverbindung zur Poolmann zu gewährleisten.

»Weit weg von Dutch will sie mich haben«, murmelte Katman. »Sie wird ihn einwickeln, früher oder später.« Außerdem mochte Eifersucht eine Rolle spielen. Sie gönnt uns nicht, daß wir zusammenleben, Sibyll und ich.

Endlich kam Sibyll. Sie verlangte, daß Katman den Kommandanten zur Änderung seiner Entscheidung bewegen solle.

Katman lehnte ab. »Wozu?« Er umfaßte ihre Taille, zog sie an sich.

Sie sträubte sich, aber nicht ernsthaft. »Weshalb willst du dir das gefallen lassen?«

Er küßte sie.

»Es ist ein Befehl, nicht mal der schlechteste. Und von der These eines Camu, ›Ich lehne mich auf, also bin ich‹, habe ich nie etwas gehalten. Auflehnung hat nur dann ihre Berechtigung, wenn Grundwerte irdischer Moral verletzt werden. Und davon kann hier nicht die Rede sein.« Wieder küßte er sie. »Nur persönliche Interessen von dir und mir sind betroffen. Kein Grund zur Auflehnung.«

»Es ist Larissas Idee, nicht seine. Du bist bei der Mannschaft geachtet. Deshalb will sie dich aus dem Wege haben, bevor es zu einer Begegnung mit den Yogas kommt, damit du nicht ihren Handlungsspielraum einengst.«

»Wenn die Yoga-Schiffe erst einmal in der Nähe sind, dann hat sie keinen Spielraum mehr, ob ich nun da bin oder nicht. Ein Elend, daß Dutch sich so von ihr beherrschen läßt ... Wenn ich bloß einen Weg wüßte, um sie von ihrer falschen Grundposition zu lösen.«

»Für sie ist sie nicht falsch. Du hast sie sogar noch in ihrer Haltung bestärkt.«

»Aber nein!«

»Doch. Du hast etwas behauptet, was du nicht beweisen konntest.«

»Dennoch müßte sie wenigstens die hypothetische Möglichkeit einräumen, daß ich Recht haben könnte und daß den Yogas gegenüber zumindest Vorsicht am Platze wäre.«

»Du vergißt, daß sie eine Frau ist.«

»Was soll diese Feststellung? Du bist doch auch eine.«

»Allerdings, und zwar deine. Sie aber ist niemandes Frau. Der Kommandant meidet sie, und du hast sie abgewiesen. Sie ist sehr allein. Nur eines bleibt ihr, sich selber aufzuwerten: Sie will einen Erfolg, der deine Leistungen und die der anderen in den Schatten stellt.«

»Die Rettung der Sibir?«

»Und damit den Nachweis, daß sie recht hat und der berühmte Kundschafter im Unrecht war, daß sie Mut bewies – wo er davongelaufen ist.«

Erstaunt sah er sie an, begann in der Kabine hin und her zu gehen, blieb vor ihr stehen. »Vielleicht hat sie einfach – Angst?«

»Larissa? Wovor denn?«

»Vor sich selber. Goa Sung hat sich davongestohlen, als sein Weltbild zusammenbrach. Das wird Larissa nicht tun. Niemals wird sie anderen gegenüber, nicht einmal vor sich selber zugeben, daß ihr Ideal einer zwangsläufig humanen Raumzivilisation, wenn sie nur genügend hochentwickelte Technik aufweist, falsch sein könnte.«

Jetzt schüttelte Sibyll den Kopf. »Sie ist sehr klug. Weshalb sollte sie sich nicht auf eine neue Situation einstellen? Jeder kann das.«

»Sie konnte es nie. Auch nicht im persönlichen Bereich. Immer mußte es nach ihrem Kopf gehen. Und seitdem sie Gelegenheit bekam, in der irdischen Hierarchie Verantwortung zu tragen, wuchs ihr Machtbewußtsein. Sie möchte immer mehr Macht, am liebsten würde sie als allmächtig gelten.«

»Du entwirfst ein Bild von ihr, das ich nicht akzeptieren

kann. Ich bemühe mich, sie zu verstehen.«

»Sie ist um Jahrzehnte älter als du, erfahrener, raffinierter. Selbst als ich mich von ihr überrumpeln ließ und ihr gefällig war, selbst da verzichtete sie keine Minute darauf, mir ihre Ansichten aufzuzwingen.« Seine Stimme wurde leiser. »Sie genießt die Macht. Diese Besessenheit eines Verantwortungsträgers wird unser Raumschiff in die Katastrophe führen. Sogar auf der Erde vermag sie das Geflecht sozialer Beziehungen durcheinander zu bringen.« Er unterbrach sich. »Du meinst zwar, daß meine Erfahrungen im Irdischen gering sind. Dafür weiß ich um so besser an Bord von Raumschiffen Bescheid. Wenn ich nur Dutch überzeugen könnte.«

»Wenn du wirklich hierbleiben möchtest, kannst du auch den Kommandanten zur Änderung seiner Entscheidung bewegen.«

Erstaunt sah er sie an, kniff die Augen blinzelnd zusammen. Sie spürt es, daß ich gar nicht bleiben will. »Die Atmosphäre an Bord – einerseits geachtet und andererseits kaltgestellt zu sein – stößt mich ab. Nur daß ich dich zurücklassen muß, das macht mir Sorge.«

»Mein Platz ist hier an Bord. Befehl ist Befehl.« Sie wollte hinzufügen, daß sie lieber mit ihm ginge, unterließ es aber.

»Ich werde dennoch mit Dutch sprechen.«

»Ja?« Sie lächelte ungläubig.

»Über einen ganz anderen Vorschlag.«

Halb enttäuscht, halb interessiert blickte sie ihn an.

»Ich werde ihn auffordern, daß er, wenn es zur Begegnung mit Yoga-Schiffen kommt, die Besatzung in die Überlebenssysteme befiehlt.«

»Das wird er nicht tun.«

»Dann versprich du mir wenigstens, daß du in eines der Systeme gehst, wenn es so weit ist.«

»Dazu habe ich kein Recht. Als Offizier der Sicherheitsbehörde bin ich die letzte, die das darf.« Mit großen Augen blickte sie ihn an.

Behutsam schloß er sie in die Arme. »Am besten wäre es, wenn es zu keiner Begegnung käme.«

Sie spürte, daß er das so meinte, wie er es aussprach. An Melan dachte sie plötzlich, an den untoten Leichnam im Gallertbad, der einmal der Sicherheitsoffizier der Sibir gewesen war ... und sie fror in seiner Umarmung.

4.

Harper verließ den Trakt als Letzter. Spät genug war es ja. An den vorgesehenen Punkten drückte er den schwarzen Elektronikschlüssel in die Sicherheitsschlitze. Die Transportbänder der Gehwege liefen fast leer. Er würde seine individuelle Kab benutzen. Ehe er einstieg, musterte er die Gebäudefront – und erstarrte. In seinem Trakt brannte Licht.

»Verdammt.« Hatte er jemanden eingeschlossen? Er verriegelte seine Kab, eilte ins Gebäude zurück.

»Was machen Sie denn hier?«

Der Mann hinter dem Schreibtisch richtete sich langsam auf, hob die Hände in Schulterhöhe, sagte leise: »Ich handle mit X-Auftrag.«

Sie standen sich – durch den Schreibtisch getrennt – gegenüber. Harper überlegte. Er kannte den Mann, wußte ihn jedoch nicht einzuordnen.

»Darf ich mich setzen?«

»Bitte.« Jetzt erinnerte er sich. Das war Feliks. Der Spitzname, der zum Decknamen wurde, kam aus dem Lateinischen, bedeutete »der Glückliche«. Aber in diesem Falle war es mehr eine Verbeugung vor dem Begründer der sozialistischen Sicherheitsorganisation.

Schon während der Ausbildung nannten sie ihn Feliks Edmundowitsch. Seiner Erfolge und der Lauterkeit seines Charakters wegen.

Vor fünf Jahren hatte er selber Feliks in seine Funktion als verantwortlichen Offizier für die persönliche Sicherheit des G. V. eingeführt. Seither war er ihm nicht mehr begegnet. Jetzt, da er zum Oberst befördert worden war, hätte er ihn fast nicht wieder erkannt.

Harper zog sich einen Sessel heran und nahm seinem Gast gegenüber Platz. Nach ihm setzte sich auch Feliks.

»Weisen Sie sich aus.«

Mit unbewegter Miene zog Feliks einen flachen schwarzen Elektronikschlüssel aus der Brusttasche. Es war der gleiche Schlüssel, wie ihn auch Harper besaß. »Vom G. V. persönlich.«

Eben. Anders konnte es ja auch nicht sein. Nur er und Gott Vater besaßen solch einen Schlüssel.

»Und was, zum Teufel, machen Sie hier?«

Feliks schaute an ihm vorbei und schwieg.

»Schweigen ist die Tugend der Narren. Besser Sie reden mit mir. Wenn ich Sie vom Diensthabenden festnehmen lasse, wird das noch peinlicher. Für Sie, für mich und für ...« Harper machte eine vage, in die Ferne weisende Kopfbewegung.

»Überprüfung eines Hinweises. Mehr Prophylaxe.« Feliks sprach leise.

»Vorbeugend?« Er blinzelte. »Bei den Medleuten bedeutet das meistens, daß sie einem mit störenden Verhaltensanweisungen kommen. Im Zusammenhang mit Sicherheitsoperationen werden in der Regel die etwas außerhalb der Gesetze vor sich gehenden Aktionen so begründet.«

Feliks setzte eine hochmütig-ablehnende Miene auf. »Sie mögen Ihre Gründe haben, das so zu sehen. Ich werte es anders.«

»Sie haben recht.« Er lachte bitter. »Es gibt gar keine gesetzliche Regelung der Beziehungen zwischen dem G. V. und dem Sicherheitschef. Entweder Vertrauen und Respektierung oder ...«

»... es müssen durch Überprüfung und schnelle Beseitigung von Unsicherheiten Vertrauen und Respekt wieder hergestellt werden,« fiel ihm der Oberst ins Wort.

Er lehnte sich im Sessel zurück. »Sie überraschen mich aufs neue.«

In die Augen seines Besuchers schlich sich die Andeutung

eines Lächelns.

»Und welcher Unsicherheit sind sie auf der Spur und wie gedenken Sie, sie zu beseitigen?«

Der sarkastische Tonfall mißfiel dem Obristen. Das winzige Lächeln erlosch, seine Stimme klang frostig. »Die Geschichte kennt genügend Ereignisse, bei denen verantwortliche Militärs oder Sicherheitsbeauftragte versucht haben, Mehrheitsbeschlüssen, die sie für falsch hielten, einen Riegel vorzuschieben kraft ihrer spezifischen Machtmittel.«

»Weshalb, um Himmels willen, nimmt er an, daß ich – gerade ich – putschen könnte?«

»Sie, nicht ich, reden von Putsch. Ich sprach von Prophylaxe.«

»Selbst dafür müßte es doch konkrete Anhaltspunkte geben. Bitte nennen Sie sie mir doch.«

»Beispielsweise die Hartnäckigkeit, mit der Sie immer wieder die sogenannten havariefreien Schiffe fordern.«

»Das ist Prophylaxe meinerseits – in bezug auf mögliche Probleme im Yogasystem.«

»Andre könnten, nein, müssen die Raumschiffe in bezug auf unsere Welt sehen. Ihre havariefreien Schiffe wären so ausgerüstet, daß man von ihnen aus der Erde jeden Befehl aufzwingen könnte.«

Harper stand auf, schaute verstört.

Auch der Oberst erhob sich.

»Rein theoretisch wäre das möglich.« Harpers Stimme klang anfangs grüblerisch, wurde aber während des Sprechens immer lauter und bestimmter. »Aber keine irdische Mannschaft würde dieses Spiel mitmachen. Das weiß er ganz genau. Außerdem – solche Absichten hege ich nicht. Und niemand sollte mir so etwas unterstellen. Verdammt nochmal.« Er beugte sich zu Feliks, hieb die Faust auf den Tisch und wiederholte: »Niemand!«

Seine Augen blitzten, als er sich wieder in den Sessel warf.

Feliks blieb stehen. »Ich unterstelle Ihnen nichts. Auch der Generalverantwortliche nicht, vermute ich. Allein die

Tatsache, daß Ihre Funktion unter bestimmten Umständen eine solche Möglichkeit bietet, veranlaßte diese Überprüfung.«

Der Oberst schaute Harper in die Augen. Seine sind hellgrau, bemerkte Harper. Wie Gletschereis. Aber das traf im Moment nicht zu. Da war etwas anderes, eine Art Unbehagen.

Halt mal. Sollte dem Oberst die Sache irgendwie – peinlich sein? »Weshalb ließen Sie eigentlich«, er blickte zur illuminierten Decke, »diese Festbeleuchtung erstrahlen?«

Feliks zuckte nur mit den Schultern. Seine Miene blieb starr wie eine Maske.

Was drückt seine Schweigsamkeit nun aus? Korrektheit? Menschliche Anständigkeit bei exakter Befehlsdurchführung? »Bitte, nehmen Sie doch Platz.«

Der Oberst setzte sich.

»Vielleicht kann ich Ihnen helfen? Sie müssen mir allerdings verraten, was Sie interessiert.«

»Ihre Pläne der havariefreien Schiffe.«

»Aber die befinden sich doch abrufbereit im Computer.«

»Um die geht es nicht. Sie sollen ein Exemplar besitzen mit handschriftlichen Eintragungen. Auf Pergament.«

»Sie sind gut informiert. Ich habe daraus nie ein Geheimnis gemacht. Es ist auch nichts Besonderes an diesem Plan, was den Inhalt betrifft. Aber bitte, überzeugen Sie sich selbst.«

Er ging zum Schreibtisch, tippte auf dem table-servo eine mehrstellige Codenummer.

Der wuchtige Eichentisch rollte lautlos zur Seite, gab auf dem Fußboden einen altmodischen Safe frei. Er öffnete ihn mit einigen schnellen Handgriffen. »Bedienen Sie sich.«

Der Oberst dankte, griff nach den Papieren. Harper schloß den Safe und ließ den Tisch zurückrollen.

Auf der Schreibtischplatte entfalteten sie den Plan. Mit der Lupe prüfte Feliks einige Stellen. Interessiert schaute Harper zu, fragte schließlich: »Suchen Sie etwas Bestimmtes?«

»Ich überprüfe«, erwiderte der Oberst, ohne sein Tun zu unterbrechen, »ob Ihre Eintragungen eventuell eine völlig andere Planung betreffen könnten.«

»Den Aufstandsplan?« Er lachte auf. »Natürlich, darunter mache ich es nicht.« Er setzte sich kopfschüttelnd in den Sessel. »Ich bin von Hause aus Energetikkonstrukteur, spezialisiert auf Wirkweisen zur Bearbeitung superharter Stähle und Gesteinsschichten und zur Durchdringung von Energoschirmen. Waffenkonstrukteur, wenn Sie wollen. Meine Ideen habe ich in die Entwürfe von den havariefreien Schiffen eingebracht. Freizeitgestaltung. Ich arbeite lieber auf altmodische Weise, mit Papier. Später übertrugen wir alles auf Mikros. Das Original behielt ich. Sie dürfen alles mitnehmen, wenn Sie einen Spezialisten ansetzen wollen.«

Der Oberst schüttelte den Kopf, stand auf. »Das ist nicht notwendig. Die Überprüfung ist beendet.«

Er sah ihn erstaunt an.

»Darf ich mich entfernen?«

»Bitte.«

Der Oberst machte eine Kehrtwendung und verließ den Raum. Lange noch, nachdem der ungebetene Besucher gegangen war, saß Harper in seinem Sessel. Ab und zu blickte er in die Ecke zum roten Plastehalbrund. Innerhalb von Sekunden hätte er den G. V. auf dem Videophonschirm – wenn er die goldne Plombe löste. Vorausgesetzt, Gott Vater befände sich nicht gerade in der Badewanne oder bei anderer irdischer Betätigung ... Weshalb zögerte er? Was sollte er dem ersten Manne auf diesem Planeten vorwerfen? Vertrauensbruch? Oder sollte er einfach seinen Rücktritt mitteilen? Solch Reagieren war nicht üblich. Zum Teufel, es war auch unüblich, dem Sicherheitsverantwortlichen einen Kontrolleur auf den Hals zu hetzen.

Er stand auf, begann im Zimmer hin und her zu gehen.

Vielleicht lachte der General ihn einfach aus? Er könnte beispielsweise behaupten, daß es seine Pflicht sei, sich zu vergewissern, und – wenn er, Harper, ihn, den Generalverantwortlichen, glaubte überprüfen zu müssen, dann müßte er eben auch diese unangenehme Pflicht erfüllen ...

Harper blieb stehen, lachte auf. Theoretisch betrachtet könnte er das tatsächlich. Der schwarze Schlüssel funktionierte auch im Präsidialgebäude. Aber danach käme ein neuer Sicherheitschef in dieses Amt. Das war so gewiß wie der Knall beim Durchstoßen der Schallmauer. Aber die Möglichkeit bestand. Bloß – wozu sollte er oder eine andere Person in dieser Funktion davon Gebrauch machen?

Der G. V. besaß eine fast absolute Macht. Und der jetzige ging sehr behutsam, ja fast unbeholfen damit um. Das machte ihn sympathisch.

Harper kam auf Überlegungen, auf die er in anderen Zusammenhängen bereits gestoßen war, die er aber stets verdrängt hatte.

Die Handhabung von Verantwortung, Entscheidungsbefugnis und -zwang veränderte – wie jede Tätigkeit – die Persönlichkeit, den Charakter des Menschen.

»Es wächst der Mensch mit seinen höheren Zwecken«, formulierte der Dichter. Und der junge Marx drückte es wissenschaftlich aus in seiner dritten Feuerbachthese. Es handelte sich um gar keine neue Erkenntnis. Also konnte es auch ausgesprochen werden.

Sie alle übten ihre Funktion im Obersten Rat schon seit Jahren, seit Jahrzehnten aus. Grubkow mehr als dreißig, der G. V. erst fünf Jahre, er selber gerade ein Jahrzehnt. Er hatte es an sich selbst beobachtet, wie ihn allmählich ein neues Verhalten anderen gegenüber zu beherrschen begann. Ein Verhalten, das bestimmt wurde von dem Bewußtsein der eignen Macht. Direkte und indirekte Macht. Aber nicht die Tatsache (und ihr Bewußtwerden), soviel potentielle Gewalt zu verkörpern, hatte ihn verändert, nein, erst die jahrelange Ausübung dieser Tätigkeit im Amt, die Gewöhnung an die Verantwortung hatten sein Verhalten verändert.

Anfangs wollte er es nicht wahrhaben. Aber er blieb ehrlich, auch sich selbst gegenüber.

Die Gewohnheit, die Macht als etwas Gegebenes und

Dauerndes, Selbstverständliches auszuüben, das war es. Sie erhob den Verantwortungsträger – ob er es wollte oder nicht wollte, ob er es wußte oder nicht wußte – über die anderen, machte ihn zu einem elitären Wesen. Gewiß, vieles wurde objektiviert durch die Informatik, die Computeranalysen und die rechnergestützten Entscheidungsvarianten. Aber letztendlich bestimmten Menschen die Tätigkeit der Computer. Meist der Mensch an der Spitze der jeweiligen Hierarchie. Es ging um ganz konkrete Menschen. Personen mit Namen.

Daran änderte auch die kollektive Beratung im Obersten Rat nur wenig. Für jeden im Rat blieb genug Verantwortungslast. Auch Machtwollust für jeden, der sich ihr hingeben wollte.

Den Blick auf die rote Plastebox gerichtet, setzte er sich wieder. Wie um einer Versuchung zu entgehen, rückte er den Sessel heraus aus der Ecke. Er stützte die Ellenbogen auf die Knie, legte den Kopf in die Hände. Welchen Weg hatten seine Gedanken eingeschlagen! Das kam von dem Schock, dem Schock der heutigen Nacht. Es war sein eigenes, negatives Machterlebnis, wie ein Mächtiger mit ihm verfuhr.

Viel wurde geredet und gespeichert in den letzten Jahrhunderten über die Kontrolle der Macht, die die Personen an der Spitze der Gesellschaft jeweils ausübten. Lehrgeld wurde gezahlt, bitteres. Das Gewissen bemüht, die Öffentlichkeit. Und was blieb am Ende? Das Spiel zwischen Demokratie und zentraler Macht endete mit dem Übergewicht derer, die die Macht besaßen. Frappierend, wie sie ihre Position über Krisenzeiten hinweg retteten, in der Regel. Selbst wenn Fehlentscheidungen zu erheblichen Mißständen führten, ganze Menschengruppen in Verzweiflung stürzten – am Ende behaupteten sich meist die, die an den Terminals der Macht saßen. Erstaunlich, wie wenig sich seit den Zeiten Nofretetes daran geändert hatte. Wie lange sich mancher der Verantwortungsträger im Amt hielt. Sie wichen nur schwerer Krankheit – und die war selten geworden – oder dem Tod.

Der war allerdings der gleiche geblieben. Nur daß er die Menschen länger leben ließ als in früheren Zeiten. Die Lebenserwartung hatte sich in den letzten Jahrhunderten fast verdoppelt.

Leise gongte das Sondersignal, die rote Diode blinkte. Erleichtert, daß er aus seinen verworrenen Gedanken gerissen wurde, rannte er in die Ecke, riß die Plombe ab, erwartete die Anrede. Dann erinnerte er sich. Auf diesem Apparat rief nur *er* an. Da galt die Regel nicht, daß der Anrufende sich als erster zu melden hatte.

»Ray Harper. Ich höre.«

»Ich muß dich um Entschuldigung bitten.« Der Generalverantwortliche. »Ich wollte es diskret machen. Leider mißglückte meine Absicht.«

Er hörte einen Seufzer.

»Aber ich gab doch wirklich keinen Anlaß ...«

»Vertrauen ist gut. Vertrauen plus Kontrolle ist besser. Es klingt banal, ist aber eine gültige Maxime.«

»Dennoch begreife ich es nicht. Seit Jahrhunderten gab es keine Verletzungen der Verfahrensweisen im und um den Obersten Rat.«

Pause. Dann: »Vielleicht, weil mancher meiner Vorgänger ähnlich fürsorglich handelte, wie ich dir gegenüber?«

Es überlief ihn heiß. Daß er daran nicht gedacht hatte. Da gab es zwei, drei überraschende Wechsel im Amt des Sicherheitsverantwortlichen. Da konnte etwas dahinter stecken.

»Solche Dinge wurden und werden ohne Computer geregelt.«

Das hieß, sie waren auch in keinem Speicher, keinem Archiv. Weder die mit positivem noch die mit negativem Ergebnis.

»Von Mann zu Mann. Bisher hat es funktioniert.«

Mein Gott – da amtierte er seit zehn Jahren und glaubte, den Mechanismus irdischer Verwaltung im Schlaf zu beherrschen!

»Bist du noch da, Ray Harper?«

»Ja.« Er trat wieder vor den Schirm.

»Verschlägt es dir die Sprache? Oder nimmst du meine Entschuldigung nicht an? Bitte, wirf es mir nicht vor, daß die Menschheit noch keine bessere Verwaltungsorganisation erfunden hat. Die Dialektik zwischen oben und unten konnte auch unsere Selbstverwaltung nicht aufheben. Sie existiert objektiv – in jedem hochkultivierten Gesellschaftsorganismus. Und das bedeutet in der Praxis, daß jeder Verantwortungsträger auch über die Mittel verfügen muß, um seine Entscheidungen zu realisieren. Kommentare und Diskussionen können Führung nicht ersetzen.«

Harper lächelte grimmig, dachte, wichtig ist dabei nur, daß die Kontrolle funktioniert, die von unten. Und nicht nur auf dem Papier, sondern im täglichen Leben. Sonst wird aus der Dialektik zwischen Masse und Verantwortungsträgern eine Einbahnstraße von oben nach unten.

»Du lächelst, Ray Harper? Du weißt ja, jedes Volk hat die Regierung, die es verdient. Unser Erdenvolk ist ein gutes und besitzt auch die bestmögliche Obrigkeit.«

Harper lächelte gequält. Wer hatte das gesagt von dem Volk und der Regierung, die es verdient? Sicher einer der Alten. Vielleicht Marx selber, in einem Moment, als grade wieder mal eine revolutionäre Bewegung einen Mißerfolg erlitten hatte?

Es klang so nach zynischer Floskel. Und wenn es je gestimmt hätte – traf es denn heute noch zu? Mußte es nicht umgekehrt formuliert werden – jede Regierung hat das Volk, das sie verdient? Die Führung besaß doch alle Mittel der Meinungsprägung, die Medien, die elektronische Kontrolle aller Daten und Personen.

»Also wie ist es, nimmst du nun meine Entschuldigung an?«

Leichte Ungeduld glaubte Harper herauszuhören. »Gewiß. Nur wüßte ich gern den konkreten Anlaß für die Maßnahme.«

»Hat ihn Feliks nicht genannt?«

»Schon, nur ...«

»Du möchtest ihn von mir hören? Bitte. Nicht nur mir ist

aufgefallen, mit welcher Hartnäckigkeit du immer wieder den Bau deiner Raumfestungen forderst. Ich ließ die Pläne prüfen. Das Ergebnis war, daß man mit ihnen unseren Planeten fast absolut beherrschen kann. Deshalb ordnete ich die Kontrolle an.«

»Wenn meine Pläne in bezug auf die havariefreien Raumschiffe analysiert wurden, müßten auch die Termine meiner Vorschläge Gegenstand gewesen sein.«

»Waren sie.«

»Ich machte den ersten Vorstoß nach den Ereignissen auf Yoga Neun.«

»Stimmt. Aber das konnte Taktik sein. Der Sicherheitschef der Erde würde – im Falle des Falles – sicher ein gerüttelt Maß an intellektuellem Scharfsinn in das Geschäft einbringen ...« Der Generalverantwortliche lachte leise.

»Danke für die Blumen. Jedoch die Situation im Yogasystem beunruhigt mich ernsthaft. Die Sibir scheint verloren zu sein. Und – obwohl Per Grubkow und andere diese Meinung nicht teilen, befürchte ich, daß auch für die Serdjuk die Lage sehr bedrohlich werden kann. Wir sollten die Expedition zurückrufen. Sofort. Es könnte sonst zu spät sein.« Nach kurzem Zögern: »Wir sollten auch noch einige vorausgreifende Entscheidungen treffen.«

Eine lange Pause trat ein.

»Du hast neue Fakten? Beweise, die Hand und Fuß besitzen?«

»Ja.«

»Gut. Sende mir dein Material auf direktem Wege.« Und dann sehr persönlich und zugleich energisch: »Aber deine Raumkreuzer bauen wir nicht. Sie nehmen der Menschheit zuviel von ihrem Wohlleben. Und sie sind nicht notwendig.

Gegenwärtig nicht notwendig. Gute Nacht.«

Das Gespräch war zu Ende. Er fühlte sich erschöpft. Am liebsten würde er hier im Sessel ruhen bis zum Morgen. Aber da gäbe es bloß unnötiges Gemunkel.

Er schaute auf die gerissene Plombe, tippte Grubkows

Nummer und wartete. Wollte er mit ihm reden, um ihm fairer Weise einen Wink zu geben? Oder weil es immer besser war, mit einhelliger Auffassung vor den Rat zu gehen? Vielleicht hatte Grubkow schon von allein seine Meinung revidiert?

»Du? Mitten in der Nacht?«

»Entschuldige, ist dein Entscheidungsvorschlag für den Obersten Rat schon formuliert?«

»Gewiß doch.«

»Bleibst du dabei, daß sie dort oben weitermachen sollen?«

»Weshalb sollte ich anderer Ansicht geworden sein?«

Harper schnaufte beim Luftholen. »Weil auch du indessen erkannt haben solltest, daß die Sibir Opfer einer Katastrophe geworden ist. Melans Aussagen sind eindeutig. Und dieser Professor brachte sich um, als er die Wahrheit über das Schicksal der Sibir erfuhr.

Wir haben kein Recht, unsere Leute einem unnötigen Risiko auszusetzen.«

»Goa Sung war ein alter Herr, etwas weltfremd. Und euer Mann auf der Sibir? Vielleicht hat er nur durchgedreht?« Nach kurzer Pause versuchte Grubkow seinen Verdacht zu mildern: »Gegen Panik ist niemand gefeit.«

»Stimmt. Irgend etwas müßte aber dann Panik ausgelöst haben. Oder?«

Wieder trat eine Pause ein. Dann sagte Grubkow: »Weißt du was? Lassen wir es doch darauf ankommen, warten wir einfach weitere Informationen ab. Abwarten bewahrt uns vor unnötigem Streit und eventuellen Fehlentscheidungen.«

»Damit setzen wir Menschenleben aufs Spiel, die ganze Mannschaft.«

»Ich ahnte nicht, daß du zu theatralischen Übertreibungen tendierst. Vielleicht ist es mir von Nutzen, das zu wissen. Immerhin stehen auf dem Expeditionsauftrag dein und mein Signum.«

Bild und Ton erloschen. Per Grubkow hatte den Kontakt beendet.

Er fühlte sich wie ausgelaugt. »Daß einer lächeln kann und immer lächeln und doch ein Schurke ist.« Müde zitierte er Hamlet, während er aus dem Zimmer ging und den Vertikaltransporter betrat. Unten stand seine Kab. Er konnte zu Hause noch einige Stunden schlafen. Eigentlich ein Glück, daß der General ihm den Feliks auf den Hals gehetzt hatte.

Unruhig rutschte Harper auf seinem Sitz hin und her. Aber der Biomatsessel paßte sich jedesmal der veränderten Haltung an. Der ganze Sitz vibrierte und störte seine Nachbarn. Er zwang sich zur Ruhe, musterte die Deckenstruktur des kleinen Sitzungssaales, in dem der Oberste Rat heute tagte.

Die turnusmäßige Sitzung war vom G. V. vorverlegt worden. Das hatte zur Folge, daß Per Grubkows Vorlage, auf die er ungeduldig wartete, noch nicht ausgedruckt war.

Bis in die Nacht war Grubkows Mannschaft beim General gewesen, mußte die Vorlage überarbeiten. Wie die Entscheidungsvorschläge jetzt lauteten, wußte er nicht. Immer wieder starrte er auf den Anzeiger oder drückte seinen Info-Auswerfer. Neun Kassetten lagen vor ihm. Nur die mit Grubkows Vorlage, die war nicht dabei.

Eigentlich hatte er gehofft, daß er zu der Beratung eingeladen würde. Wenigstens eine Beobachtungsschaltung erwartete er. Aber er harrte vergeblich. Eine vorsichtige Anfrage gelangte nur bis zum diensthabenden Servomat. »Keine Störung erwünscht« und »Kein Bedarf an Zusatzinformationen« waren dessen gleichbleibende Antworten.

Immer noch beriet der Oberste Rat über die textile Versorgung. Das war der erste Tagesordnungspunkt. Jeder Bürger konnte im Jahr fünfundzwanzig volle Einkleidungen für Freizeit und Festlichkeiten beanspruchen. Kaum einer nutzte das Limit vollständig aus. Das Problem bestand darin – soviel hatte er mitbekommen –, daß der Geschmack vieler Bürger Kapriolen schoß. Es begann damit, daß irgendwo, meist in den Superballungszentren, und fast immer betraf es die jüngeren Bürger, die Leute anfingen, auf Teufel komm ’raus Kleidungsstücke von ausgefallenem Schnitt und mit eigenwilligem Zubehör zu verlangen. Bekleidungen, die man bei einer Show oder in einem Medienbericht entdeckt hatte. Oder die einer der alternativen Designer kreierte. Das Rennen nach solchen Klamotten begann, die Nachfrage explodierte, die Produktion kam nicht nach, die Umstellungen wurden nur ruckweise und partiell wirksam. Im Nu entstand eine Art »Graumarkt«, auf dem die begehrten Sachen zu Überpreisen gehandelt wurden. Die Bürger reagierten unterschiedlich. Die einen fühlten sich pudelwohl in der Situation, nannten es Modebewußtsein, andere dagegen ereiferten sich über die Schwerfälligkeit der automatischen Produktionsstätten und die Rückfälle in das vorzeitliche Spekulationsfieber.

In seiner ungeduldigen Erwartung der Grubkow-Vorlage verpaßte er die Beschlußfassung des Rates. Also mußte er sich den Text später ausdrucken lassen. Seine derzeitige Partnerin gehörte zu den Modebewußten, sie würde es ihm kaum verzeihen, wenn er sie nicht ins Bild setzte.

Immer noch sprach einer der Versorgungsmenschen. Jetzt ging es um ein neues Eiweißprodukt, gewonnen aus Algen und Mineralien. »Altgewohnte Geschmacksvarianten sind ebenso herstellbar wie gänzlich neuartige.

Hier biete ich Ihnen von den grünen Marken an: Steak vom Rind, Steak vom Schwein, Tintenfisch in Sojasoße.

Von den roten Marken gänzlich neu: Das Feuermenü, stark gewürzt, erinnert an Schildkröte, ist nur herzhafter; Dessert l’algérien, fast wie Ananas, nur viel erfrischender.«

Der kuglige Mann verteilte mit sparsamen Bewegungen, aber verblüffender Behendigkeit seine Proben.

Allgemeines Schmatzen hob an. Auch Harper bekam ein Tellerchen ab. Wie Frikassee, nur fruchtiger und kräftiger. Es mundete ihm. »Verdammt«, entfuhr es ihm, »da ist ja Knoblauch drin.«

Der Speisenverteiler hatte es gehört. »Jawohl, wie Knoblauch gewürzt, Sie haben es richtig erschmeckt. Aber beruhigen Sie sich, es riecht nicht. Weder beim Essen noch später. Eine Revolution im Würzen.«

Der Rat bestätigte den Aufbau dieser neuartigen Produktion. Nur die spätere Unterstellung blieb noch offen. Die Sache spielte in zu viele Bereiche hinein: in die Meeresbewirtschaftung, den Bergbau, die Nahrungsgüterwirtschaft.

Die Auflage der Computerentwicklung – eine neue Generation der biologischen Roboter und ihrer Kopplung mit sich selbst programmierenden Rechnern – ging komplikationslos über die Bühne.

Endlich spuckte ihm der Auswerfer die Yogakassette auf den Tisch. Er überflog den Text im Monitor und atmete auf.

Dann verlief alles sehr schnell. Ohne Diskussion. Auch er verzichtete auf eine Wortmeldung. Der Rat beschloß die Rückberufung der Yogaexpedition. Das war gut. Noch besser gefiel ihm die Begründung: »... um weitere Verluste zu vermeiden und eventuellen Mißverständnissen, die zu tragischen Ereignissen führen könnten, auszuweichen.«

Diese Stelle blockierte er, las sie mehrmals. Um Mißverständnissen auszuweichen? Das konnte nur heißen, daß die Begegnung mit einer fremden Zivilisation im Yogasystem nicht mehr als unvorstellbar ausgeschlossen wurde. Das war fast mehr, als er zu erhoffen gewagt hatte. Da nahm er auch die Ablehnung seines weiterreichenden Vorschlages ebenso in Kauf wie die bissige Bemerkung im Protokoll: »Der Oberste Rat sieht keine zwingenden Gründe für die Herstellung sogenannter havariefreier Großraumschiffe.«

Er verließ die Sitzung vor dem offiziellen Abschluß, obwohl das unhöflich war gegenüber G. V. In der Dispatcherzentrale der Raumfahrtbehörde drängte er auf die Absendung des Rückzugsbefehls. Ohnehin waren seit Eingang der Meldung von der Serdjuk schon Tage vergangen. Und weite Zeiträume mußten durchmessen werden, bis Pierre Dutch von der neuen Entscheidung erfuhr.

V Die Begegnung

1.

»Commander, eine Positionsmeldung.«

Gladyschew, untersetzt, eher klein als groß, griff mit seinen kurzen, dicken Fingern nach dem Papierstreifen, musterte dabei seinen ersten Offizier. Ohne Mütze, Kragen offen, ein Wunder, daß er die Hände nicht in den Taschen hatte.

Mürrisch las er die Koordinaten, wurde munter, schaute hoch zu Salbeg. »Da hat sich Dutch aber beeilt.«

»Es ist nicht die Serdjuk, nur ein Raumerkunder, geführt von Katman.«

Schnell blickte der Kommandant der Poolman wieder auf den Meldespan. Peinlich, daß er sich geirrt hatte. Aber daran war nur das ewige Warten schuld. Er wünschte, daß Dutch ihn entweder ins Yogasystem holte oder mit der Serdjuk zurückkam.

»Bitte eine Verbindung zum RE sieben«, befahl er. Wenn er schon warten mußte, dann wollte er wenigstens seine Neugier befriedigen und mit Katman sprechen. Ein berühmter Raumkundschafter, seit einem Jahr skandalumwittert wegen der Yoga-Neun-Ereignisse. Soviel er wußte, hatte er bei Dutch im Yogasystem wieder für Aufsehen gesorgt.

»Wie kommt es, daß der Kommandant der Serdjuk Sie auf diese Position schickte?«

»Um eine schnelle und zuverlässige Informationsverbindung zu gewährleisten. Außerdem wird auch die Serdjuk auf Distanz zum Yogasystem gehen.«

Gladyschew brubbelte etwas von »... nichts Halbes und nichts Ganzes ...«, aber Katman tat, als hätte er nichts verstanden.

»Sie waren mit Ihren Männern ja dicht dran an der Yogazivilisation. Haben Sie es eigentlich bis zu ihrem Planeten geschafft?«

»Wir kamen nur bis zu einer ihrer Außenstationen.«

»Und dort trafen Sie mit ... ihnen zusammen?«

»Die Station war voll automatisiert.«

»Woher dann die detaillierten Aussagen im Funkprotokoll des Kommandierenden?«

»Sie resultieren teilweise aus unseren Untersuchungen des Planetoiden, und zum anderen fingen wir eine Fernsehübertragung von Yoga Zehn ein mit Aufnahmen der Sibir. Sie steht dort am Rande eines großen Raumflughafens.«

»Davon war die Rede im Bericht. Aber dort gab's einige dunkle Andeutungen. Was steckt dahinter?«

Er lauschte, hörte aber nur Katman atmen. »Commander, reden Sie schon. Unser Gespräch von Mann zu Mann wird nicht offiziell protokolliert.«

»Aber es wird gespeichert. Selbst wenn Sie die Automatik abschalten, wird alles im versiegelten Kat-Komplex festgehalten.«

Gladyschew grinste. Er wußte jetzt, daß da noch etwas herauszufiltern war. Vorhin, da hatte er nur auf den Busch geklopft. »Ich verbuche Ihre Information als subjektive Vermutung Ihrerseits, das heißt, von Ihnen selber als bezweifelbar eingestuft.«

»Vielleicht ist es in der Tat richtig, Sie in Kenntnis zu setzen.« Noch zögerte Katman. Endlich entschloß er sich zu reden. »Wir, mein Pilot und ich, erlebten bei der Erkundung jener Station eine eigenartige ... Sache. In einem dunklen, runden Raum, der sich nach oben trichterförmig verengte ...« Er berichtete über die Begegnung mit dem Yogabewohner und mit Rodrigez.

Gladyschew – anfangs belustigt – hörte interessiert zu. Er bereute, daß er die Speicherung neutralisiert hatte. Gar zu gern würde er das Band seinen Offizieren vorspielen. Aber an den plombierten Kat-Komplex kam keiner heran. »Wie erklären Sie sich die Geschichte?« Neugier und Skepsis schwangen in seiner Stimme mit.

»Erklären kann ich's nicht. Nur vermuten, daß sie dort ein Übertragungssystem völlig neuer Art installiert haben. Vielleicht auf der Basis von Hirnströmen.«

Muß ich meinen Informator fragen, dachte Gladyschew. »Waren Sie nun doch auf dem Planeten oder nicht?«

Katman lachte. »Genau das ist des Mondkalbes innerster Kern. Ich bin überzeugt, daß ich alles real erlebte. Wir sahen auch die Sibir, genau *so* und genau *dort*, wie sie auf dem Video zu erkennen ist. Ebenso real aber ist, daß wir die Kabine nicht verlassen haben. Und da wir keinerlei Beweise für unseren ... Trip besitzen, wurde das Ganze unter Halluzination verbucht.«

»Sie hätten alles filmen sollen, aufnehmen auf Band!«

»Commander, wir haben! Leider war nichts drauf auf dem Band. Nur meine und des Piloten Stimme. Sonst nichts.«

»Sch...ade.« Sein Tonfall drückte ärgerliches Bedauern aus. Und auch ein wenig Mißtrauen. Er begann dunkel zu ahnen, weshalb Dutch diese Geschichte im offiziellen Bericht weggelassen hatte. »Und Ihr Pilot?«

»Sredny befand sich immer Seite an Seite mit mir.«

Gladyschew schnaufte. Katmans Mitteilung hatte ihn beeindruckt. Dabei war er für seine – manchmal stoische – Ausgeglichenheit bekannt. Und dafür, daß er immer alles ganz genau wissen wollte. Jetzt wußte er's – und fühlte sich unbehaglich. Dennoch fragte er weiter. »Was machte auf Sie den stärksten Eindruck?«

Katman zögerte. »Einmal der Vorgang selbst. Dann Größe und Geschwindigkeit der Yogaschiffe im Vergleich zur Sibir. Wie der Planet zu seinem Mond. Meine Partnerin würde sagen: wie ein Spatz unter Adlern. Ihr technischer Vorsprung scheint mir beachtlich.«

Er wußte nicht, ob er weiter sprechen sollte. Er kannte Gladyschew zu wenig, nur aus der Darstellung anderer. Aber wer Alpha sagt, muß wohl auch Beta sagen. »Und zum anderen die Warnung des Antriebsmechanikers von der Sibir.«

»Sie meinen, der war echt? Dann glauben Sie wohl, die Yogas könnten uns Überraschungen bereiten?«

»Überraschungen? Eine Katastrophe befürchte ich!«

»Aber Dutch hat eine andere Meinung?«

»Jedenfalls bezweifelt er die Richtigkeit meiner Schlußfolgerung, daß die Serdjuk sofort zur Erde zurückkehren muß.«

»Meinen Sie denn, unsere Expedition kann ihren Auftrag nicht realisieren?«

»Ich halte ihn für realisiert. Die verschollene Sibir ist entdeckt. Daß unsere Expedition die Überlebenden herausholen und zur Erde bringen kann, das allerdings halte ich für unmöglich.«

»Aber Dutch hält es für möglich?«

»Das befürchte ich. Zumal da andere ihm diese Ansicht suggerieren.«

Gladyschew ließ eine Pause eintreten. Jetzt will er mich bewegen, in seinem Sinne auf Dutch einzuwirken. Aber aus der Sache halte ich mich raus. »Dutch hört also auf seine charmante Stellvertreterin?« Er lachte kollernd. »Beneidenswert, wenn man die Dienstgeschäfte im Bett erledigen kann.« Oder auch nicht, dachte er. Er beneidete Dutch keinesfalls um dessen Position, hatte aber volles Zutrauen zu seiner Cleverness. »Er wird schon rechtzeitig seinen Rückzieher machen.« Wieder das Lachen. »Hat mich gefreut, mit Ihnen zu sprechen. Wünsche gute Verrichtung.«

»Information Nummer drei über Relaisstation RE sieben an Poolman, Kommandant an Kommandant:

Gegen dreiundzwanzig Uhr Bordzeit reagierte ein Yogasender über Ultraröntgen auf unsere Kontaktangebote. Sie bestätigten den Empfang unserer Sendungen und wünschen eine Begegnung im Raum.«

Katman schluckte, winkte Bernard, daß er die Verbindung zur Poolman schaltete. Dann bat er um ein Gespräch mit dem Kommandanten der Serdjuk.

Dutch meldete sich sofort.

»Commander, es steht mir nicht zu, Ihnen zu raten, aber ich bitte Sie, bei der Begegnung auf Sicherheitsgarantien zu bestehen.«

»Zum Beispiel?«

»Daß ein Abstand von hunderttausend Kilometern nicht unterschritten wird.«

»Okay.«

»Mit den Panzergleitern wird eine Energiebarriere auf halber Strecke aufgebaut.«

»Auf keinen Fall!« Das war Larissa. »Es würde auf sie wie eine Provokation wirken.«

»Nicht, wenn es ihnen angekündigt wird. Denkt an das Schicksal der Sibir.«

»Dieses Mißverständnis werden wir aufklären, wenn wir erst mal stabilen Kontakt haben. Katman, endlich hat unsere Ausdauer ihren Lohn gefunden. Die Yogas haben geantwortet. Wir befinden uns auf Erfolgskurs, für den Sie die Voraussetzungen geschaffen haben. Nichts dürfen wir tun, was diesen Weg irgendwie und irgendwann gefährden könnte!«

»Ich entsende die Raumerkunder zwei, drei, fünf und neun als Begrüßungskordon«, entschied Dutch.

Aber die sind doch wehrlos und nutzen dem Schutz der Serdjuk so gut wie gar nichts. Katman fühlte die Beklemmung in sich wachsen.

Von der Poolman meldete sich Gladyschew. »Etwas unerwartet, diese Wendung, was?«

Im RE sieben reagierte niemand.

»Jetzt, da es zum Kontakt gekommen ist, steht doch der Weg zu den Kameraden der Sibir offen?«

»Ich glaube es erst, wenn wir sie an Bord haben.« Katmans Stimme klang gepreßt.

Wieder ertönte das Signal der Serdjuk. Es folgte der Anruf.

»Wir übertragen mittels RE sieben den Informationsaustausch mit den Yogaabgesandten ...«

Hier brach der Text plötzlich ab, eine andere Stimme wurde vernehmbar. »Rufe RE zwei, drei, fünf und neun; hallo RE zwei, drei, fünf und neun, bitte melden. ... Hören

Sie mich? ... Antworten Sie. Haben Sie Ihre Position bezogen?«

Gladyschew fragte: »Was ist denn mit den Burschen los? Sitzen sie auf ihren Ohren?«

Katman regulierte den Poolmanlautsprecher auf die geringste Lautstärke. Gladyschew machte ihn nervös, wenn er ständig dazwischen redete.

Es knisterte im Tongeber. Bernard versuchte über die Sensoren die Antenne genauer zu richten. Aber die Störungen blieben.

»... schlagen Begegnung vor und Austausch von Delegationen, nachdem die Körper- und Umfelddaten ausgetauscht und angeglichen sind.« Eine nasal klingende, unbekannte Stimme.

»Das ist der von der Serdjuk empfangene Spruch der Yogas!«

Sredny sagte es fast andächtig. »Wenn ich es nicht selbst gehört hätte ...«

»Ihre Demarkationslinie auf hunderttausend Kilometer wird akzeptiert.«

»Ich habe sie auf dem Monitor der Fernsensoren«, rief Kerper. »Eine ganze Armada.«

Sie hörten, wie auf der Serdjuk Jubel ausbrach.

Sredny schüttelte verklärt lächelnd den Kopf.

Katman dagegen fluchte leise, rieb und dehnte die Finger, ballte sie zur Faust, streckte sie wieder aus.

»Kameraden!« Larissas Stimme. »Alle Besatzungsmitglieder auf Alarmstation. Von uns hängt jetzt alles ab; der Erfolg liegt greifbar nahe. Äußerste Disziplin ist notwendig, um jeden Fehler zu vermeiden.«

»Sie hat es geschafft«, flüsterte Katman, »unvorstellbar ...«

Bernard blickte ihn mitfühlend an.

»Jetzt fragt Dutch nach der Sibir.« Sredny preßte das Ohr an den Tongeber. »Die Yogas antworten nicht.«

Dutch wiederholte die Frage. Jetzt hatte er Erfolg.

»Vermissen Sie eines Ihrer Schiffe?« fragte die nasale

Stimme. »Wir sind bereit, Sie bei der Suche zu unterstützen.«

Dutch schwieg. Die Antwort schien ihn in Schwierigkeiten zu bringen.

Die Serdjuk begann plötzlich über alle Kanäle nach den ausgesandten Raumerkundern zu rufen.

Wieder schaltete sich Katman auf die Verbindung zur Serdjuk. »Commander Dutch, entsenden Sie die Panzergleiter, um die Raumerkunder zu suchen, teilen Sie das den Yogas mit.«

»Katman, mischen Sie sich nicht ein«! Larissas Stimme klang drohend. »Unser Programm läuft, Sie werden es nicht aufhalten. Ich dulde keine Aktivität, die von der anderen Seite als Provokation mißdeutet werden könnte.«

Katman erwartete, daß Dutch etwas sagen würde. Aber der Kommandant schwieg.

»Ich bitte um ein Ein-Minuten-Gespräch mit Sibyll Kelton.«

Dutchs Okay kam sofort, es klang erleichtert.

»Sibyll Kelton am Gerät.« Ihre Stimme wirkte froh, erregt. »Salek, wir werden uns wiedersehen.«

»Hör zu. Wir haben wenig Zeit. Ich bitte dich, ich flehe dich an, geh in das Überlebenssystem.«

»Salek ...« Ihre Stimme wurde leiser, als ob sie sich mit hoher Geschwindigkeit entfernte, bis sie fast geisterhaft tönte.

»Bitte geh in das System!« brüllte er hilflos.

»Die Außensensoren melden Energieentladungen mit Reststrahlung ...«

Es folgten vier Koordinaten. Kerpers Stimme klang seltsam zittrig im Übertragungslautsprecher.

»Bitte genauer, was da los ist! Auf diese Entfernung muß doch ein klares Computerbild möglich sein«, rief Dutch ärgerlich.

»Leider nicht. Die Sensoren abeiten nur mit zwanzig Prozent ihrer Leistung, als ob sie blockiert werden.«

»Zum Teufel, ich will es genau wissen, das ist doch der

Raum, in dem unsere Erkunder operieren.«

»Commander, zwei Yogaobjekte beschleunigen und gehen über die Hunderttausend-Kilometer-Linie ...«

»Commander Dutch!« Katman mischte sich abermals ein. »Befehlen Sie die Besatzung in die Überlebenssysteme!«

Aber Dutch reagierte anders. »Chief, Alarmstart Richtung Poolman. Sofort!«

»Zu Befehl.«

»Furaschowa, Panzergleiter einsatzbereit. Erste Welle aktivieren und in Marsch setzen, Richtung Yogaschiffe.«

Katman musterte seine Gefährten. Bernard war bleich geworden, Sredny blickte mit schreckgeweiteten Augen auf die Instrumente.

»Jetzt nicht durchdrehen«, sagte Katman, »was auch kommt.«

»Die Aggregate fahren Vollschub, Commander ...«

»Und wo bleibt die Beschleunigung?«

»Die Serdjuk bewegt sich kaum, trotz voller Antriebsleistung.«

»Das heißt ...?« Es war wie ein Hauch.

»Sie halten uns fest.«

Katman setzte zum Reden an – aber er biß sich auf die Zunge, hob nur resignierend die Hand.

Sredny regulierte verstört an seinem Terminal.

Bernard mühte sich um die Richtantennen und Abstrahler. Zeitweilig war außer lautem Prasseln und schrillen Pfeiftönen nichts zu hören.

»Die Yogas gehen mit ihrer Elektronik dazwischen.«

Dann drangen wieder Übertragungsteile durch.

»Erste Welle Panzergleiter ist in Position ... Sie bauen eine Isolationsbarriere.«

»Schiff beschleunigt wieder. Erste Stufe ... zweite Stufe ...«

»Na endlich.«

Wieder Prasseln und Pfeifen.

»Weshalb drosseln Sie, Chief?«

»Antrieb läuft auf Vollschub. Wir werden schon wieder

durch ein Schwerefeld gestoppt.«

Dumpfe Explosionsgeräusche, unmenschlich klingende Schreie und wieder das Prasseln.

Larissas Stimme: »Panzergleiter eliminiert. Strahlenschlag hat die Serdjuk getroffen. Kommandant ausgefallen. Ich übernehme.«

Das war der Anfang vom Ende. Katman klammerte sich ans Steuerpult. Ob Sibyll ins System gegangen ist? Was mochte jetzt an Bord der Serdjuk vorgehen? Hatte es noch einen Sinn, sich an Larissa zu wenden? Er biß sich auf die Unterlippe. Es war zu spät.

»Können wir nichts tun?« Sredny fragte es schüchtern.

»Nein.« Katmans Gedanken überschlugen sich. Ob sie ins Ü-System gegangen ist? Und: Nicht mal für uns selber können wir etwas tun, im Gleiter gibt es kein stabiles Rettungssystem. Sie werden erst die Serdjuk vernichten, danach uns erledigen und dann Jagd auf die Poolman machen.

»... die letzten Panzergleiter gehen auf Angriffskurs.« Das war Larissa. Ruhig und entschlossen, wie immer.

»Verdammt, sie haben sich auf die Dinger eingestellt.« Kerper heulte fast. Dann meldete er leise: »Panzergleiter vernichtet.«

»Welche Wirkung bei den anderen?«

»Nichts erkennbar.«

»Unser Energieschild ist zu schwach.« Der Chief meldete sich. »Sie durchlöchern ihn und zerschmelzen unsere Aggregate.«

Es prasselte und knallte in den Abstrahlern, zischte und pfiff. Bernard senkte den Geräuschpegel.

Dann Larissa ganz leise: »Die wollen keinen Kontakt. Die wollten nie mit uns Verbindung aufnehmen.« Ihre Stimme wurde schrill, verzweifelt: »Sie wollen unseren Tod. Wir sind wehrlos ... Katman, die Erde ...« Sie schluchzte auf, stöhnte: »Oh, mein Gott.«

Ein Bersten und Krachen, dann schwiegen die Sendeanlagen der Serdjuk.

Auf den Männern in der Zentrale der Poolman lastete entsetztes Schweigen.

Larissa Furaschowas »Oh, mein Gott« hing noch im Raum. Sie würden es wohl ihr Leben lang hören.

Gladyschew durchbrach die Erstarrung. »RE sieben, bitte melden.«

»Hier RE sieben.«

Er winkte Salbeg heran, den ersten Offizier. Der übernahm. »Unsere Außensensoren registrieren strahlungsaktive Metalldämpfe am letzten Standort der Serdjuk. Datenvergleich.«

Der RE sieben, zwar mit wesentlich schwächeren Sensoren ausgestattet, aber dafür erheblich näher am Geschehensort stationiert als die Poolman, meldete übereinstimmende Messungen. Und es waren auch die Sensoren des Raumerkunders, die zuerst eine Standortveränderung der Yogaflotte signalisierten. »Sie bewegen sich mit zunehmender Geschwindigkeit auf die Poolman zu.«

Gladyschew ließ die Angaben überprüfen, ehe er befahl: »RE sieben, Commander Katman. Sie starten mit Vollschub Richtung Poolman. Ich warte auf Sie. Wir kehren zur Erde zurück.«

Der RE sieben schwieg.

Gladyschew wiederholte. »Bestätigen Sie Befehlsempfang.«

»Commander Gladyschew, gestatten Sie einen Vorschlag.«

»Beeilen Sie sich.«

»Wenn Sie unsere Ankunft abwarten, hat die Poolman keine Chance, den Yogaschiffen zu entkommen. Und wir damit auch nicht. Ich schlage vor, daß Sie sofort mit voller Geschwindigkeit in Richtung Erde starten.«

»Keine Zeit für edelmütige Gesten, Katman, befolgen Sie den Befehl.«

»Kein Edelmut, purer Egoismus, Commander. Wir haben eine bessere Variante. Der RE sieben geht zurück ins Yogasystem. Wir setzen uns auf Yoga Neun fest. Wir können dort existieren, bis Entsatz von der Erde kommt.« Nach kurzer Pause. »Falls uns die Yogagesellschaft in Ruhe läßt.«

Der Informationsoffizier tippte die Koordinaten auf die dreidimensionale Sternenkarte und ließ den Rechner die Bewegungen simulieren.

»Katmans Vorschlag ist realisierbar.« Er zeigte, daß die Positionen der Yogaflotte, der Poolman und des RE sieben zueinander standen wie die Spitzen eines ungleichseitigen Dreiecks. »Wir bewegen uns zum Einstieg in den Hyperraum. Der RE sieben geht – fast geradlinig – ins Yogasystem.«

Gladyschew gefiel das nicht. Salbeg sah es ihm an. »Damit gewinnen wir Zeit.«

»Und wenn sie den Raumgleiter verfolgen?«

Salbeg zuckte mit den Schultern und wies auf den Monitor, der die Näherungswerte der Yogaflotte wiedergab.

Noch waren es hohe Zahlen, die auf dem Bildschirm erschienen. Aber jede neue war etwas kleiner als die vorhergehende. Und so würde es weitergehen. Die Zahlen wechselten in rascher Folge. Sie kamen näher, beängstigend schnell.

»Katman, ich folge Ihrem Vorschlag. Die haben ein höllisches Tempo. Viel Glück.«

Gladyschew beendete die Verbindung, winkte dem Chief.

Der legte sämtliche Energie auf den Antrieb.

Als die Dioden grün blinkten, befahl Gladyschew Vollschub.

Mit monotoner Stimme las Bernard die Sensordaten über die Bewegung der Yogaflotte ab. Alle drei Minuten die neuen Werte. Am Ende jeder Ansage folgte jedesmal: »Bahn liegt unverändert in Richtung der Poolman.«

Katman grübelte. Weshalb ließen sie den RE sieben unbehelligt? Zumindest im Moment. Weil sie kein Risiko eingehen wollten? Denn die Poolman war gewarnt, war auf militärische Aktionen vorbereitet. Sie würde schwieriger zu vernichten sein als die Serdjuk, deren Verantwortungsträger mehr von ihren Wünschen als von den Realitäten ausgegangen waren.

Später streiften sie das Umfeld des Serdjuk-Untergangsortes. Hier müßten sie auf die Kapseln der Überlebenssysteme stoßen – falls welche von der Serdjuk freigekommen waren.

Obwohl sie Schleifen einlegten, blieben die Monitore der Sensoren tot. Nur die aktivierten Metalldämpfe zogen weit im Raum dahin.

Nach Stunden gaben sie es auf. Bernard richtete die Sensoren wieder auf die Poolman und die Yogaflotte.

»Commander!«

Katman reagierte unwillig. Bis er die Zahlen sah. »Verdammt!« Er winke Sredny heran. »Prüfen, mit dem Computer.«

Der Rechner bestätigte die Daten.

»Dann holen sie die Poolman noch vor dem Hyperraum ein.«

Also war auch die Poolman verloren. Die Erde würde nie erfahren, was hier geschah. Niemand würde kommen, um sie von Yoga Neun abzuholen. Ihr Unternehmen war sinnlos geworden.

»Es gibt noch eine Möglichkeit«, Katman sagte es leise, sah erst Bernard, dann Sredny an. »Sie haben einen Fehler gemacht, als sie uns unbeachtet ließen. Wir sind ihnen offensichtlich zu unbedeutend. Aber das kann sich ändern. Wir können es ändern.«

Sie blickten ihn an. Skeptisch, aber doch mit einem Schimmer Hoffnung oder besser: Erwartung.

»Wir gehen nicht nach Yoga Neun, sondern auf den Satelliten von Yoga Zehn.«

»Wollen wir uns gefangen geben?« fragte Bernard.

Sredny begann zu grinsen. Grimmig. »Wir legen ihre Energieanlage lahm.«

Bernard tippte sich kopfschüttelnd an die Stirn. »Selbst wenn wir das zustande bringen – was wird aus uns?«

»Bitte, hört erst meinen Vorschlag.«

Sie wandten sich Katman zu.

»Bevor sie die Poolman eingeholt haben, landen wir auf dem Satelliten. Von dort aus versuchen wir, die Yogaführung ... unter Druck zu setzen. Wir drohen mit der Vernichtung des Energiesatelliten, wenn sie nicht die Feindseligkeiten einstellen und die Verfolgung der Poolman aufgeben.«

»Sie müßten blöd sein, wenn sie darauf eingingen«, meinte Bernard müde.

»Halt, halt«, rief Sredny. »Wenn die Computeraussage stimmt, so bekommen sie von diesem Satelliten ein Drittel ihrer Energie. Wenn diese Menge ausfällt, bricht ihr Energieschirm zusammen. Und wer weiß, was noch.«

»Aber sie werden uns betrügen, so wie sie Dutch betrogen haben.«

»Das Risiko müssen wir eingehen«, meinte Katman nachdenklich. »Viel wichtiger ist, ob sie uns unsere Entschlossenheit abkaufen.«

Am Ende ihres Gedankenaustauschs entschieden sie sich für den Weg zum Satelliten. Bernard hatte seinen Widerstand aufgegeben, auch wenn er das Ganze für einen Akt der Verzweiflung hielt. Sie hatten keine Wahl.

»Können wir die Poolman über unsere Entscheidung informieren?«

»Wenn wir genau richten und eng bündeln – vielleicht.«

Sie strahlten ihre Mitteilung ab und hofften, daß sie die Poolman erreichen möge. Eine Antwort erwarteten sie nicht. Das Raumschiff brauchte jedes Watt, um den Verfolgern zu entkommen.

2.

Die Signale des Aufzugs blinkten.

Das wird Salbeg sein, dachte Gladyschew. Zweimal hatte er ihn weggeschickt, jetzt freute er sich auf das Erscheinen seines ersten Offiziers. Er sah zum Zeitgeber. Achtundvierzig Stunden hatte er die Zentrale nicht verlassen. Todmüde fühlte er sich. Es war höchste Zeit, daß die Ablösung kam.

Salbeg musterte den Kommandanten. Trotz aller Robustheit sah man ihm die Erschöpfung an. »Eine Meldung von Katman, arg verstümmelt. Er geht nicht auf Yoga Neun, sondern auf Yoga Zehn zu.«

»Zeigen Sie her.« Müde griff er nach dem Streifen. Nichts wurde es mit dem Schlafen. Er schluckte eine Fitneßkapsel. »Wissen Sie, was er dort will?«

Der erste Offizier deutete mit einem leichten Pendeln des Kopfes sein Nichtwissen an.

Der Kommandant schlurfte zur Sternenkarte, aktivierte die holographische Raumkarte und befahl seinem Informationsoffizier, Katmans neuen Kurs zu simulieren.

Im Nachthemd saß der aus dem Schlaf Gerissene am Pult, rieb die nackten Füße aneinander. Ihm war kalt.

»Für den RE sieben wäre der Weg zu Yoga Neun sicherer, wenn auch weiter.« Gladyschew wandte sich Salbeg zu. »Ist das der gesamte Text?«

»Mehr konnten wir nicht herausfiltern. Ursprünglich war der Spruch länger. Sicherlich enthielt er eine Begründung des Entschlusses.«

»Schade. Was hat sie nur zu ihrer Kursänderung veranlaßt?«

»Vielleicht sind sie auf Überlebende der Serdjuk gestoßen?«

»Möglich.« Gladyschew dachte nach und schüttelte den Kopf. »Es muß eine Bedeutung für uns haben. Ihre Sendung über Richtstrahl hat sie doch viel Energie gekostet. Die hätten sie sonst nicht geopfert.« Er drehte sich um, ging zur Tür.

»Gestatten Sie, Commander?«

Der Kommandant blieb stehen. »Weshalb so förmlich?«

»Commander«, Salbeg deutete auf das Hologramm, »für mich sieht das aus, als wollte Katman Yoga Zehn … angreifen.«

»Aber womit denn, Officer, womit?«

»Das ist es ja«, Salbeg ließ den Kopf hin und her pendeln.

»Ich kann es mir auch nicht erklären. Es sei denn ...«

»Sie meinen ...?« Gladyschew setzte sich in einen der Schwingsessel. Er räusperte sich. »Selbstaufopferung?«

»Lieber ein Ende mit Schrecken als ein Schrecken ohne Ende.«

Sie starrten auf die dreidimensionale Sternenkarte. Aber die gab keine Antwort.

»Landen, möglichst an derselben Stelle wie beim ersten Male.«

»Si, si, Señor.« Srednys Stimme klang fast fröhlich.

Sie hatten die Barriere computergesteuert durchstoßen, und der RE sieben zog jetzt in elegantem Bogen über den Gebäudekomplex, setzte zur Landung an.

Diesmal brauchten sie nur eine kurze Beobachtungszeit. Alles schien so zu sein wie bei ihrer ersten Landung, die Sensoren verneinten wiederum jegliches organische Leben.

»Ist schon fast wie zu Hause«, flüsterte Sredny.

Niemand antwortete ihm. Er konzentrierte sich auf die Außenbordbeobachtung, blickte durch die Sichtscheiben und kontrollierte die Sensorinformationen.

»Ausschleusen. Volle Schutzausrüstung, doppelter Kampfsatz.«

Bernard holte die befohlenen Gerätschaften aus den Servomaten.

»Soll ich mit hinaus?« fragte Sredny und musterte die prallen Tragetaschen und Geräte.

»Wir gehen gemeinsam in den Gebäudekomplex«, entschied Katman, »alle drei.«

Sredny zog die Mundwinkel nach unten. Diesmal wäre er lieber im Gleiter geblieben. Bei dem Schwerefeld im Gebäude würde das eine schöne Schlepperei werden.

Jeder mußte seine eigene Fusionsanlage tragen und zwei Geostrahler, einen großkalibrigen und einen kleineren. Dazu noch die Umhängetaschen.

Damit konnten sie wochen-, ja monatelang außerhalb des

Gleiters existieren, auch so gut wie unbegrenzt ihre Strahler einsetzen und die Atemluft regenerieren.

Nur schleppen mußten sie. Er war der zierlichste und kleinste, ihm würden die Lasten besonders schwer anhängen.

Katman setzte sich in Bewegung. »Wir gehen bis zur Informationskabine. Ich werde versuchen, mit ihnen Kontakt aufzunehmen.«

Sredny gefiel der Vorschlag nicht, sagen konnte er jedoch nichts, denn Katman war schon draußen.

Obwohl sie den Weg kannten, kamen sie nur langsam vorwärts. Nicht nur der schweren Lasten wegen, sondern auch weil Katman diesmal nur mit Absicherung vorrücken ließ.

»Weshalb gehst du nicht weiter?« rief Katman, der mit Bernard am Gangende zurückgeblieben war.

»Das Schott klemmt.« Sredny mühte sich, ließ die Sensoren seines Handrechners über die Rahmen und die Flächen huschen.

»Geht nicht auf.« Er setzte sich auf sein Fusionsgerät.

Katman kam zu ihm, stellte seine Traglasten ab. »Ist der Mechanismus beschädigt?«

»Sie haben den Eingang blockiert.«

»Also sind sie inzwischen hier gewesen.«

»Oder wir haben versehentlich eine Sperre aktiviert.«

»Aufschmelzen?« Katman deutete auf den kleinen Strahler.

»Die Türen schafft der nie. Auch der große nicht. Eher heizen wir das ganze Gebäude auf.«

»Also mit einer Kernladung sprengen.«

»Schön wär's – leider habe ich meine zu Hause unterm Bett liegen lassen.« Sredny grinste. Im offenen Helmvisier glänzte sein Gesicht schweißnaß.

Katman öffnete eine Tasche seines Raumanzuges und bot auf der Handfläche drei runde, metallisch glänzende Scheiben und drei mattgraue Plaststreifen dar.

Neugierig musterte Sredny die sechs Sächelchen. »Und?«

»Unsere Fusionsgeräte sind umkehrbar, mit Hilfe dieser Mikros. Die runden in die Geräte und die Streifchen in die kleinen Strahler, beide koppeln. Die Geostrahler wirken dann als Zünder.«

Sredny stand auf, pfiff durch die Zähne. »Welche Stärke?«

»Zehntausend Kilotonnen. Jede.«

»Dann schleppen wir ja H-Bomben mit uns herum?« Seine Stimme schwankte zwischen Skepsis und Anerkennung. »Woher?«

»Ein Geschenk Harpers. Sie wurden im Auftrag der Sicherheitsbehörde entwickelt und gebaut. Für den Notfall. Nur die Kommandanten der Raumerkunder und Pierre Dutch wurden eingewiesen.«

»Ein Danaergeschenk. Wer abdrückt, der geht als erster zugrunde.«

»Nicht unbedingt.« Katman steckte ein daumennagelgroßes Plättchen auf seinen Strahler. »Eine Zeitzündung. Sie gibt bis zu vierundzwanzig Stunden Spielraum.«

Sie berieten zu dritt, auf ihren Geräten sitzend.

Sollten sie die Tür sprengen? Dann ginge die Kontaktkabine mit zum Teufel.

»Mit den drei Detonationselementen können wir den gesamten Satelliten ausschalten, vielleicht völlig verdampfen.«

Sredny begriff sofort. »Wenn das hier unter uns Fusionsanlagen sind, gehen die mit hoch.«

Bernard fragte: »Reichen uns die vierundzwanzig Stunden, um mit dem Gleiter weit genug wegzukommen?«

»Ich hoffe es«, erwiderte Katman. »Gerät aufnehmen, wir gehen zum Gleiter zurück.«

»... verfügt der Oberste Rat den Abbruch der Yogaexpedition und ... die sofortige Rückkehr zur Erde, um weitere Verluste zu vermeiden und eventuellen ..., die zu tragischen Ereignissen führen könnten, auszuweichen.

Gezeichnet Grubkow, ... des Obersten Rates.«

»Ein Witz, aber ein schlechter«, stellte Salbeg fest.

Gladyschew schüttelte mißbilligend sein Haupt. Es blieb Salbeg unklar, ob seine Bemerkung oder der Spruch der Erde oder beides das Mißfallen des Kommandanten erregt hatte.

»Zur Weiterleitung an Pierre Dutch, Kommandant der Expedition.«

»Wenn die wüßten ...« Salbeg schaute immer noch grimmig drein. Dabei konnte niemand etwas dafür. Der Raum beanspruchte eben seine Zeit. Auch für die Nachrichtenübermittlung.

Auf der Erde wußte keiner von den Ereignissen im Yogasystem, wozu und wem gegenüber also der Groll? Sollte er dem Schicksal zürnen? Den Umständen? Oder wie er es auch immer benennen mochte, es machte sich nichts aus seiner Gemütsverfassung. Höchstens brachte es ihm einen Anpfiff des Kommandanten ein.

Aber der sprach mit dem Informationsoffizier. »Was waren das für Blindstellen im Original?«

»Ausfälle beim Empfang.«

»Ursache?«

»An unserer Anlage lag es nicht, die ist in Ordnung.«

»Woran dann?«

Auf dem Monitor sahen Gladyschew und Salbeg, wie der junge Offizier nach Worten suchte. »Ihre G-X-Strahlen haben mitgespielt.«

»Sind sie schon so nah heran?« rief Gladyschew erschrokken.

»Wie man es nimmt. Sie selbst noch nicht – doch ihre Strahler reichen weit.«

Gladyschew zog die Augenbrauen zusammen. »Demnach können sie auch unsere Sendungen zur Erde stören?«

»Kaum. Vielleicht, wenn sie näher kommen. Unsere Abstrahlungen sind so kräftig, daß sie zur Zeit noch nicht beeinflußt werden.«

»Danke.« Er drehte sich der Raumkarte zu, blickte Salbeg an. »Also haben wir noch Zeit.«

Der wußte nicht, was der Kommandant meinte, aber er mochte auch nicht fragen. Wer weiß, wie Gladyschew reagieren würde.

Mit Höchstgeschwindigkeit unter Einsatz aller Energiepotenzen schoß die Poolman auf den Eingang zum Hyperraum zu – aber die Yogaflotte verringerte von Zeiteinheit zu Zeiteinheit den Abstand.

3.

Im RE sieben angekommen, stiegen sie aus den elastischen Raumpanzern. Bernard konzentrierte sich auf seine Sendeanlagen. Da sie nicht bis zur Informationskabine im Gebäudekomplex gelangt waren, wollten sie vom Gleiter aus versuchen, zum Yogaplaneten Funkkontakt herzustellen.

»Wir offerieren ihnen das Ultimatum, sofort alle Feindseligkeiten gegenüber der Poolman einzustellen und uns in Ruhe zu lassen. Wenn nicht – drohen wir ihnen die Atomisierung ihres Satelliten an«, schlug Katman vor. »Hier ist der Text.«

»Commander«, rief Sredny halblaut und zeigte auf den kleinen Computermonitor.

Der Monitor zeigte drei landende Raumschiffe. Gestalten stiegen aus, formierten sich zu Kolonnen.

»Sieht nicht gut aus.« Sredny sah Katman an, wünschte sich ein beruhigendes Wort.

Katman überlegte fieberhaft. Das änderte alles. Sie ließen ihnen keine Zeit. Und keine Wahl. Oder doch?

Er blickte durch die Sichtscheiben nach draußen.

»Sie kommen.«

Zwei Kolonnen, mit etwa zwei Meter Abstand zueinander, näherten sich dem Platz, auf dem der RE sieben stand.

»Wie in einem historischen Film«, flüsterte Sredny.

»Bernard, unseren Text über die Automatik laufen lassen. Für alle: volle Schutzausrüstung, doppelter Kampfsatz und raus aus dem Gleiter!«

Bernard bekam erst jetzt mit, was draußen vor sich ging.

Mit zitternden Händen legte er das Band ein, schaltete Energie auf den Sender.

Am Ende des Platzes angelangt, zogen sich die Kolonnen auseinander und bewegten sich in einem weiten Bogen auf den RE sieben zu. Hinter ihnen tauchte eine zweite Kette auf.

»Sechsundzwanzig, jede Reihe.« Sredny hatte sie gezählt. Also kamen da zweiundfünzig Yogawesen, die unbekannte Geräte trugen, auf den Gleiter zu. Sie schritten wie Menschen, ganz normal – so weit Bewegungen in diesem fast schwerelosen Zustand normal sein konnten.

Dennoch haftete ihren Bewegungen etwas Eigenartiges an. Auch Sredny grübelte.

»Vielleicht wegen der fehlenden Schwerkraft?«

Den ersten beiden Ketten folgten abermals zwei, jede wieder zu sechsundzwanzig. Die vorderen zweiundfünfzig gingen zu Boden, während die hinteren heranmarschierten. Als sie fast die ersten Reihen erreicht hatten, legten sie sich hin, und die anderen setzten den Vormarsch fort.

Da wurde ihm die Eigenart ihrer Bewegungen bewußt. Sie bewegten sich völlig synchron, alle zweiundfünfzig!

Weshalb setzten sie ihre Waffen nicht ein? Auf Yoga Neun befanden sie sich allerdings näher an Sierpen, als sie ihre Nahkampfgeräte gebrauchten. Aber sicherlich besaßen sie auch weitreichende Waffen. Überhaupt lief das Ganze eigentümlich ab.

»Das sind ja ...« Ja was eigentlich? Maschinenwesen, hochwertige Bioroboter oder programmierte Menschen?

Sredny und Bernard kletterten in die Schleuse, während er noch am elastischen Raumpanzer fingerte.

Er dachte an die Quartiere im Flachbau, an die zweiundfünfzig Abortsitze. Offenbar liefen auch die Prozesse in ihrem Innern gleichartig und gleichzeitig ab.

Aber wer befahl ihr Handeln? Wo befand sich der Kommandeur? Unten, auf dem Planeten? Unwahrscheinlich. Die Entfernung war zu weit. Irgendwelche Befehlsgeber mußten mitgekommen sein. Wo steckten sie, die Offiziere der Angreifer? Wenn man die ausschalten könnte ... Aber er vermochte nur die in Kolonne anrückenden Wesen zu erkennen. Und die kamen näher und näher.

Er raffte seine Geräte zusammen, ergriff die Tasche, sprang in die Schleuse.

Als die Yogawesen die zum Gebäudekomplex springenden Menschen wahrnahmen, änderten sie ihre Formation. Der linke Flügel beschleunigte und versuchte, sich zwischen die drei Raumfahrer und den Gebäudekomplex zu schieben.

»Wir müssen vor ihnen am Portal sein.«

»Und dann?« fragte Bernard.

»Versuchen wir, uns in der Zentrale zu verschanzen. Oder – wir gehen ins Innere der Station.«

»Wir schaffen es nicht, Commander, sie sind vor uns dort!«

»Feuern!«

Sie richteten ihre Strahler und fegten die ersten beiden Reihen zu Boden.

Katman wunderte sich, wie mühelos das ging. Einige der Liegenden versuchten zurückzukriechen, andere krümmten sich am Boden.

»Weshalb wehren sie sich nicht?«

»Weil sie keinen Befehl dazu erhalten haben. Vielleicht sind ihre Manipulatoren zu weit entfernt.«

»Sie wollen uns lebend haben«, keuchte Bernard und feuerte auf die Fliehenden.

»Zum Portal!« befahl Katman.

Sie bewegten sich vorsichtig und kamen doch in weiten Sätzen voran. Am Portal angelangt, schleusten sie sich ins Innere.

Aufatmend öffneten sie die Helmvisiere.

Bernard lehnte stumm an der Gangwand.

»Mein Großvater sagte immer«, Sredny schniefte beim Sprechen, »das beschissenste Leben sei immer noch besser als der schönste Tod.« Er blickte von Katman zu Bernard, ehe er vollendete: »Der Mann hatte recht.«

Er setzte sich, betrachtete seine unförmigen Raumstiefel.

Katman dachte, unser Tod wird nicht mal schön sein. Nur schnell – und: Was ist überhaupt ein schöner Tod?

»Sie bremsen mit ihrem Schwerefeld unsere Geschwindigkeit«, meldete der Chief. Und der Informationsoffizier ergänzte: »Ihre G-X beginnt unseren Sender zu beeinträchtigen.«

Gladyschew bewegte die Lippen, er fluchte lautlos. Nach kurzem Räuspern äußerte er mit heiserer Stimme: »Das gespeicherte Material über die Yogagesellschaft wird über die Kompaktanlage der Erde übermittelt. Die Sendungen laufen in der programmierten Rangfolge, das wichtigste zuerst. Sofort beginnen.«

»Aber dann werden wir noch langsamer!« Auf dem Gesicht des Chief perlten Schweißtropfen.

»Ich weiß.«

»Die Energie für die Kompaktanlage geht dem Antrieb verloren.«

»Ich sagte bereits, daß mir das bekannt ist.« Und zum Informationsoffizier: »Beginnen Sie.«

»Jawohl.« Der Offizier verließ die Zentrale, nicht ohne einen entschuldigenden Blick mit dem Chief gewechselt zu haben.

Gladyschews Entscheidung hatte Unmut erzeugt. Er mochte das spüren, denn er erklärte plötzlich: »Die Erde hat ein Recht, alles zu erfahren.«

»Aber uns werden sie garantiert vor dem schwarzen Loch erwischen.«

»Officer, und wenn wir nicht senden – schaffen wir es dann?«

Alle schwiegen und schauten zum Chief.

Der zuckte nur mit den Schultern.

Gladyschew mit düsterem Blick auf seine Offiziere: »Sie selbst, jeder von Ihnen, träfe an meiner Stelle die gleiche Entscheidung.«

Der leitende Ingenieur verließ die Zentrale.

Salbeg blickte angestrengt auf die Sternenkarte. Er wollte sein Mutlosigkeit verratendes Gesicht vor dem Kommandanten verbergen. Dieser Entschluß besiegelte ihr Schicksal. Bisher nahte das Ende allmählich, jetzt kam es unaufhaltsam schnell.

In der Halle mit den drei trommelartigen Aufzügen blieb Katman plötzlich stehen. »Kannst du uns hinunter bringen?«

»Warum nicht?« Sredny hantierte bereits an der Leitschiene des mittleren Kessels. »Ohne Bordcomputer wird es allerdings schwer, vor allem das Wieder-herauf-Kommen. Vielleicht reicht der Handrechner.«

Der Aufzug ruckte nach oben, klickte bei fünf Meter Höhe in den Stand; die Türhälften schoben sich auseinander, innen leuchtete Helligkeit auf.

»Bitte.« Sredny wies auf den geöffneten Einstieg, zufrieden mit seiner Leistung.

Sie gingen mit ihrem Gerät hinein und hörten noch das Stampfen und Scharren der sich nähernden Kampfscharen, bevor sich der Eingang schloß.

»Werden sie ihre Anlagen schonen?« Bernard sah furchtsam zur Decke.

»Hoffen wir es«, erwiderte Katman. »Uns würden sie jedenfalls nicht schonen.«

Bernard nickte deprimiert.

Srednys Aufmerksamkeit war auf die Aufzugsautomatik gerichtet. Langsam begannen sie zu sinken.

Plötzlich krachte und heulte es über ihnen.

»Sie sind da.«

Unwillkürlich schauten sie nach oben, auf die glatte, Licht ausstrahlende Decke der Kabine.

»Der Aufzug beschleunigt!«

»Wir stürzen!«

Katman schob sich an sein Fusionsgerät heran, steckte trotz des rüttelnden Sturzes der Kabine das Metallplättchen in den Sicherungsschlitz, versuchte dann den Plastestreifen in seinen Strahler zu fädeln.

Kreischend schossen sie abwärts. Allmählich ging der Ton in ein Pfeifen über und brach plötzlich ab. Eine gewaltige Kraft preßte sie zu Boden. Der Fahrstuhl bremste, blieb schließlich knirschend stehen.

Sie rappelten sich auf, wechselten unsichere Blicke. Die Stille kam ihnen unwirklich vor.

»Automatische Katastrophenbremsung«, erklärte Sredny heiser.

Bernard versuchte vergeblich, die Tür zu öffnen. Durch die Panzerung des Handschutzes spürte er die Hitze der Wand.

Mit schnellen Griffen aktivierte Katman die anderen beiden Fusionsgeräte und die Strahler und koppelte sie.

Über ihnen zischte es. Blasen kräuselten die Verkleidung der Deckenfläche. Die Helligkeit ließ nach.

»Sie schmelzen unser Behältnis«, stellte Sredny lakonisch fest. »Sie machen Ernst, wollen uns erwischen, bevor wir an ihren Anlagen dran sind. Aber das wird ihnen nichts nutzen.« Fragend sah er zu Katman.

»Ich zähle bis null.« Katman blickte seinen Gefährten in die Augen. Erst Sredny, dann Bernard. »Wir drücken gleichzeitig ab.«

Er reichte ihnen die an die Fusionsgeräte angeschlossenen Strahler und begann mit belegter Stimme: »Zehn …«

Sredny erschien alles irgendwie unwirklich, er vermeinte zu träumen.

Nur noch Augenblicke … Woran denkt man in solch einer Situation? Seltsam – er dachte an gar nichts. Er wünschte sich nur, daß es endlich geschehen sollte. Und daß es funktionieren möchte. Er wollte, daß die Verfolger über ihnen vernichtet würden. Haß erfüllte ihn. Er bedauerte, daß die Detonation nicht bis zu ihrem Planeten wirken konnte. Schade …

An einen Schattenriß auf Gestein erinnerte er sich plötzlich. Ein in atomarem Feuer vergangener Mensch. Von jenem Wehrlosen blieb nur ein Umriß ... Aber sie dagegen waren nicht wehrlos, o nein. Ihre Antwort würde unüberhörbar sein.

Bernard riß die Augen weit auf, sah auf den Geostrahler in seiner Hand, als wäre er etwas Fremdes, Fernes ...

Er wollte – und konnte es nicht fassen.

Noch acht, sieben, nur noch sechs Sekunden lebe ich ... An Sierpen dachte er und an das Häufchen Asche, das sie damals auf Yoga Neun fanden ...

Was wird von uns bleiben?

Katman zählte. Von Zahl zu Zahl klang seine Stimme klarer. Sibyll, dachte er. Seitdem er Larissas letztes Stöhnen anhören mußte, hatte er fast nur noch an sie gedacht. Anscheinend war sie nicht ins Überlebenssystem gegangen. Vielleicht war es sogar besser so. Ein schnelles Ende kann wünschenswerter sein als eine lange Qual. Melan ...

Seine Gefährten bedauerte er. Sie waren soviel jünger als er. Vor allem Sredny. Soviel ungelebtes Leben.

Er konzentrierte sich aufs Zählen. Seine Aufgaben löste er immer zuverlässig, darauf war er von Jugend an trainiert. Auch diese wollte er exakt erfüllen.

Fühlte er Haß? Auch Haß. Auf die, die Sierpen mordeten, die die Kameraden der Sibir und der Serdjuk auf dem Gewissen hatten. Er kannte sie nicht und verfluchte doch die Gesellschaft, von der das Unheil ausging. Wenn unser Opfer doch einen Sinn hätte, wenn die Detonation den Yogaplaneten aggressionsunfähig machen würde ...

Ach, Sibyll, nicht nur die Sterne sind es, die nicht zueinander kommen können. Manchmal trifft es auch uns Menschen.

»Null«, sagte er laut und krümmte den Zeigefinger.

»Wieviel Zeit bleibt uns noch?«

»Noch etwa zwanzig Minuten, dann ist unsere Beschleunigung gleich Null.«

Wenn sie so lange mit dem Einsatz ihrer Waffen warten, dachte Gladyschew.

Auf dem Nahsichtmonitor standen sie riesengroß im Bild,

zwölf unverwundbare Ungetüme. Da, jetzt zuckten Blitze über die Schirme. Gleißende Helligkeit schien alles zu löschen. Geblendet schlossen sie die Augen.

Sie setzen die Waffen ein, Gladyschews Blick suchte den Nahsichtmonitor. Kein Bild mehr, der Schirm glänzte gläsern.

»Wo bleibt das Bild?«

»Die Sensoren sind hinüber.« Heiser krächzend die Stimme des Informationsoffiziers.

»Sonstige Schäden?«

»Keine Meldungen, bis jetzt.«

Dann mußte es ganz schlimm stehen. Zum Glück war die Kompaktsendung zur Erde zum größten Teil abgesetzt. Den Rest konnten sie sich dort selbst zusammenreimen.

»Das Schiff beschleunigt wieder«, meldete der Chief, ungläubiges Staunen in der Stimme.

Salbeg brachte einen Computerausdruck. »Letzte Information der Außensensoren. Derjenigen, die in Flugrichtung operieren: Gewaltige Entladung im Yogasystem.«

Er wies auf die Zahlen.

»Und das ist kein Fehler?« Gladyschew runzelte die Stirn. Solch eine Detonation war geradezu unvorstellbar.

»Dieser Energieausbruch im Yogasystem zerstörte trotz der Entfernung alle Sensoren in Yogarichtung. Es muß ein gigantischer Vorgang gewesen sein, als ob eine Sonne explodiert ist.«

Sie haben Katman erledigt, dachte Gladyschew und vermied es, Salbeg anzuschauen. Aber weshalb mit solch einem Aufwand?

»Das Schiff hat wieder höchste Beschleunigung erreicht.« Der Chief frohlockte, das spürte Gladyschew am Stimmenklang.

»Die Yogaflotte bleibt zurück.« Salbeg bemühte sich, seine Erregung durch betont knappe Formulierung zu verbergen.

»Reservesensoren sind ausgesetzt«, meldete der Informationsoffizier.

Das gibt es doch gar nicht, solch eine Bremsung müßte ihre Schiffe glatt zerrissen haben!

Aber der Computer blieb bei seiner Aussage.

»Und weshalb haben sie ihren Flug gestoppt?« fragte Gladyschew. Nach der Logik von Ursache und Wirkung konnte das nur mit jener Entladung im Yogasystem zusammenhängen.

»Nicht gestoppt – sie sind auf Heimatkurs gegangen. Sie beschleunigen, um von uns wegzukommen«, jubelte Salbeg.

Gladyschew bedachte ihn mit einem mißbilligenden Blick. Das klingt ja so, als hätten sie vor uns Angst bekommen. Haben sie aber nicht, es muß etwas anderes sein, was sie zur Umkehr bewog. Nein, zwang. Etwas, was im Yogasystem geschehen sein mochte. Hatte Katman ...?

Brummig ordnete er an, die Beschleunigung zu beenden und die Kompaktübertragung zur Erde abzubrechen. Vielleicht gab es Überreste der Serdjuk. Auf Überlebende wagte er nicht zu hoffen. Aber jede Information über die Yoga-Technik war wichtig für die Erde.

Epilog

Eine wogende Menge drängte sich vor den Eingängen. Betreuer und Sicherheitsleute kontrollierten und dirigierten die Eintrittskartenbesitzer in die verschiedenen Richtungen.

»Gladyschew«, rief jemand. Und gleich darauf: »Oleg, warte doch!«

Gladyschew blickte sich um. Serp Ianow arbeitete sich durchs Gedränge.

»Wir müssen drüben rein.« Ianow zeigte in Richtung Vorbau, direkt am Metroeingang. Von dort führten Vertikal- und Horizontalpaternoster in die Abteile der Akteure. »Bühneneingang«, flüsterte Ianow bei der Begrüßung, »aber nicht weitersagen. Alle wieder gesund?«

»Danke. Aber weshalb ›wieder‹?«

»Weil ihr die ganzen acht Monate, seit eurer Rückkehr zur Erde, in Quarantäne gelegen habt.«

Mißtrauisch blickte Gladyschew den Mann der Raumfahrtbehörde an. Weshalb stellte er sich unwissend? »Doch nicht wegen fehlender Gesundheit. Sondern weil sich die hohe Obrigkeit nicht einigen konnte, wie sie dem Erdenvolk die Yogaereignisse beibringen soll.«

»Aber in den Medien hieß es doch ...«

Gladyschew schüttelte den Kopf.

»Du meinst ...«? Ianow ließ die Frage unausgesprochen.

»Ich meine nicht, ich weiß.« Und wenn Gladyschew etwas zu wissen behauptete, dann wußte er es wirklich.

»Aber das wäre ja eine, gelinde gesagt, Schweinerei, euch deswegen acht Monate zu isolieren.«

»Nun ja, Unterkunft, Verpflegung und Betreuung waren erster Klasse. Auch die Angehörigen wußten Bescheid. Videophonkontakt jede Woche fünf Minuten. Und psychologisch gesehen war es sogar günstig – langsame Umstellung von der Raumsituation auf irdische Verhältnisse.«

Typisch Gladyschew. Nicht aus der Ruhe zu bringen und imstande, auch einer Schweinerei etwas Gutes abzugewinnen.

Sie hatten sich zu ihrem Eingang durchgearbeitet. Die Betreuer wiesen sie auf die Transportbänder. Sie rollten durch den Tunnel in den Saal.

Der Oberste Rat hatte den Saal der Nationen ausgewählt. Ein großes, dachüberspanntes Amphitheater. Unten die Bühne auf einem meterhohen Kristallsockel. Ringsum, etwas tiefer, die Abteile der Beteiligten. Dann Ring um Ring ansteigend die Zuschauersitze. Vor jedem ein Monitor. Außerdem oben an der Decke das Schaubild vom Bühnengeschehen, viermal und jedes – riesengroß. Der Ton – individuell regulierbar mit Knopfhörern und in Stereo.

Sonst liefen hier die Supershows, bevor sie in die Medienkanäle gingen. Jeden Abend eine Show. Und bei der Fülle der Talente, den unwahrscheinlichen Techniken und der vielen freien Zeit jede ein neuer Superlativ.

Gladyschew ließ sich alles erklären. Er befand sich zum ersten Male hier. Auf den Rängen wimmelten Menschen. Dennoch wirkte der Saal leer. Nicht einmal die Hälfte der Plätze war besetzt, ganze Flächen fast menschenleer.

In der Luft hing ein ständiges Summen – das ferne Plaudern und Rufen von Platz zu Platz und über Reihen und Ränge hinweg.

Sie fanden ihr Abteil. Einige von der Poolman-Besatzung saßen bereits in den Drehsesseln. Gladyschew begrüßte sie.

Ianow nahm eine Reihe hinter ihnen Platz.

»Sind wir zu früh dran?« Gladyschew wies über das weite Oval. »Wenig besetzt.«

Salbeg, der erste Offizier der Poolman, erwiderte: »Scheint so. Aber zur Zeit werden ja noch Routinefragen behandelt.«

Erst jetzt bemerkte Gladyschew, daß der Rat auf der Bühne bereits tätig war. Er schaltete seinen Monitor ein und setzte die Knopfhörer in Betrieb.

»Lohnt sich nicht«, meinte Salbeg, »es geht um die Neufassung der Eigentumsparagraphen des Großen Strafgesetzbuches. Ist nur etwas für Juristen. Oder Asoziale.«

»Es könnte mich interessieren«, widersprach Gladyschew. Er regulierte an seinen Drehknöpfen und Tasten, stellte das Bild scharf und betrachtete die Ratsmitglieder. Er vermißte Per Grubkow und Ray Harper. Auch der Generalverantwortliche fehlte. Einer seiner Stellvertreter leitete die Sitzung. Er wandte sich Serp Ianow zu, fragte, weshalb diese Männer fehlten.

»Wahrscheinlich kommen sie erst zum Yogabericht. Solange nehmen ihre Stellvertreter teil.«

Gladyschew fand das eigenartig. Vor allem enttäuschte ihn, daß der Generalverantwortliche nicht selber präsidierte. Ist doch seine Arbeit, dachte er.

Auf der Bühne ereiferte sich der Rechtsverantwortliche des Rates. Es dauerte eine Weile, bis Gladyschew begriff, worum es ging.

Die drei alten Eigentumsparagraphen waren zu undifferenziert abgefaßt. Viele Erdenbürger machten sich das zu nutze, lebten über ihren Leistungsfonds hinaus auf Kosten anderer. Wie die Justizverantwortlichen das beheben wollten, mit Erweiterung des Textes und einem Wust von Durchführungsbestimmungen, blieb ihm allerdings rätselhaft.

Kopfschüttelnd schaltete er seine Technik ab.

Jock Shayle erschien, setzte sich hinten zu Serp Ianow, nickte den Poolman-Leuten flüchtig zu.

Später kam Pjotr Morenow mit einigen Mitarbeitern der Sicherheitsbehörde. Sie besetzten das Abteil neben den Männern mit der Besatzung der Poolman. Morenow trat an die Balustrade, begrüßte Gladyschew und die anderen Offiziere mit Handschlag.

Gladyschew nutzte Zeit und Gelegenheit, um zu fragen:

»Weshalb solche Alltagsprobleme auf dieser Sitzung? Sie interessieren doch keinen.«

»Für Menschen, die sich nicht so im Weltall umhertreiben wie ihr Raumfahrer, hat der Alltag auf Erden schon seine Bedeutung. Aber solche Entscheidungen mit der Problematik der Yogaereignisse zu koppeln, ist in der Tat ungewöhnlich.« Er hob entschuldigend die Schultern. »Alles hat eben seinen Preis, vor allem der Kompromiß.«

Gladyschew krauste die Stirn. »Verstehe ich nicht.«

»Ganz simpel. Einige Mitglieder des Obersten Rates wollten mit dem Yogabericht in die große Öffentlichkeit – das heißt in diesen Saal; andere hätten über den Bericht lieber im engsten Kreise getuschelt. Geeinigt hat man sich auf einen Zwitter: Beratung im Saal der Nationen, gleichzeitig Erweiterung der Tagesordnung durch Bagatellfragen. Damit soll die Bedeutung der Yogaproblematik sozusagen veralltäglicht werden.«

Verwundert schüttelte Gladyschew sein graustoppliges Haupt. »Im Raum geht es eindeutiger zu.« Er ließ seinen Blick schweifen. »Es scheint in der Tat zu funktionieren, wenn ich mir den halbleeren Saal ansehe.«

»Abwarten. Das wird sich ändern. Das Interesse an den Yogaereignissen ist groß. Riesengroß.«

»Aber die Beratung wird doch live durch die Medien übertragen. Weshalb sollten sich da Hunderttausende die Mühe machen, hierher zu kommen?«

»Dabei zu sein ist Ehrensache. Wie bei den Fußballfans. Trotz moderner holographischer Spielübermittlung füllen sie immer noch die Stadien, wenn gute Mannschaften spielen, nehmen Anteil durch Beifall, Pfiffe. Und hier im Saal der Nationen kann jeder seine Parteinahme elektronisch mitteilen, sich zu Wort melden, Fragen stellen, sich äußern …«

»Bisher hat sich noch keiner in der Art eingemischt.«

Morenow lachte. »Warten wir das Hauptthema des Tages ab.«

»Und selbst wenn sich jemand einmischt – das ganze bleibt doch nur eine schlechte Show.« Gladyschew wollte es nicht in den Kopf, daß die Erde anders regiert wurde als sein Raumschiff. Beide waren doch das gleiche: Objekte im Raum, die von Menschen bewohnt und gelenkt wurden.

Serp Ianow versuchte es zu erklären. »Commander, für uns ist das kein Theater – es ist doch wichtig, daß die Oberen – von uns bestätigt, aber nicht ausgewählt – die Angelegenheiten der Erde öffentlich erörtern und entscheiden.«

Gladyschew schüttelte den Kopf. »Daß ich meine Entscheidungen vor meinen Vorgesetzten vertreten muß, das ist normal. Aber ich kann sie doch nicht vor der Besatzung zur Diskussion stellen.«

Shayle beugte sich zu der Diskussionsrunde. »Die Erde ist doch nicht mit Ihrem Raumschiff gleichzusetzen. Außerdem haben Sie doch auch Ihren Offiziersrat.«

»Aber hier in diesem Saal, wo Tausende herumsitzen, dazu die Millionen an den Medienschirmen, das ist doch keine Arbeitsatmosphäre.« Demonstrativ wandte sich Gladyschew an Morenow. Shayles Ton und Art hatten ihm nicht gefallen. »In solcher Umgebung ist doch jede ernsthafte Beratung gefährdet.«

»Jeder muß sich an die Atmosphäre *seiner* Arbeit gewöhnen«, antwortete Morenow. »Sie – an den Weltraum und Ihr Schiff; die dort oben auf der Bühne – an die Öffentlichkeit ihres Tuns.«

»Vergessen Sie bitte nicht, daß Sie, Commander, Vorgesetzte haben, der Oberste Rat aber nicht.« Shayle hob den Zeigefinger. »Es sei denn, das Volk der Erde ist der Souverän. Damit schlösse sich der Kreis. Aber nur, wenn unsere Oberen ihr Tun für die Allgemeinheit durchschaubar gestalten und jeder, den es angeht oder auch nur interessiert, dabei sein und mitreden kann.«

»Viele Köche verderben die beste Suppe«, widersprach Gladyschew. »Nur einer kann das Kommando haben, wenn es vorwärts gehen soll.«

»So etwa besagt es ja auch Ihr Reglement.« Ianow gefiel es nicht, Shayle unterstützen zu müssen. »Aber auf der Erde gilt die Planetare Deklaration. Sie verlangt, daß Meinungsbildung, Entscheidungsfindung und die Kontrolle der Durchführung der Entschlüsse öffentlich erfolgen. Jede Geheimniskrämerei der Oberen, wie sie in früheren Zeiten üblich war, ist untersagt.«

»Führung ist nicht gleich Führung.« Auch Morenow empfand Sympathie für den starrköpfigen Mann. Er suchte nach den passenden Worten, um sich verständlich auszudrücken. »Für eine Expedition in den Raum gilt das Befehlssystem. Es erwies sich als die effektivste Organisationsform, um ein Kollektiv schnell und sicher zur Lösung einer gestellten Aufgabe zu führen.«

Gladyschew blickte ihn mit halbgeschlossenen Augen konzentriert an.

»Die Verwaltung der Erde dagegen organisiert die Menschen, damit sie sich selber nutzen. Früher hieß es ›Im Mittelpunkt steht der Mensch‹. Es gibt jedoch für die konkrete Verwaltungsarbeit kein Abstraktum Mensch. Wir haben die Sache konkretisiert, weil es nur funktioniert, wenn jeder Mensch seine Geschicke selber mitbestimmen und mitgestalten kann. Bei aller gesetzmäßig sich vollziehenden Arbeitsteilung – die Sphäre der menschlichen Selbstverwaltung muß unteilbar sein.« Er wies auf die Menge. »Deshalb dieser Aufwand.«

Gelächter ertönte plötzlich. Gladyschew sah sich um. Auch einige seiner Offiziere lachten, deuteten zur Bühne.

»Sie haben was verpaßt, Commander, die behandeln da eine Vorlage über die Steuerung der Roboterforschung.« Salbeg erläuterte, was bisher erörtert worden war.

Zu viele beschäftigten sich in ihrer Freizeit mit der Roboterkonstruktion. Anfangs wurde befürchtet, daß die Teilelieferung zusammenbrechen würde. Aber die Produktion bekam das wider Erwarten in den Griff.

Jetzt nahmen die Scherzroboter überhand, eine Modeerscheinung. Alle Welt bastelte Nachbildungen echter Servomaten und Autoroboter. Aber anstelle der erwarteten Dienste leisteten sie etwas ganz anderes.

Harmlos nahmen sich dabei die Konstruktionen aus, die,

anstatt Getränke zu servieren, Gläser und Flaschen lieferten, die zwar Flüssigkeit enthielten, aber diese nicht herausließen und so den Durstigen nicht labten, sondern seinen Durst noch steigerten.

Gehässiger waren die, die nicht die Schuhe putzten, sondern mit der Schuhbürste in die Haare gingen und anfingen zu frisieren.

Empörung weiten Ausmaßes hatten Konstruktionen ausgelöst, die statt der angekündigten Dienstleistung mit ordinären Beschimpfungen und mit der Entblößung eines wie echt aussehenden menschlichen Hinterteiles antworteten.

Gladyschew regulierte seine Knopfhörer auf höhere Lautstärke. Ungläubig murmelte er: »Das kann doch nicht wahr sein.«

Der Forschungsverantwortliche erläuterte seinen Beschlußvorschlag, der vorsah, jeden Roboterbau behördlich zu registrieren und jeden fertigen Roboter zur Prüfung im Robotamt vorzustellen.

»Sicherlich werden die Tüftler auch daraus einen Ausweg finden«, meinte Salbeg. »Wäre direkt schade, wenn es ihnen nicht gelänge.«

»Aber mit Robotern solche Albernheiten zu betreiben ist ungehörig«, murrte Gladyschew. »Derartige Scherze auf einem Raumschiff, das könnte sehr böse ausgehen.« Die Menschheit erschien ihm verspielt, leichtfertig. Zustimmung erwartend, blickte er seinen ersten Offizier an.

Aber der deutete nur auf seine Knopfhörer und zur Bühne.

Im ganzen Saaloval verstummten die Gespräche. Auch Gladyschew begann interessiert zuzuhören. Der Erholungsmanager sprach. Ab und zu blendete er Videos und Statistiken ein. Zu viele Beschwerden waren beim Obersten Rat eingegangen. Die Plätze im Pazifikgebiet und in der Karibik reichten nicht aus. Ein großer Teil wurde deshalb unter der Hand verschoben. Angebotsschwund. Das führte dazu, daß im Urlaubsdienst immer weniger Plätze präsent waren. Ähnliches begann sich in den hochfrequentierten Wintersportgebieten abzuzeichnen.

Alle möglichen Lösungsvarianten waren diskutiert worden. Von der strengen Rationierung über die Beschränkung der Plätze zugunsten der Kinder, der Kranken und der Veteranen bis zur Erweiterung der Einrichtungen, um den Bedarf abzudecken.

Die meisten waren für die Erhöhung der Platzzahl gewesen. Aber ob es das ökologische Gleichgewicht vertrüge, darüber gingen die Berechnungen auseinander.

Eine heikle Sache. Der Oberste Rat wollte auch keine Probe in der Praxis.

Zu frisch waren noch die Erfahrungen mit der Freigabe der elektronischen Individualverbindungen. Die Zahl der Bild-Ton-Kontaktierungen stieg sprunghaft an, ein unentwirrbarer Wellensalat war die Folge. Diese Überlagerungen zu richten oder zu verkabeln hätte untragbare Aufwendungen verlangt. Also kehrte man zu den konventionellen Mitteln zurück, Videophon, Telephon und sogar Briefverbindungen zu gestaffelten Preisen. Viele erbosten sich darüber. Es kam zu Massenprotesten. Einmal Gewährtes den Bürgern wieder vorzuenthalten, das gab meist politischen Ärger.

Der Manager schlug eine Lösung vor, die von allem ein bißchen praktizierte: Ein wenig soziale Zuteilungsnormen und allmähliche Erweiterung, verbunden mit der Erhöhung des individuellen Lastenanteils.

»Dann werden die Plätze ja teurer!« rief Gladyschew.

Morenow nickte. »Erfreulicherweise akzeptieren die Bürger solche Lösungen. Nämlich immer dann, wenn sie die realen Hintergründe kennen und selber keinen besseren Ausweg wissen.«

In der Mittagspause nutzte Gladyschew das Servoangebot. Er wählte ostasiatisches Essen, winzige Häppchen, von ...zig Gerichten. Da sich die Sessel nicht nur drehen, sondern auch schieben ließen, bildeten sich Gruppen. Es ging zu wie in einem Selbstbedienungsrestaurant. Die Versorgung schien bis in die obersten Reihen gleich gut zu sein.

»Reichhaltiges Angebot«, stellte Gladyschew fest.

»Greifen Sie zu, Commander, stärken Sie sich für Ihren Auftritt. Auch er wird öffentlich sein, und die halbe Welt wird Ihnen zuhören.« Shayle gab sich freundlich.

Dennoch glaubte Gladyschew einen gehässigen Unterton herauszuhören. »Acht Monate Quarantäne waren Stärkung genug.« Er kaute mit Appetit.

»Wem verdanken wir eigentlich diese achtmonatige Isolation?« erkundigte sich Salbeg gewollt naiv.

Shayle schwieg, biß in sein Sandwich.

Gladyschew schluckte seinen letzten Bissen und fragte: »Hat der Oberste Rat sich schon entschieden?«

»Heute wird nur beraten, die Entscheidungen fallen morgen.«

Salbeg grinste. »Sagen Sie bloß, Sie wüßten nicht, was in der Vorlage steht.«

»Alles hängt vom Ausgang der Befragung ab.«

»Wozu noch so ein Frage- und Antwortspiel?« polterte Gladyschew. »Ist mein Bericht nicht ausführlich genug?«

»Für alle, die Verantwortung tragen und die nicht dabei waren, gibt es immer offene Fragen. Machen Sie sich keine Sorgen, Ihre Leistung wird gebührend gewürdigt werden.«

»Mir geht es nicht um Applaus.« Gladyschew fuhr sich über seine Haarstoppeln. »Viel wichtiger ist, daß es der Erde nicht so ergeht wie der Serdjuk.«

Shayles Gesicht verlor den Ausdruck jovialer Überlegenheit. Staunen trat in seine Miene. »Das ist doch nicht Ihr Ernst, Sie sehen eine Gefahr für die Erde?«

»Sie kennen die Yogas nicht«, sagte Salbeg leise.

Shayle fuhr herum. »Kennen Sie sie denn? Sie gelangten doch gar nicht in ihre Nähe.«

»Sie kamen uns näher, als uns lieb war. Nochmals möchte ich das nicht erleben.«

»Man muß mit ihnen nur vernünftig kontaktieren.« Shayle hatte sich wieder in der Gewalt.

»Das wollte Commander Dutch auch, aber wir alle wissen ...«

»Sie meinen, Katmans Eigenmächtigkeit hat es vereitelt?«

»Sagen Sie, haben Sie meinen Bericht eigentlich gelesen, und die Protokolle angehört?« Gladyschew schaute ihn finster an.

»Gelesen schon, auch vieles abgehört, aber nicht immer verstanden. Deshalb ja die offenen Fragen, nicht nur bei mir.«

Gladyschew schüttelte schweigend den Kopf. Nur gut, daß dieser Mann nicht zu denen gehörte, die die Entscheidungen zu treffen hatten. Was käme sonst auf Mutter Erde zu.

Als Harper aus seiner Kab stieg, sah er eine andere abheben und davonschwirren. Er glaubte, Per Grubkow erkannt zu haben. Also empfing Gott Vater seine Erzengel einzeln. Dachte ich mir fast, daß ich nicht der einzige bin, den er zur individuellen Konsultation bestellt hat.

Langsam schritt er die breite Treppe mit den flachen Stufen hinan. Der sich bis zum Präsidialgebäude langstreckende Aufgang ließ das Bauwerk bescheidener erscheinen, als es war. Viereckige Säulen aus poliertem Marmor, Decke und Boden – geschliffener Granit. Viel Glas und wenig Plaste, das ganze von schlichter Monumentalität.

Im Gebäudeinnern verspürte er, wie jedesmal, wenn er zum General gerufen wurde, trotz aller baulichen Gediegenheit und der außergewöhnlichen Weiträumigkeit der Halle und der Gänge eine anrührende Vertrautheit. Eine achtenswerte Leistung hatten Architekten und Computer vollbracht, um das Oberhaupt der irdischen Verwaltung zu behausen.

Der Sicherheitsroboter begleitete ihn bis zur Tür. Sie öffnete sich mit methodischem Klingen. Beethoven? Oder einer der Modernen?

»Ich danke dir für dein Erscheinen.« Der Generalverantwortliche wies auf den Sessel neben sich, neigte zugleich sein Haupt dem Monitor zu. »Ich habe mir die Computeranalysen angesehen. Sowohl die auf Grubkows Material aufbauenden als auch die nach den Daten deiner Behörde.«

Er schaltete den Bildschirm ab.

»Acht Monate sind eine lange Zeit, Mikros gab's auch genug, und dennoch offenbaren die Schlußfolgerungen zwei sehr unterschiedliche Tendenzen.«

Also hat Grubkow seine Ansichten nicht geändert. Harper überlegte. Was sollte er antworten? Eigentlich hatte G. V. gar keine Frage gestellt. Also schwieg er, sollte der General erst mal die Rakete aus dem Startschacht lassen.

»Dem Obersten Rat wird nachher vorgeschlagen, dich als Vollmitglied aufzunehmen.«

»Danke.« Das schien zwar auf den ersten Blick eine formale Geste zu sein – aber sie besaß schon ihre Bedeutung. Zumindest konnte er seine Auffassungen als Per Grubkow gleichgestellter Verantwortungsträger vertreten. Oder sollte damit ein Signal gegeben werden? Ihn durchlief ein erregendes Prickeln. Und da hatte er gemeint, daß er über diese Empfindsamkeit hinaus sei. G. V. schien zu seiner Interpretation der Yogaereignisse zu tendieren.

»Ich habe mit den wichtigsten Leuten, so wie jetzt mit dir, nochmals gesprochen. Mit der Entscheidung von morgen legen wir ja für die nächste Zukunft der Erde die Flugbahn fest. Zumindest sehe ich das so.«

Harper neigte zustimmend den Kopf. Also hat er sich noch nicht endgültig festgelegt.

»War Katman einer von deinen Leuten?«

»Nein, nur Starkundschafter der Weltraumbehörde.«

»Da hat er aber eine Menge riskiert, als er seinem Vorgesetzten so ausdauernd widersprach.« Der Generalverantwortliche lächelte. »Aber weil du es verlangt hattest, erhielt er seinen Platz in der Expedition. Weshalb dein Engagement?«

»Weil er *der* Fachmann war. Und – wie du schon erwähntest – er besaß Mut. Nicht nur den Mut eines Haudegens, der Befehle risikofreudig ausführt.«

Der Generalverantwortliche nickte. Harper sprach weiter. »Er zog aus den Fakten selbständige Schlüsse, die manchmal sehr unkonventionell waren.«

»Er konnte starrsinnig sein?«

»So hieß es. Dabei verlangte er nur, daß seine von Tatsachen abgeleiteten Schlußfolgerungen durch neue, andere Fakten widerlegt wurden, und lehnte es ab, Argumenten zu folgen, die nur aus Behauptungen bestanden, aber nicht auf exakten Analysen der Realität beruhten.«

»Und du meinst, daß die Ereignisse ihm recht gegeben haben?«

»Zumindest seine Grundpositionen in bezug auf die Yogaproblematik wurden bestätigt. Allerdings auf eine höchst tragische Weise. Tragisch für ihn und für uns alle.« Und nach kurzer Pause: »Wäre ich damals seiner Darstellung voll gefolgt, vielleicht wäre alles günstiger verlaufen.«

»Vielleicht.« Der Generalverantwortliche erhob sich.

Auch Harper stand auf.

»Jedenfalls wird es nützlich sein, wenn du auf unserer Beratung deine Auffassungen anschaulich erläuterst.«

Der Generalverantwortliche reichte ihm die Hand, die Türmelodie ertönte.

Auf dem Wege zum Saal der Nationen überlegte er, war das nun schon die Entscheidung gewesen oder nicht?

»... bitte ich die Mitglieder des Obersten Rates über den Antrag fünfhunderteinunddreißig abzustimmen: Berufung des Vorsitzenden der Weltsicherheitsbehörde zum Vollmitglied des Rates.«

Der Generalverantwortliche des Obersten Rates hatte nach der Pause, pünktlich auf die Sekunde, die Nachmittagsberatung im überfüllten Saal eröffnet.

Der etwa achtzigjährige, in der Blüte seines Lebens stehende Mann führte jetzt den Vorsitz. Er sah aus wie jedermann, fiel aber sofort als dominierende Persönlichkeit ins Auge, weil sein Sitz am kreisrunden Tisch, in dessen Mitte ein mehrstrahliger Springbrunnen plätscherte, etwas erhöht war. Sympathische Gesichtszüge, unverbindlich-freundlicher Blick, volles brünettes Haar, konventionell in Wellen gelegt. Glattrasiert.

Noch etwas fiel auf. Er wirkte betont gepflegt, das unterstrich auch der neue Maßanzug im modernen Smokingschnitt.

Salbeg stieß Gladyschew an. »Erzählt wird, daß er seine Anzüge höchstens eine Woche trägt. Zweiundfünfzig Oberbekleidungseinheiten soll er jährlich beanspruchen.«

»Wenn es ihm Spaß macht.«

»Na hör mal. Schon die fünfundzwanzig für Normalverbraucher sind viel zuviel.«

Ärgerlich winkte Gladyschew ab. Er wollte zuhören. Der Generalverantwortliche begründete seinen Vorschlag. »... umsichtige Tätigkeit der von Ray Harper seit zehn Jahren geleiteten Behörde. Mitwirkung an der Vorbereitung und Betreuung der großen Yogaexpedition ... schuf Voraussetzungen für die Rückkehr der Poolman.«

Aufmerksam verfolgte Ray Harper die laudatio. Obwohl – oder weil sie viel Schmeichelhaftes enthielt, gefiel sie ihm.

Ohne Diskussion bestätigte der Rat den Antrag. Mit einer Blindstimme.

Unwillkürlich blickte Harper zu Grubkow hinüber. Ihm traute er die Stimmenthaltung am ehesten zu. Dann musterte er kurz die anderen in der Runde. Da war mancher darunter, der ebenfalls in Frage kam. Was soll's? Das Ergebnis war einhellig.

Per Grubkow sprach. Er gab den Yogabericht.

Harper zwang sich zum Zuhören.

»Wie wir aus den Informationsbulletins nach der Rückkehr der Poolman erfahren haben, ist es im Yogasystem zu tragischen Ereignissen gekommen. Bei Begegnungen unserer hochmodernen Raumschiffe mit der Yogazivilisation gingen zwei Schiffe verloren, nur die Poolman kehrte zurück. Wir ehrten die Verstorbenen mit einer dreitägigen Erdentrauer. Ihre Namen sind eingebrannt in die Vanadiumtafeln der Heldenallee. Sie sollen unvergessen bleiben. Seither arbeiten wir daran, um die Ursachen, die zu diesen Verlusten führten, zu ergründen. Die heutige Beratung wird versuchen, die gewonnenen Erkenntnisse mitzuteilen, und wird schlußfolgernde Entscheidungen vorschlagen. Der überfüllte Saal beweist, welche Anteilnahme die irdische Bürgerschaft an dieser Problematik nimmt.« Sein ausgestreckter Arm beschrieb einen Kreis.

»Als im Jahre zweitausendvierhundertvierzig die Verbindung zur Sibir abriß und die Raumfahrtbehörde auf Beschluß des Obersten Rates die Suchexpedition vorbereitete, deutete nichts auf außergewöhnliche Ereignisse hin.

Aber weil der Raumfahrtbehörde die Aussagen eines verdienten Raumerkunders vorlagen, der bereits im Yogasystem in Problemsituationen tätig gewesen war, wurde, in Übereinstimmung mit der Sicherheitsbehörde, deren verdienten Vorsitzenden wir eben als Vollmitglied aufgenommen haben, der Kundschafter in die Suchexpedition berufen.

Diese in weiser Voraussicht getroffene Entscheidung – die damals nicht jedermanns Zustimmung fand – bewährte sich.«

Im Abteil der Raumexperten entstand Unruhe. Gladyschew wandte sich um, blickte Shayle an. »Gehörten Sie nicht auch zu denen, die Katman zum Teufel wünschten?«

»Hören Sie lieber zu. Sie haben noch genug Gelegenheit, sich zu äußern!« mahnte Shayle.

Über die Monitore liefen Archivbilder von Katman in Zivil, im Dienst, zuletzt beim Einstieg in die Serdjuk.

Dieser alte Fuchs, dachte Harper. Was hatte er nicht alles in Bewegung gesetzt, um Katman von der Expedition fernzuhalten.

»Jener Raumerkunder war es, der als erster auf Spuren der Sibir stieß und das Überlebenssystem mit einem Angehörigen der Sibir auffand. Er hatte auch maßgeblichen Anteil an der Entdeckung des Yoga-Zehn-Planeten.«

Es folgte die kurze Darstellung der Tätigkeit der Serdjuk und der Poolman bis zum Untergang der Serdjuk.

»Wie es dennoch zum Zusammenstoß mit der Yogazivilisation und zum Verlust der Sibir und der Serdjuk kam – das blieb weitgehend unerkannt. Zu befürchten ist, daß die Erkundung eines Energiesatelliten durch den Raumkundschafter Katman von der Yogagesellschaft als Bedrohung mißverstanden wurde. Jedenfalls folgte dann eine Kette tragischer Ereignisse, in deren Verlauf die Mißverständnisse nicht abgebaut wurden, sondern zunahmen und zur Vernichtung der Serdjuk führten.«

Gladyschew sprang auf. »So darf man es doch nicht darstellen!«

Seine Mannschaftsmitglieder bekundeten ihm mit Gesten und Rufen ihre Zustimmung.

»Was ist denn daran falsch?« fragte Shayle erstaunt.

»Nichts – und alles«, warf Morenow ein.

Serp Ianow nickte. »Wenn die Ereignisse so allgemein in einem Satz zusammengefaßt werden, bleibt alles abstrakt, verschwommen und vieldeutig.«

Grubkow ließ sich von der Unruhe nicht beirren. Er schlug vor, damit der Oberste Rat und alle interessierten Bürger sich ein eigenes Urteil bilden könnten, die anwesenden Sachzeugen und Experten der Raumfahrt anzuhören. Und er schloß seinen Vortrag mit der überraschenden Mitteilung, daß diese Ratssitzung seine letzte sein würde, denn »... ich bitte den Rat, meinen Rücktritt entgegenzunehmen. Ich bin ein alter, müder Mann und fürchte, den Anforderungen und der Last einer solchen Verantwortung nicht mehr in jeder Situation gerecht werden zu können. Dreißig Jahre diente ich der Erde in diesem Amt. Ich bitte, mir die Beruhigung der Entlastung zu gewähren.«

Wie rührend! Harper kniff die Augen zusammen. Der Alte blieb trickreich bis zum Schluß. Gerade heut legte er sein Amt nieder, nach dreißigjährigem Dienst. Wer möchte ihm in solch einer Situation zum Abschied einen Tritt verpassen? Selbst wenn es vom Sachverhalt berechtigt wäre, würde es wohl keiner tun. Im Gegenteil. Grubkows Aussagen heute bekamen Gewicht, sie wurden besonders achtungsvoll entgegengenommen, als Vermächtnis eines in Ehren Ausscheidenden.

Gladyschew blickte verwirrt. Shayle lächelte verständnisvoll, während Serp Ianow anerkennend nickte, aber zugleich die Mundwinkel abwertend herabzog. Es würde eine lange Sitzung werden: Die Zeugen, die Filme, die Datenfolgen der Computer, die Aussagen der Sachverständigen. Eine gute Show für die Medien. Und Grubkow wollte seinen Abgang medienverklärt miterleben.

Wie von Grubkow vorgeschlagen, erhielten die Sachzeugen von der Poolman das Wort. Als erster gab Gladyschew seinen Bericht.

»Exakt, aber strohtrocken«, seufzte Morenow.

Serp Ianow lächelte. »Was anderes war von Oleg nicht zu erwarten.«

Fragen wurden gestellt, vor allem an die Offiziere der Poolman.

»Wer hörte als erster von den Angriffsabsichten der Yogaleute?«

»Wir befanden uns alle im Kommandoraum, und der Empfang lief über die Lautsprecher.«

»Was heißt ›alle‹?«

»Die leitenden Offiziere ...«

»Und was hörten Sie genau?«

Gladyschew sah zu seinen Leuten hinüber. Dann wandte er sich dem fragenden Ratsmitglied zu. »Lassen Sie das Band einspielen.«

»Aber nein, ich will es von Ihnen hören. Wessen Stimmen hörten Sie?«

»Na, die des Kommandanten der Serdjuk und seiner Offiziere.«

»Nur diese Stimmen?«

»Auch Teile der Yogatexte.«

»Woher wußten Sie, daß es Yogatexte waren?«

»Was sollte es sonst sein?«

»Das heißt, Sie vermuten, daß es Yogatexte waren. Aber exakt belegen kann das niemand.«

Gladyschew lief rot an, holte Luft ... da kam schon die nächste Frage: »Und was sahen Sie?«

»Nichts.«

»Auch nichts auf den Monitoren?«

»Eigenartige Fragen«, sagte Morenow.

Ianow zuckte nur mit den Schultern.

»Unmöglich. Wir waren zu weit weg.«

»Schön. Und dann kam es zum Kontakt ...«

»Aber nein!« Gladyschew sah den dicken Planungschef, der so hartnäckig fragte, an, als wollte er ihn für verrückt erklären oder ihm Prügel anbieten. »...überhaupt nicht. Die Yogaleute griffen die Raumgleiter der Serdjuk an und vernichteten sie. Acht Tote.«

»Das haben Sie gesehen?« Der Dicke wandte sich an die Offiziere. »Oder Sie?«

»Das war technisch nicht möglich. Wir schlossen es aus den Meldungen und Bemerkungen, die die Kameraden der Serdjuk austauschten.«

»Und was haben Sie selber gesehen?«

»Nichts. Aber wir konnten die Ereignisse doch akustisch verfolgen. Den ganzen Verlauf des Überfalls und der Vernichtung der Serdjuk.«

»Sehr gut. Sie hörten folglich nur Geräusche, deuteten sie auf Ihre Art und verfolgten die Bemerkungen, die andere machten, die aber zu weit von Ihnen entfernt waren, als daß Sie sich von den Vorgängen ein eigenes Bild machen konnten. Sie können also nicht mit Sicherheit bezeugen, daß Ihre akustischen Wahrnehmungen und folglich Ihre Deutung mit den Ereignissen übereinstimmen.«

Der Planungschef wandte sich dem Generalverantwortlichen zu. »Alles respektable Leute, erfahren und glaubwürdig.« Er machte eine Handbewegung zur Poolmanbesatzung hin. »Aber keine Augenzeugen. Bedauerlich, äußerst bedauerlich. Sie berichten nur, was andere wahrnahmen. Oder glaubten wahrzunehmen. Sie wurden offensichtlich von einer Geräuschkulisse beeindruckt – von der ausgehend aber bei genauer Prüfung niemand nachweisen kann, was tatsächlich geschehen ist. Mit Vermutungen ist niemandem gedient, wir brauchen Beweise. Vor allem bleibt die Hauptfrage offen: Wie konnte es überhaupt soweit kommen?«

»Ein starkes Stück!« entfuhr es Morenow.

Die Elektronik des Saales registrierte Fragen, Einwände.

Ianow schüttelte den Kopf. Auf den Rängen redeten gestikulierende Zuschauer aufeinander ein.

Der Computer traf seine Auswahl. »Dreiundzwanzig Proteste wegen demagogischer Interpretation vorliegender Aussagen gespeichert. Übertragung nicht notwendig.

Zwei Aufforderungen an den Generalverantwortlichen, eine faire Aussprache zu gewährleisten.«

Der General strich sich über sein gewelltes Haar, nickte, entzog dem Planer, der sowieso seine Ausführungen beendet hatte, das Wort.

Der Koordinator für Angebot und Nachfrage erhielt Redeerlaubnis. Er bedauerte ebenso wie vorher der dicke Planer, daß es keine Augenzeugen gebe. »Die gespeicherten Werte sind sicher wertvolle Dokumente und auch vom menschlichen Gesichtspunkt gesehen zum Teil hochtragisch. Bedauerlich, daß niemand aus direktem Erleben ...«

Wieder wuchs Protest. Diesmal reagierte der General sofort. »Ich entziehe Ihnen das Wort!«

Der Gerügte setzte sich achselzuckend.

Der Computer erteilte Gladyschew das Wort zu einem Einwand. »Wer dort oben näher dran war als wir, der ist nicht mehr zur Erde zurückgekehrt. Zumindest nicht lebend. Wenn der Herr es direkt erleben möchte – er müßte sich schon selber hinaufbemühen.«

Der Computer hatte zu tun, alle Meldungen zu erfassen und zu sortieren.

Auf den Rängen lachten einige, andere zischten.

Der Generalverantwortliche drückte auf den Glockentonknopf. In den Knopfhörern und Saallautsprechern dröhnte es wie Kathedralengeläut.

Alle verstummten. Der Vorsitzende winkte.

Das nächste Ratsmitglied begann zu fragen.

Morenow drehte sich der Bühne zu, suchte Harpers Blick zu erhaschen. Der schaute gelassen-grimmig vor sich hin.

Merkte der Chef nicht, worauf das hinauslief? Sie wollten die Berichte der Poolman-Leute abwerten, »keine Augenzeugen«, und damit das Urteil der Grubkowschen Experten aufwerten.

Nachdem die Befragung der Sachzeugen von der Poolman beendet war, erhielt Jock Shayle als erster der Raumexperten das Wort. Er war in seinen jungen Jahren bei der Kontaktierung auf Mylis dabei gewesen. »Immer entsteht dabei eine unerhörte Streßsituation. Alles ist neu, erstmalig. Keiner weiß, was die andere Seite denkt, beabsichtigt, tun wird. Niemand kennt die Vorstellungen, Moralnormen, die Hoffnungen oder Ängste der anderen.

Ihre technischen Möglichkeiten sind nicht exakt kalkulierbar. Dazu die Verantwortung vor der Erde. Der Zwang, unbedingt Erfolg zu haben – oder die Raumgeschichte hat eine unwiederbringliche Gelegenheit verpaßt.«

Worauf will er bloß hinaus, überlegte Morenow.

»Das alles begünstigt Neurosen, Fehleinschätzungen, Fehlentscheidungen.« Shayle hob die Arme. »Unsere Kameraden der Serdjuk standen unter besonderem Druck. Durch die Aussagen des Halbtoten aus dem Überlebenssystem der Sibir, durch Spekulationen unterschiedlicher Art und – ich spreche das nur aus, weil ich es selber erlebt habe – durch Angst, nackte Angst.«

Danach sprach ein angesehener Med-Psychologe. Er analysierte Goa Sungs Freitod und kam zu dem Schluß, daß nur geistige Verwirrung zu diesem unheilvollen Schritt geführt haben könnte. »Zwangsläufig muß deshalb angenommen werden, daß zu jenem Zeitpunkt auf der Serdjuk bereits eine psychische Deformierung begonnen hatte, die nicht unbeachtet bleiben kann, wenn die Ursachen der Katastrophe im Yogasystem herausgearbeitet werden.«

Morenow rutschte wütend in seinem Sessel hin und her. »Dieser Schwachsinn ist ja haarsträubend.«

»Freier Meinungsaustausch auf hohem Niveau«, spöttelte Serp Ianow. »Nur spürt der Kenner die Regie.« Ihn hatten sie nicht in das Spiel einbezogen. Plötzlich entschied er sich.

»Wissen Sie, Morenow, ich werde ebenfalls sprechen. Als unbeeinflußter Fachmann.« In der Katman-Verhandlung vor dem Raumfahrtamt war er ähnlich aufgetreten. Wahrscheinlich hatte ihm das bereits damals Shayles Mißtrauen eingetragen. Heute kämpfte er um seine eigene Sache. Um Wahrheit, Gerechtigkeit, um das Leben auf dieser Erde. Wie es aussehen sollte. Er drückte die Meldetaste.

Als der Experte, ein Med-Biologe, der über die psychischen und physischen Belastungen bei Weltraumexpeditionen im allgemeinen und im Yogasystem im besonderen gesprochen hatte, endete, schaltete sich der Generalverantwortliche ein. »Ich stelle fest, daß elf Experten der Raumfahrtbehörde und einige Ratsmitglieder gesprochen haben und schlage dem Rat vor, als letzten den Experten für außerirdische Raumsoziologie und -psychologie reden zu lassen, und damit die Expertenaussagen abzuschließen.«

»Schade«, meinte Ianow. Auch Gladyschew bedauerte den Abbruch. Morenow schimpfte leise vor sich hin.

»Es haben sowieso schon zu viele unnötiges Zeug geredet.« Ianow verteidigte die Entscheidung des Generals. »Er konnte doch nicht wissen, daß ich eine polemische Sachaussage machen wollte.«

Der Sozio-Psychologe brachte nichts Neues. Er untermauerte nur die Möglichkeit, daß Dinge, die den Erdenbewohnern gewohnt sind, auf Außerirdische provozierend wirken konnten. »Dabei kann es sich um Verhaltensweisen ebenso wie um Farbgebungen oder etwas ähnlich Normales handeln.«

Dazu brachte er interessante Beispiele. Und unterstützte die Theorie von den Mißverständnissen, die daraus zwangsläufig entstehen müßten.

Er sprach wohl kürzer als erwartet. Es blieb noch eine Zeitspanne bis zum Sitzungsende. Der General blickte auf seinen Speicher, schaute dann suchend zur Expertenabteilung.

Morenow stieß Ianow an: »Er nimmt Sie doch noch dran. Ich drücke Ihnen die Daumen.«

Da meldete sich Per Grubkow. Die Wortbitte eines Ratsmitgliedes besaß Vorrang. Er sprach offensichtlich unvorbereitet, aber keineswegs ungeschickt. Nur etwas langatmig. Wohl um die Zeit auszufüllen. Daß die heutige – und sicher auch die morgige – Tagung des Obersten Rates im Zeichen des Gedenkens stehe an jene Vorboten irdischer Humanität, die im Yogasystem verunglückten. Daß die Ehrfurcht vor den Toten und die Achtung vor den Lebenden gebiete, alle Fakten in Rechnung zu stellen. »Erstens die Tatsache, daß zwei Schiffe verlorengingen, unwiederbringliches menschliches Leben verströmte. Und zweitens die Tatsache, daß die Aussagen der Datenträger, der Experten und der Kameraden der Poolman sehr Unterschiedliches zutage brachten. Die Ereignisse sind rätselhaft geblieben. Es existieren keine Sachzeugnisse aus jenem Yogasystem, keine Augenzeugen. Nichts ist uns direkt zugänglich. Dem Rechnung tragend, sollten wir die Lösung dieses Rätsels kommenden Generationen überlassen, es sind der Opfer genug. Der Rat möge, in Abänderung des vorliegenden Beschlußvorschlages, morgen das Yogasystem zur Tabuzone erklären und jegliche Forschung in bezug auf das Yogasystem beenden.«

Auf den Rängen herrschte ergriffene Stille. Nur einzelne schüttelten erstaunt den Kopf.

Gladyschew sah zu Shayle. Der lächelte überlegen. Gladyschews Blick verdüsterte sich. Er war Offizier. Er haßte diese emotionsgeladenen Reden. Emotionen sind etwas für die Show. Die Entscheidungen der Verantwortungsträger verlangen Sachlichkeit. Sie wollen uns mit diesen Mitteln an die Wand spielen, dabei waren wir es, die hautnah dran waren, dort oben. Es war unser Leben, das auf dem Spiel stand. Aber hier unten gilt anscheinend nur die Meinung der Theoretiker. Und die Emotionen dieser ... Showmaster. Und die stellen es so dar, daß alles in das gewohnte Denkschema paßt.

Auf den ersten Blick schien alles korrekt zu verlaufen. Das machte ihn irgendwie mutlos, ja hilflos. Er suchte nach der

Lücke, um einzuhaken. Und er verzweifelte, weil er keine fand.

Morenow saß wie erstarrt. Damit hatte er nicht gerechnet. Auch nicht damit, daß Harper als neues Ratsmitglied das Ganze schweigend hinnehmen würde. Vorwurfsvoll schaute er zu seinem Vorgesetzten hinüber. Der saß immer noch in gleichmütiger Ruhe auf der Bühne.

Aber dieser Gleichmut war nur Schein. In Wahrheit fieberte Harper vor Erregung. Er hatte von Grubkow und einigen anderen Gegenwehr erwartet. Aber nicht solch eine Demagogie. Was mochte diesen verdienten, klugen, in Ehren alt gewordenen Mann dazu bewogen haben? Wollte er festhalten am Gewohnten – um jeden Preis? Oder ging es ihm um sein Prestige? Er wußte die Antwort nicht. Nur, daß er es auf keinen Fall zulassen konnte. Zuviel Demagogie gab es im geistigen Leben der Erde. Und am gefährlichsten war sie, wenn politische und wissenschaftliche Autoritäten sie gebrauchten. Wie hier und heute. Sie drückten die, die es besser wußten, mit ihrer Macht ins Abseits, nicht mit ihrer Beweisführung. Die reichte höchstens aus, um die weniger Sachkundigen zu beeindrucken.

Wütend tippte er die Meldetaste.

Der Generalverantwortliche blickte ihn erwartungsvoll an. Zehn Minuten blieben noch bis zum geplanten Tagesabschluß. Ohne zu zögern, erteilte er Harper das Wort.

»Heut äußerten sich zwölf Experten und die Kameraden der Poolman, und wir sahen und hörten eindrucksvolle Sachdokumentationen. Per Grubkow, mein Gefährte im Obersten Rat, bedauerte dennoch, daß kein Augenzeuge aufgetreten sei und daß keine originalen Sachzeugnisse aus dem Yogasystem vorliegen. Auch registrierte er die Unterschiede in den Aussagen der heutigen Redner.

Ich möchte auf folgendes aufmerksam machen: Die Differenzen in den heute vorgetragenen Texten und Auffassungen beruhen in erster Linie darauf, daß die Interpretationen der Experten der Raumfahrtbehörde im Widerspruch stehen zu den realen Daten und den Berichten der Sachzeugen – pardon, Kollege Grubkow –, den Ohrenzeugen von der Poolman. Darin sehe ich die Problematik der heutigen Beratung. Und das Rätselhafte, von dem Kollege Grubkow sprach, sehe ich weniger in bezug auf die Yogaereignisse als vielmehr in der Differenz zwischen dem Gehalt der Aussagen der Poolmänner und der Speicherdaten auf der einen und der Tendenz der Expertengutachten und -interpretationen auf der anderen Seite.«

Seine Worte lösten Befremden aus, im Rat und auf den Rängen. Shayle tippte sich ungeniert an die Stirn, andere murrten oder schimpften.

Morenow beugte sich gespannt nach vorn, endlich fing sein Chef an, die Dinge vom Kopf auf die Füße zu stellen.

Gladyschew nickte Harper erleichtert zu, obwohl er gegenüber dem Sicherheitschef immer ein leises Mißtrauen gehegt hatte.

Die Leute von der Poolman hörten aufmerksam zu.

»Obwohl ich kein Experte für Raumfragen bin, zwingt mich der Verlauf der heutigen Beratung, zur Yogaproblematik zu sprechen. Immerhin war meine Behörde ja mitbeteiligt. Per Grubkow war so freundlich, auf unsere fruchtbare Zusammenarbeit mit der Weltraumbehörde hinzuweisen. Auch ich möchte, ähnlich wie Per Grubkow, meine Rede mit der Berufung auf Katman beginnen.«

Im Saal nahm die Aufmerksamkeit wieder zu.

Harper ließ die entscheidenden Stellen seiner Unterredung mit Katman einspielen: Wie Sierpen auf Yoga Neun durch fremde Raumfahrer zerstrahlt wurde, die Beschreibungen der Yogawesen, ihrer Technik und ihres aggressiven Verhaltens sowie Katmans Schlußfolgerung, daß die irdischen Schiffe der Technik der Yogaleute nicht gewachsen waren.

»Es ist mein Versagen, daß ich ihm damals nicht glaubte. Aus welchen Gründen auch immer und obwohl er mich beeindruckt hatte. Und dieser Kundschafter ging auf die Serdjuk. Obgleich er wußte, was passieren konnte, und was dann auch tatsächlich geschah: Der Angriff der Yogaleute, der zur Vernichtung der Serdjuk führte. Und wohl kaum eines Mißverständnisses wegen. Vielmehr mit bewußter Absicht.

Aber interpretiert haben heute andere schon viel zuviel. Ich möchte Ihnen deshalb einen Zeugen präsentieren, auf den ich und meine Behörde ursprünglich verzichten wollten.«

Jetzt steigerte sich die Aufmerksamkeit.

»Sie werden selbst sehen, weshalb.« Harpers Stimme wurde eine Nuance leiser.

Im ganzen Rund herrschte angespannte Stille.

»Es gibt einen Überlebenden der Serdjuk.« Er drehte sich zu Grubkow: »Nur ein Weiser kann sich zum Narren machen, ohne sich preiszugeben.«

Dann wandte er sich dem Generalverantwortlichen zu. »Ich gestatte mir, dem Rat und der anwesenden Bürgerschaft einen Augenzeugen der Ereignisse im Yogasystem vorzustellen.«

Erregtes Raunen füllte das ovale Rund des Saalkessels.

Harper winkte. Aus dem Tunnel des Zubringers erschien in einem verglasten Rollstuhl, umgeben von weißbekittelten Medleuten, eine Frau. Weißhaarig, sehr blaß, eine Greisin.

Morenow und die Akteure erhoben sich, reckten den Hals, behinderten sich gegenseitig.

Als sie auf der Bühne angelangt war, erschien ihr Bild riesengroß an der Decke, verzerrt durch das Glas der offensichtlich luftdicht schließenden Kabine.

»Sibyll Kelton?« murmelte Morenow.

Sie war es in der Tat. Wenn auch um Jahrzehnte gealtert und in zerbrechlicher Magerkeit.

»Ich bitte jetzt, die Gutachter zu hören«, sagte Harper. Seine Stimme klang hart.

Der Generalverantwortliche nickte. Auch sein Gesicht verriet Neugier.

»Erschienen ist …«, es folgten Datum, Uhrzeit, Ort, »Sibyll Kelton, Major des Sicherheitsdienstes, seinerzeit Mitglied der Besatzung der Serdjuk.«

Erregt beugte sich Shayle zu seinem Nachbarn. »Ein starkes Stück. Typisch Sicherheitsdienst. Versteckt haben sie sie vor dem Volk.«

Gladyschew drehte sich um. »Ihr habt mich und meine ganze Besatzung verschwinden lassen für acht Monate.«

»Das ist nicht vergleichbar. Die ganze Erde wußte, daß ihr zurückgekommen wart. Die Quarantäne diente nur dem Schutz der Bürger.«

»Vor der Wahrheit, nicht wahr?«

»Ihr habt mit Harper unter einer Decke gesteckt.«

»Wer hat denn mit der Zurückhaltung von Informationen begonnen? Auf der Erde wurden noch Erfolgsberichte veröffentlicht, als sich die Katastrophe im Yogasystem bereits abzuzeichnen begann.«

»Das lag am Informationsweg. Aber ihr habt dem Obersten Rat etwas Wichtiges verschwiegen.«

»Der Rat tagt heute. Und heut ist sie hier, in aller Öffentlichkeit. Außerdem mußten wir annehmen, daß sie es nicht überlebt hatte. So bestätigten es uns auch die Professoren des Rehabilitationszentrums. Um so mehr freuen wir uns, daß sie es geschafft hat.«

Wütend drehte Shayle seinen Sessel der Bühne zu. Man sah es ihm an, daß er im stillen fluchte.

»Als Chefarzt des Rehabilitationszentrums erkläre ich die Patientin für aussagefähig, wenn sie ihr Lebenserhaltungssystem nicht verläßt und unter ärztlicher Aufsicht belassen wird.«

Der Psychoneurologe bestätigte die volle geistige Kapazität der erschienenen Sibyll Kelton.

»Als Dekan der juristischen Fakultät und Professor für Persönlichkeitsrecht erkläre ich die juristische Gültigkeit aller Aussagen, die die Mandantin gewillt und in der Lage ist, vor dem Obersten Rat zu tätigen.«

Der Generalverantwortliche begrüßte Sibyll Kelton. Er wirkte unsicher, fragte, ob sie in der Lage sei, an der Beratung teilzunehmen.

Sie bejahte.

Zögernd begann er zu fragen. »Sind sie über den Verlauf unserer Debatte informiert?«

»Jawohl.« Die Stimme klang erschreckend zittrig.

»Sie erlebten die Begegnung mit den Yogaleuten selbst mit. Sagen Sie, was bewog den Kommandanten, eine normale Kontaktaufnahme für möglich zu halten?«

»Wir alle hielten in jenen ... Minuten einen normalen Kontakt für möglich, da die ... Yogaleute auf unser pausenlos gesendetes Kontaktangebot positiv ... antworteten. Sie baten uns, ihre Abgesandten zu empfangen.« Keuchende Atemzüge unterbrachen ihre Rede.

»Haben Sie das persönlich gehört?«

»Es lief über die Bordlautsprecher. Alle haben ... es gehört.«

»In welcher Sprache wurde verhandelt?«

»Die Yogaleute sendeten in englisch.«

Im Saal entstand Bewegung.

»Was geschah weiter? Bitte sprechen Sie nur darüber, was Sie persönlich sahen und hörten.«

»Anfangs verlief die Annäherung programmgemäß. Bis sie den ... vereinbarten Sicherheitsabstand überschritten.«

»Gaben die Fremden dafür eine Begründung?«

»Sie antworteten nicht auf unsere Anfragen und Mahnungen. Sie sendeten überhaupt nicht mehr. Sie hatten wohl nie ... die Absicht gehabt, die Demarkationslinie einzuhalten.«

Ein Raunen durchlief den Saal.

»Was veranlaßt Sie zu dieser Vermutung?«

Die Frau in der Glaskanzel atmete stoßweise.

Einer vom Medpersonal prüfte die Körperdaten, sprach leise mit der Patientin. Sie nickte, dann antwortete sie: »Bitte entschuldigen Sie. Die Erinnerung an jene ... Minuten ist quälend. Wir waren in Glücksstimmung, erwarteten einen raumhistorischen Höhepunkt, die Begegnung zweier hochstehender Zivilisationen ... Und dann der Absturz in das blanke Entsetzen, einem übermächtigen Feinde wehrlos ausgeliefert zu sein.«

Nach kurzer Pause flüsterte sie: »... und alle Freunde und Gefährten zu verlieren.« Man hörte ein unterdrücktes Schluchzen.

Von den Rängen klang es wie tiefes Stöhnen.

»Möchten Sie, daß wir abbrechen«? fragte der Generalverantwortliche.

Sie schüttelte matt den Kopf. Mit brüchiger Stimme schilderte sie den Ablauf bis zu dem Augenblick, in dem Katman sie beschwor, sich in das Überlebenssystem zu begeben.

»Major, was bewog Sie, dem Ratschlag des Kundschafters zu folgen?«

Einige Ärzte wurden unruhig. Aber Sibyll antwortete bereits: »Ich bin ausgebildet, in unerwarteten, völlig neuartigen ... Situationen schnelle Entschlüsse zu fassen und ... zu realisieren. Nachdem die Yogaleute die Demarkationslinie überschritten hatten, wurde ich mißtrauisch. Ich befürchtete einen Angriff. Den, so vermutete Katman, nur übersteht, wer in das System geht. Doch niemand an Bord war dazu bereit. Also ... mußte ich hinein. Selbst wenn der Angriff ausgeblieben wäre, hätte meine ... Handlung der Expedition keinen Schaden zugefügt, nur mir selber ... Kritik eingebracht.«

»Als Sie sich mit dem System aus dem Mutterschiff katapultierten – könnte das nicht von den Yogaleuten mißverstanden worden sein?«

»Ich kam erst von der Serdjuk los, als diese ... schon schwer beschädigt war.«

Der Generalverantwortliche erhob sich. »Ich beglückwünsche Sie zu Ihrer Rettung und uns alle zu Ihrem richtigen Entschluß.«

Im Saal wurde Zustimmung bekundet. Durch Erheben von den Plätzen und mit Hilfe der Beifalltaste.

Der Generalverantwortliche setzte sich. »Können Sie uns noch wichtige Beobachtungen mitteilen, die bisher nicht zur Sprache kamen?«

»Beobachtungen? Ich konnte diese Gegenstände mitbringen.« Hinter ihrer Glasabschirmung hob Sibyll Kelton zwei etwa handbreit große, goldglänzende Platten empor. Die Biolinsen der Aufnahmegeräte öffneten sich weit und brachten sie in Großformat auf die Monitore und Deckenschirme. Unregelmäßig gegliederte Zeichen wurden erkennbar.

»Der Raumerkunder sieben brachte ... diese Zeugnisse der Yogazivilisation mit. Es sind Datenträger aus den Anlagen des ... Energiesatelliten des zehnten Yogaplaneten.« Sie drehte die Platten hin und her. »Sie enthalten Formeln für die Energiegewinnung mit Hilfe von schwerem Wasser und Angaben über die ... zu Ende gehenden Vorräte der Energiesubstanzen. Will die Yogagesellschaft überleben, muß sie neue ... Quellen erschließen. Dazu braucht sie Planeten, die viel Wasser aufweisen.«

Langsam ließ sie die offenbar gewichtigen Platten sinken. »Es sind Originale aus dem Yogasystem, keine Aufzeichnungen oder Abbildungen. Reale Sachzeugnisse. Sie vermißten sie doch bisher, wenn ich alles richtig verstanden habe?«

Das folgende war trotz der atemlosen Stille im weiten Oval und der voll aufgezogenen Verstärker kaum noch zu vernehmen. »Sie sind Katmans ... Vermächtnis. Ich nahm sie mit, als ich ... in das System stieg.« Sie versuchte, sich in ihrer gläsernen Zelle aufzurichten. Ihre Arme mit den Platten sanken herab, mit dem Mund berührte sie fast den Tonaufnehmer. Ihre keuchende Stimme dröhnte plötzlich überlaut in den Knopfhörern. »Katman hat sich für uns geopfert. Die Yogaschiffe wären längst hier, hätte er es nicht verhindert. Ihm verdanken Sie Freiheit und Leben.«

Sie sackte zusammen.

»Im Interesse meiner Patientin«, rief der Chefarzt, »beenden Sie die Debatte!«

Der Generalverantwortliche entließ die Zeugin. Die weiße Wolke der Medleute geleitete die zusammengesunkene Gestalt im Rollstuhl von der Bühne.

Schweigend erhoben sich die Menschen von den Plätzen, bis die letzte, die einzige Überlebende der Serdjuk mit ihrer Begleitung im Tunnel verschwunden war.

Der Generalverantwortliche räusperte sich. Seine Stimme klang bewegt. »Fortsetzung morgen, neun Uhr dreißig Minuten, in diesem Saal. Beratungsthema: Maßnahmen zur Gewährleistung der Sicherheit der Erde.«

Inhalt